U0037884

——第七輯

平實導師 著

ISBN 957-30019-3-4

自序

《楞伽阿跋多羅寶經》簡稱《楞伽經》，是大乘佛教中極重要之經典；既是法相唯識宗之根本經典，亦是中國禪宗開悟聖者自我印證及悟後起修之依據經典；故初祖菩提達摩大師以此經典連同佛缽祖衣一併交付二祖慧可大師，以爲傳法印證。禪者可依此經建立正知正見，避免錯悟大師誤導參禪方向，未來證悟可期。

二者禪宗證悟之人，欲求上進而入初地，必讀此經。佛於此經詳述破參者應進修之知見，指示佛子依此升進初地，成眞佛子，是名實義菩薩，是故悟者必讀此經。

然此經典文辭古樸，艱深難會，證悟之人亦多不解，何況未悟錯悟之人？是故古今大師雖然多有註釋，皆類未悟錯悟諸師依文解義，難得佛旨。現代佛子古文造詣粗淺，又兼未曾證悟，不解佛意，以致發心印經之時，斷句錯誤之處極多，讀者轉更難解；有鑑於此，末學乃予重新斷句，依所悟證如來藏之體驗觸證而作白話闡釋。雖遵佛語，不得明說密意，然已巧用方便，隱於字裡行間，佛子若有緣者，或可依此契證。

此《楞伽經詳解》原於民國八十四年（一九九五）八月十一日起，對我正覺同修會之會衆演示，迄八十六年九月廿六日圓滿。講時手持經文直敘，不預繕講稿，亦不參酌他人註釋。後經譚錦生等同修多人，依錄音帶整理成文，歷時年餘方告竣工。然欲付梓時，發覺太過口語，有時兼有語病，不宜付印；乃由末學依諸同修之謄稿，親自重繕；雖稍有文章氣，而較具可讀性。

復次，此經講畢迄今，已歷二年；二年後之今時，因貫通三乘經論，及慧學增長迅速故，亦不能滿意二年前所說之內容，故作許多增刪，期望能對佛子有更大之利益。然亦因此，必須逐冊親自重繕，分期出版，無法一次出齊；又因增述故，雖於每冊增加篇幅，可能仍須增爲八至九冊，方能圓滿，合並敘明。

此《楞伽經詳解》，不作學術上之科判研究，亦不飾文，唯欲引導佛子大衆直入楞伽寶城，故依經文直解爲主，避免學術研究之繁文考據；亦盡量不引他經以釋此經，令諸佛子直接獲得此經之意趣。

又考慮讀此詳解者，多係年屆不惑之學佛者，視力較弱；爲免傷眼，乃捨棄花俏討喜之仿宋字體，改以平實易讀之明體字，並加大一級；編排上儘量避免擁擠，紙色亦避免太白太暗，以方便年長者長時間連續重複閱讀；此諸貼心之安排，期望對您有所助益。

此套詳解即將陸續出版，於此簡敘出版因緣，普願有緣佛子早見大乘道；見道已，復依此詳解，速入楞伽寶城，貫通三乘佛法；因之造序，述余私心，普願鑑燭。

娑婆菩薩戒子　蕭平實

時惟西元一九九九年早春序於頑嚚居

張序

民國八十四年夏，余師　平實先生承多位明心見性弟子之再三懇託，請師開示悟後起修之法及成就佛道之次第；余師為利益廣大眾生及增益彼等見地計，乃假石牌某精舍及正覺講堂開講《楞伽經》，每週宣講二小時，合計八十七講，前後時間長達一年半。

師宣此經雖有錄音，僅供無暇聽課之同學自修使用。然講述未迄，忽聞師云：「譚錦生師兄已經整理好了十講。」每講約有一萬五千字，此是何等廣大之自動發心！整理講稿，必須逐字逐句反覆聽聞撰寫，工程十分艱鉅，有諸同修甚至必須整月時間方能謄寫一卷帶子。爾後，由於譚師兄之發心感動諸多同修，紛紛響應支援，投入整理行列者約有四、五十位；如此之善緣促成往後《楞伽經詳解》之誕生；亦印證了「菩薩發心，如影隨形；一念慈悲，成就廣大佛事。」

後因余師抬愛，令余先行過目已整理文稿，將講演時之口語去蕪存菁，順成文字稿，並分段落標點，以俟來日整理成冊。

八十七年秋，所有稿件彙總，前後貫串，義理了然，深感佩余師因長年之弘法利生及無盡悲願，修證不斷向上提升，智慧深利，乃能廣演如此深妙之經典。若能成書發行流通於世，必將利益此時後世無量佛子。余師觀察因緣既熟，囑余將已順好之稿子付呈再作潤飾。不意時經二月，余師閱後竟謂余曰：「以前講得太淺了，我打算重寫！」余大驚詫，私心自謂：「阿彌陀佛！如此洋洋灑灑一百三十萬字，如何重寫呢？」內心驚疑：「如此浩大的工程，一人獨自重繕，何年何月方能竣工？」爾後數月，余於弘法之餘，常聞余師講述其重繕之進度。累牘長篇竟然改頭換面，一改口語講述之冗長繁複，轉化成精湛洗鍊之文字；不僅文詞更爲流暢明確，法義之陳述更是深入井然，令人歎爲觀止。不禁感歎：「需要何等的悲心與智慧？方能成就如此大事！」

《楞伽經》之主要宗旨，乃爲佛子詳述八識、五法、三自性、七種第一義、七種性自性、二種無我。細述阿賴耶識與七轉識間之關係及體性、明心後修道之原理與次第、以及如何以所證之如來藏爲根本，漸漸斷除現業流識，地地增上之道理。

佛法知見淺薄如余，詳閱余師重寫後之《楞伽經詳解》，對於一切有情生命之本體——如來藏阿賴耶識、異熟識、無垢識之體性有更深入之瞭解；對於七轉識之流注生滅也有更細膩之體驗，乃至對於可經由修行淨化染污之種子……以及如何邁向初地乃至佛地，在在具足信心與願力。際此末法，亂象叢生、眞僞莫辨之際，《楞伽經詳解》問世，必有力挽狂瀾之效，得以護持宗門正法日益光大，免於斷絕。

於整理文稿過程中，印象最深刻者，乃是其中二十八講全部都在講「妄想自性」，闡述凡愚衆生不明眞如體性，無法證得眞如，每每認空明靈知之意識心爲眞如，不知不見眞如之非一非異於空靈明覺之意識心，墮於一異斷常邊見；故爾反覆演述，鉅細靡遺，可謂老婆至極。

眞實之理，必須可以觸證、可以檢查論辯驗證；若非眞有修證，誰能如此詳實深入演述如來藏圓滿深妙之法義？若非眞有修證，誰能於定慧二門作如此條理分明、義理了然之剖析？佛法修證，決不可能單憑個人一生之意識思惟而得，必須多生累劫永無休止之聽聞熏習、努力修持方可得致。

於《楞伽經詳解》即將陸續出版之際，爲護持余師弘揚正法故，乃不揣淺陋，提筆爲文介紹緣起概略，供養諸方大德；尚祈十方善信大德皆具慧眼，普能揀擇解行並具之眞正善知識，同修第一義諦妙法，同證菩提，共成佛道。

菩薩戒子張正圜　敬序

公元一九九九年初夏於正覺講堂

學佛之目標有二：一為親證解脫果，此應修學二乘菩提之解脫道；二為親證佛菩提，此應修學大乘法之佛菩提道。然大乘之佛菩提道中，已函蓋二乘所修之解脫道，是故直接修證大乘佛菩提道，便可同時證得二乘菩提之解脫道功德；由是緣故，大乘學人只需直接修學大乘佛菩提道，便能達成學佛之真正目標。

佛菩提道之修學，應求大乘般若之見道；見道已，便得次第進修而正式進入初地通達位，然後可入修道位中，次第邁向佛地。大乘般若之見道，即是禪宗之破初參明心——親證本來離念、本性清淨之自心如來藏。欲求親證如來藏者，應依真正之善知識修學。真善知識之助人見道，所言所授之法，必須有明確之次第與確實可行之法，學人方有得悟之可能。若親近假名善知識，雖有大道場、大名聲、廣大徒眾，然所說所授者皆屬似是而非之法，縱使學人以畢生之身口意供養之，所得唯是常見與斷見本質之相似佛法而已，必將浪擲一世於相似佛法上，殊堪扼腕！

「大慧！彼生滅者是識，不生不滅者是智。復次，墮相無相，及墮有無種種相因是識，超有無相是智。復次，長養相是識，非長養相是智。復次，有三種智：謂知生滅、知自共相、知不生不滅。復次，無礙相是智，境界種種礙相是識。復次，三事和合生方便相是識，無事方便自性相是智。復次，得相是識，不得相是智。自得聖智境界，不出不入，故如水中月。」

疏：《「大慧！彼諸外道與凡夫所謂不生滅之心，其實是生滅者，如是所証名之爲識；諸佛菩薩所証第八識如來藏，是不生不滅之心，如是所証名之爲智。復次，所修証法門若墮於有相無相者，及墮有相無相之種種相因者，皆是識相；所修証法門，超越有無相者，方是智相。復次，所証實際若是有能取之積集相者是識，所証實際若是無能取亦無積集相者即是智。復次，有三種智慧：此是說了知有生滅者，了知自相與共相，了知不生不滅相。復次，所証得之眞實心，若是於一切境界無障礙者，是名爲智；所証得心若於境界中有種種障礙相者，是名爲識。復次，若所証之心是由三事和合方便而生，具有如是方便相者即是識；所証之心若無如是方便相，是自己本有不壞體性相者即是智。

復次，於六塵萬法中有所得相者是識；於彼六塵中皆無所得相者是智。緣於自心如來藏而証得之聖人智慧境界，不出不入一切法，所以說猶如水中月。」》

解：「大慧！彼生滅者是識，不生不滅者是智」：自古至今，錯會佛法者多如牛毛，眞會佛法者數如麟角，唯除 佛在世時。於今法末之季，已証道之人願受苦辛、再來人間者益形稀有，多感末法衆生善根福德大多不足，又復剛愎難度；加以諸多錯悟未悟之大師所誤導，難以轉易；故諸祖師大多求生諸佛淨土、彌勒內院，少有發願留於此界者。余旣發願世世常在人間，以待月光菩薩，則當授衆生以正知見，置衆生於邪見外，故有種種破邪顯正之舉：得罪在家出家名師而救芸芸學人。

然衆生大多無智，樂處無明深坑，謂余救拔彼等之作爲是誹謗僧寶，反責余爲謗僧者。衆生無智，常存鄉愿心態，謂余破邪顯正以救彼等之種種作爲，是不圓融者；乃至因余之破邪顯正方能了知諸方大師之邪謬，而至本會修學正法者，猶謗余破邪顯正爲不圓融。甚至有因余之破邪顯正、禪三鍛鍊緣故而證般若已，仍責余之破邪顯正爲不圓融者，而不顧自己之得離邪見、得證正法乃因余之破邪顯正方能得致之事實，悟後仍私下謗余破邪顯正爲不圓融者。如是之人，於世法而言：自身已是不圓融者，何有資格評余之是否圓融？斯人豈應有悟道之緣？當知悉屬依於余之慈悲，方有令彼悟入之緣也。末法學人鄉愿心態如是嚴重，云何可以責怪祖師之不肯乘願再來人間度衆？唯有如余愚痴、不計較自身利害之人，方願再來人間度衆，而後復受得法弟子之誹謗；諸祖皆是睿智之人，無人願意再來末法之世傳法而受弟子之辱也。

猶如彼諸無明衆生，墮於大坑不得出離，日夜求離而不可得，彼諸衆生所依止之大師所說出離之道悉屬邪謬故；乃至未離生死大坑，而言已離。余告以彼是生死大坑，應速求離，彼諸衆生多不信受；余伸手欲拔彼等衆生離坑，而衆生多謂余爲非能救彼離坑者，乃至張口噬余手指，視余爲欲害彼等者。噬余指者，謂坑中首領也；彼已見余不在坑中，能伸手入坑救彼等故。然余之作爲，已影響其首領聲譽，故令座下衆人噬余，辱罵余爲「癩蛤蟆精」所變成者（詳見義雲高徒衆釋性海於台灣報紙所刊之譭辱文），是名恩將仇報，不識恩怨者。

亦如徐恒志、上平居士，因余之著作破解常見見，令彼等錯悟者不能再以悟者身份自居，乃堅持六識之見聞知覺性爲佛性眞如，於《楞嚴經》斷章取義，具文於網際網路上辱罵余爲「毀法者」，將余挽救彼等「未悟言悟」大妄語罪之善意，視爲破壞彼等名聲者；彼二人更將拙著文意加以曲解，而後於網站上誹謗之。彼等重視此世之虛名，而置未來無量世之嚴峻果報於不顧，如是無智之人，難可與語也。今幸本經此段文中，佛曾如是破邪顯正，余但釋佛意，令佛旨顯明，衆生即可簡別余於十年來所說諸法是正是邪，自能抉擇，從此遠離在家出家名師邪見，回歸正道也。

修學大乘法者，首要之道，在於禪宗之破參明心；明自眞心已，方能由相似般若位中，轉入實相般若位，親入般若諸經法性海中遨遊自在；若不觸証自心藏識，雖能說得長篇大論無比勝妙，終不能發起實相般若慧，永處相似般若位，永處六住未滿心位。下焉者乃至如達賴與印順師徒之否定第八識如來藏，成爲謗菩薩藏者，佛說如是人所說謗菩薩藏之言語既出，即成一闡提人（詳見第二輯中佛語），永絕於涅槃之修證。若不證悟自心藏識，假饒布施福德廣大，戒行嚴淨，常年禪坐日夜精進，能忍一切衆生雜擾，益以四禪八定及五神通具足，亦不能滿足六住位功德，何況能離六住位而入七住位中？以未証自心藏識故，不能發起實相般若而入菩薩見道位中故。

然欲求証自心藏識者，首須明解藏識眞心本體性相，及明解妄心（意識與意根）之心體性相。今者佛說「彼生滅者是識，不生不滅者是智」，意謂參禪究心之時，參究之方向應離妄心之相——莫向妄心體性中尋覓眞心；若自覺已觸証眞心時，應以所悟之「眞心」加以判斷——是眞是妄？若所証悟之心，是有生滅之心者，則彼心即是識心，非是佛菩提智所說眞實心；若所証悟之心，是不生不滅者，當知可能是眞實心，而猶待依經中聖教量及現實中之驗証也。

如今台灣諸多名師，及大陸八大修行者，以及全球密宗四大派法王，乃至東密（日本密宗）之師，彼等之所謂証悟眞如，皆是生滅法，皆是意識，非是大乘別教中之見諦者也。謂彼諸人同以意識覺知心爲眞如，雖所取意識種種變相稍有所異，然皆同以意識爲本——不離覺知性故、不離「三界有」之心相故。如是種種意識心之變相境界，拙著《眞假開悟之簡易辨正法、生命實相之辨正》二書中已有敘述，讀者索閱可解，此勿贅述。

意識心云何是生滅法？謂覺知心意識於五位必斷故。五位者，謂眠熟位、悶絕位、正死位、無想定中、滅盡定中。意識於此五位必定斷滅，後復依意根法塵爲緣而生─復起覺知，故說意識是生滅法，有滅有生，生已復滅故。若以覺知心處於一念不生境界而謂爲悟得眞心，或以覺知心處於種種變相境界中而謂已悟眞心者，悉名是識，不名爲智，非是《般若經》佛語所說之不念心、非心心、無心相心；如是修証意識境界所得之智，名爲世間智，必墮凡夫外道所計有無之中而生執著故。

若人所証之心是常住不斷不滅之法，如是所証者，名之爲智；証已必離凡夫外道所計有無邊見故，必起實相般若慧故。由所証心是《般若經》所說之「菩薩不念心」故，能令學人起實相般若慧，故名智心；如是智慧非諸凡夫及外道所知，亦非定性二乘無學等愚人所知，故名出世間上上智，超越聲聞緣覺出世間智故。

「復次，墮相無相，及墮有無種種相因是識，超有無相是智」：意識不能離有相無相法，亦不能離於種種相因。相者謂五陰十八界六入。五陰之色身，爲意識所寶愛、貪惜、或厭惡，由是而令意根執著色陰不捨，眞心第八識則於色身不貪愛亦不厭惡。識陰之覺知性常爲意識所誤計爲常不壞之我，故意根執此「覺知心我」不捨，眞心於識陰等七識則不計著亦不厭惡。受陰被意識計著爲我所，計我能受苦樂憂喜捨等，計我能離苦樂憂喜捨等，唯恐自己滅失而無覺無知、不受五塵；眞心則離受，離於覺知，於受陰不著不捨。

意識計著想陰爲自己之心數法，而謂自己能起諸想及能覺知，是故難捨想陰；及其厭也、則欲捨想（楞嚴云：覺知即是想陰），乃至入於非想非非想定而仍不能捨想（不能捨覺知性），以不具正見故；或有能捨想陰而不捨色界四禪身者，便入四禪後之無想定中，以其色界身見未斷故；眞心則於想陰不離不著。

意識計著行陰爲我所用，起意識覺知之種種心行（以語言打妄想。或住入一念不生之欲界定乃至非非想定中，一念不生之心行不斷、保持覺知，墮於想陰之中）；亦計語行身行爲我所用，於行陰起種種誤計與執著；及其厭也，欲捨行陰，乃至妄想自己已捨行陰；眞心則於行陰不離不著，無始劫來一向如是。

意識於五陰如是計著貪愛，則墮五陰相中；若離五陰貪愛而生厭患之想，如阿羅漢不迴心者，則墮無相之中；然無相亦相待於五陰相而有，故二乘無學仍未眞實離相；眞心則於五陰之有相不起貪厭，亦不於五陰之滅相而生恐懼或貪愛，故離有相與無相。吾人之覺知心意識，如是證得第八識眞心而起實相智慧故，能超有無相，是名爲智。於五陰如是，於十八界及六入亦復如是，類比觀察可知，恐文長厭煩，是故從略，讀者自惟可知，勿庸贅言。

如是，意識墮於五陰有無相中，於十八界及六入之中，亦復不離有相無相；若有學人認取意識之覺知性爲常住不壞心者，即墮「識相」之中，名爲世間智。不迴心之二乘無學深厭五陰，亦深厭十八界六入，故取無常空無之無相，墮於無相法中；陰界入滅之「無相」因待「陰界入有」而生，仍是以有相爲因，非眞無相，故名有相因。唯因親証陰界入空、無相，非如凡夫外道之想像陰界入空而未親証—凡夫仍取意識覺知性之細相爲常住不壞法故—故說二乘無學之無相智能令其出離分段生死，爲出世間智，然仍非是菩薩之出世間上上智；而此聲聞之無相智乃因蘊處界相而修得，故亦名爲「有自共相之智」，不離有無相。菩薩所証眞心如來藏之「出世間上上智」，既不捨五陰十八界六入，亦不貪五陰十八界六入，不墮「三界有」相中，亦不墮「三界無」相中——已証非有相非無相之眞心如來藏故，是故超有無相，是名出世間上上智。

墮有無種種相因者，云何名之爲識？此謂意識知覺性及其相應法（見性、聞性、嗅性、嚐性、觸性、知覺性），悉依「有相因」及「無相因」而有，非本來已在，故非自在者；凡夫不知，錯認此「三界有」之相爲眞實常住之不壞法，故名「墮有無種種相因」者，如是所証，是名爲識，非智也。譬如義雲高、仰諤益西及喜饒根登……等附密宗外道，執著欲界天所賜甘露瓊漿，以能求得甘露漿（假設彼眞能求得，而非魔術所變），作爲佛法修行之証量，墮於有相因之計著；如是計著之心、與甘露摶食相應之心，即是意識，是名墮於有相因計著者，甘露是有相法故，甘露須依他因方得起故。

彼等如是計著甘露，其過有五：一者，甘露是欲界天法，乃欲界天人之所食者，欲界摶食所攝，乃四食中之最粗淺者。初禪天人以上，皆捨甘露漿食，以禪悅爲食，余早年即已証之，漸漸轉進，故今以摶食長養欲界色身而供弘法之外，復以禪悅長養色界天身，迄今未絕；然於此証境，深覺殊無可傲之處，此色界天身者，亦不離有相因故—要因欲界人身五根及意識之修色界定，及保持或長養定力，方得以禪悅供色界天身爲食而堅固之、增廣之，是故不離有相因。若人愚痴無智，執以爲我，即墮色界愛中，捨壽即生色界天，非智者也。

今者仰謂益西、義雲高及喜饒根登……等外道，執意識覺知心相應之欲界天法，以爲佛法之証量，愚不可及；何以故？謂彼等向欲界天人求甘露者，層次已低故（諸佛菩薩了知甘露是欲界法，與佛法無關，絕不會傳授求取甘露之法、或降賜甘露）。假饒彼等不須向他人求降甘露，而能自生欲界天之甘露，亦仍是欲界天法也，尚未解知色界天身及禪悅也。若人從之受學求甘露法，則墮欲界五欲之愛，與佛法解脫道無緣也。

二者，佛捨應化身已，報身常住色界十八天之頂—色究竟天，不食欲界天之甘露瓊漿；有智之人當向 佛求「**修証色界天身境界之法**」而生色界天聞受佛法，云何向 佛求三界中層次最低之欲界天甘露有爲色法？ 佛復云何可能降賜欲界天之甘露而說之爲佛法？故說如是等人是愚痴人。

三者，解脫道謂現觀陰處界空相，實証意識覺知心之無常、苦、空、無我，實証意根（思量心、處處作主之心）是生死輪迴週遍計度之妄心，由是斷除十八界六入十二處我愛我執，故証有餘涅槃；諸 佛菩薩無有不知此理者，云何復因愚人之求賜，而降欲界天之甘露漿，以招愚人之貪？以長愚人之痴？無斯理也。而彼等愚人妄稱甘露爲 佛菩薩所降，其實皆是欲界天人假冒佛名之所賜也，與佛法無涉，亦與諸 佛菩薩無關。

四者，佛菩提道，謂別教明心見性乃至修學一切種智之法，以參禪觸証自心（第八識如來藏）爲根本，乃至成佛、皆以此如來藏心爲本；求甘露、得甘露、嚐甘露、消化甘露等，皆不能令人於解脫道及佛菩提道之觸証有絲毫關連，何況能助益之？唯能增長邪見無明及欲界愛爾；而彼諸人無智，求之以爲佛法之証量，服之以爲能益佛法修証，愚痴乃爾！

五者，「欲界天中甘露」要因地水火風爲緣，及欲界天人飲食之福報爲因，方得現有；猶如人間稻穀，要因地水火風人工爲緣，及人間有情飲食福報爲因，方得現有；皆是緣於種種相因假合而有，無常敗壞之物，非是本來自有而常住不壞之法，愚人求之，即墮有相因中；是故作法求降甘露者，同於世俗人間之求人賜與糧食，等同無二，與佛法完全無涉也。有智之人尚觀意識自身虛妄，知意識自己是緣起法，何況仰謂益西、義雲高、喜饒根登……等外道，竟執意識外之欲界食物甘露漿，而洋洋自得、廣作宣傳，眞乃愚痴中最，完全不解佛法，名之爲民間信仰之外道可也！

今借欲界天甘露漿爲喻，令學人於「有無種種相因」易能明了。復次，甘露是「欲界有」之種種相因所成，求甘露漿之法者，名爲世間智。

等而上之，則如徐恒志、上平居士之不求欲界甘露，而錯認意識心（覺知心）及其相應之心數法（見性、聞性、嗅性、嚐性、觸性、知覺性等離念靈知）爲常住不壞之眞如佛性，亦墮「世間有」之相中，意識及其心數法，必墮「世間有」之種種相中故；意識及其心數法即是世間相故，正是三界有故。如是等人不知不解出世間智，尚不能知二乘菩提所說之蘊處界空相，悉墮世間相之種種有中，與常見外道同一知見；乃竟向天借膽，於網站上公開誹謗余所弘傳之佛教正法，誣余爲外道，爲自己造下誹謗正法之地獄罪；恰似彼無智之小學生辱罵大學教授爲不學無術者，愚痴至此，眞是末法也。

云何名爲「無」之種種相因？謂二乘聖人現觀陰界入空相，陰界入空已，以空故不生意識等十八界我之執著，故証有餘涅槃；如是有餘涅槃之修証，現觀一切法空，名爲無相，要依陰界入之種種空相爲因而後能証，是名「無」之種種相因，名爲出世間智，名爲二乘涅槃慧。

如是，求欲界甘露之世間智、誤認六識性爲眞如佛性之世間智，以及二乘求証有餘涅槃之解脫道—出世間智，皆不離「有無」種種相因，所修証之對象爲三界中之「有」法，故名有相智，二乘解脫道因此名爲世俗諦，所觀無常無我空之蘊處界是三界中之世俗法故；如是修証，不離世間相而修証之，故名爲識，不能証得本出三界有法之實相心故。二乘菩提智亦依「蘊處界相」之無常空而修証故，所修不離世間相故，所現觀之空相乃是前六識及意根等七識之「世間識」故。

諸佛菩薩所証者，乃是與意識意根同在之出世間如來藏，名爲第八識，具有阿賴耶識、異熟識、菴摩羅識、無垢識、眞如、如來藏、心、非心心、無心相心、不念心、我……等種種名；此心不墮有相無相，從來不因三界生死法而有生死相，是從來即無生死者；由此心不墮有無相故，佛說菩薩証此心者，不名為識，名之為智；非依意識心之思惟所得故，証此心者能起實相般若故，由實相般若故超有無見，如是離三界有及三界無之相，故說為智。如是超有無相智，非定性二乘無學所知，唯　佛與利根菩薩方知，故名出世間上上智。

「復次，長養相是識，非長養相是智」：長養相者，謂由熏習三界萬法，能令習氣增長堅固廣大；非長養相者，謂於諸法熏習中，其體性仍依本來自性而住，恆不變易，是名非長養相。意識與意根具長養相，如來藏不具長養相。

意識於三界萬法種種熏習中，令藏識中之意識種子，與所熏法連結益深；時時熏習，則令意識覺知心之習氣增長，難可轉易，由是故說意識具有長養相。如人修習六藝，學而時習之，則意識於六藝極為相應；熏習不斷，則意識之六藝習氣增長堅固廣大；乃至捨壽重新受生已，雖無人授，而能自通六藝，故說意識具有長養相。意根隨於意識現起之時，同時熏習，則於三界萬法生起普遍妄計與執著，故令妄計執著之習氣不斷增長堅固廣大，故說意根有長養相。於世間法之熏習如是，於出世間法之熏習中亦復如是；由如是長養相故，余於今世雖受名師誤導，仍能依自身往世所熏習出世間上上智之長養相，而自藏識中流注往世所熏所證智種而自證悟，故說意識覺知心等皆是長養相者。若人所悟之心是意識心者，即墮長養相中，即非般若之眞實証悟。

意識意根於三界萬法之熏習中，習氣日益增長；而彼等所熏成種，皆由第八識如來藏執藏，於境界現前時，即由藏識中現行，顯示意識意根往世長養所得之習氣。如來藏雖執藏前七識之習氣種子，遇緣便令七識習氣現行；然於七識習氣正現行時，如來藏自身卻恆住於「本來自性清淨涅槃」之中；受熏而持七識所熏新種時，自己卻不長養七識所熏習氣，仍令自己恆住本來自性清淨境界而隨緣任運，永不改易其清淨性、涅槃性，永不長養前七識所熏習之種種染污法性而改易自性，故無長養相。

《勝鬘經》中亦說如是之理：「世尊！如來藏者是法界藏、法身藏、出世間上上藏、自性清淨藏。此性清淨如來藏，而客塵煩惱、上煩惱（等七識煩惱種子）所染，不思議如來境界；何以故？刹那善心非煩惱所染，刹那不善心亦非煩惱所染；煩惱不觸心（不觸如來藏），心（如來藏）不觸煩惱，云何不觸法而能得染心？世尊！然有煩惱、有煩惱染心，自性清淨心而有染者，難可了知，唯佛世尊實眼實智，爲法根本，爲通達法，爲正法依，如實知見。」此段經文即是說如來藏受前七識心之行爲所熏習、而持七識心之新熏種，然不因此長養自身之染污法習氣及現行，恆住自性清淨涅槃性中，而於三界萬法隨緣任運，永不改易此清淨性；如是執持意根意識所熏習三界有之煩惱習氣種子，而永不長養自身之三界有習氣種子，故非習氣長養者。

《勝鬘夫人說是難解之法問於佛時，佛即隨喜：「如是如是！自性清淨心而有染汙，難可了知。有二法難可了知：謂自性清淨心難可了知，彼心爲煩惱所染亦難了知。如此二法，汝及成就大法菩薩摩訶薩乃能聽受，諸餘聲聞，唯信佛語。」》如此經文所說，自性清淨心（如來藏）而有染汙，眞實難可了知；欲了知者，須先親自觸証自性清淨心—如來藏。如是二法，乃是我正覺同修會中，許多已悟之同修們所同皆証知者，而爲印順法師徒衆及宗喀巴、月稱、歷代達賴喇嘛……等人之所不信。

譬如印順法師云：《……在阿賴耶識裡，有對治「有漏雜染」的清淨心種，是很難理解的（《印度佛教思想史》頁二六七）》《唯識，唯心，經中並沒有顯著的差別，但在習慣上，瑜伽學是被稱爲「唯識」的。佛法以離惡行善、轉迷啓悟爲宗旨，所以如說一切以心識爲主導，那是佛教界所公認的。但如說「三界唯心，萬法唯識」，那是「後期大乘」所不共的；與「初期大乘」的「一切皆空」，可說是**大乘的兩絕**！唯心（識）的思想，是從瑜伽者—定慧的修持經驗而來的。……『解深密經』所說「唯識所現」，也是在說明三摩地的境界，然後說到一般人「心所行影像」，也是唯識的。這與『般若三昧經』所說，從知道佛是自心作，再說三界唯心，是相同的。「唯識所現」的思想，是這樣來的。又如『攝大乘論本』說：「諸瑜伽師於一物，勝解種種各不同；種種所見皆得成，故知所取唯有識」。『阿毘達磨大乘經』所說唯識的理由，主要也還在禪觀的經驗。但**禪觀經驗，不是一般人所知的，這怎能使人信受呢？**》（正聞出版社《印度佛教思想史》頁二七〇、二七一）

印老所造《印度佛教思想史》，處處不符事實，多是扭曲之言。所以致此者，皆因未曾如實証解《阿含、般若、唯識》等三轉法輪諸經，故有如是處處違教悖理之言。如彼否定第七八識，余於前六輯中，已經多舉《阿含經》中佛語爲証，証實七八二識於《阿含》諸經中，佛已處處宣說，非未曾說。如聲聞佛法中，最基本之十八界法，其中之意根即是第七識心，印老尚且不知，說無此心，故主張唯有六識；如是誤解佛法之人，云何能知能証「名色緣識」之第八識？不知原始佛教四阿含諸經中基本之十八界法，而言能如實知解印度佛教之思想及歷史者，無有是處！

唯有如實証解《阿含、般若、唯識》之人，方能眞實了知印度佛教思想及「歷史演變（佛教三乘法之思想其實並無演變，唯有部派佛教弘傳過程中，因各派宗師之誤會佛法故，令彼等所傳法義有所演變；然佛教本有法義其實未曾演變）」，否則終必如彼印老之思惟臆測忖度，扭曲歷史事實。何故如是說？謂印老尚不能正知阿含諸經　佛意，於二乘聲聞所証涅槃尚且錯會，橫生計度，云何能知定性聲聞阿羅漢所不能知之大乘般若正義？不知般若正義者，云何能知唯識正義？於三轉法輪諸經無一通達之印老，云何能有判教之見地？乃竟將彼完全不知不証之

「三界唯心、萬法唯識」之第三轉法輪經典，判為「虛妄唯識論」（《印度佛教思想史》頁二七五）謂之為「膽大狂妄」，誰曰不宜？何以故？謂第三轉法輪諸經中，已說第八識**非真非不真**，亦說**修行轉依後之第八識名為佛地真如，純真無妄**，云何印老可以誣蔑之為「虛妄唯識」之論？無是理也。

凡此所舉，處處顯示印老於三乘佛法之處處不通，皆是情解思惟研究所得之玄學，無怪乎隨學者雖眾，而無一人能証三乘菩提中最粗淺之聲聞菩提見道；印老自不能証，其隨學者知見更不及他，隨墮其窠臼之中而自纏縛，當然更不能証取最粗淺之二乘解脫見道正理，唯除能破除印老之窠臼而出離者。

如勝鬘夫人所言：**自性清淨心而有煩惱染汙，難可了知，唯 佛如實知見**。 佛知見已，為人宣說，是故利智菩薩能証，非二乘聖者所知，是故 佛說唯有勝鬘夫人等「**成就大法菩薩摩訶薩乃能聽受**」，聲聞唯信佛語，然聞已仍不得正受。不迴心之大阿羅漢尚不能正受，何況誤會阿含十八界法、未入聲聞初果之印老，誤會聲聞解脫道法義之印老，彼何能知？故彼於此自性清淨心而有染汙之理，評論為「**是很難理解的**」，余頗能理解印老如是評論之心境。

「三界唯心，萬法唯識」，於四阿含中，早有密意隱說，佛非未說；唯因初轉法輪，重在取証解脫果，令諸弟子得以証信，由此易於化度外道入佛法中，故不宜宣說難知難解之種智唯識法門，是故偏顯解脫道之「蘊處界空相」，隱說「三界唯心」之理，是故四阿含中非未曾說「三界唯心，萬法唯識」之理。乃至淺於唯識種智之二轉法輪諸般若經，亦不宜先說，弟子及眾生之緣未熟故，難以信受般若所說三界唯心之深妙正理故；是故三界唯心、萬法唯識之理，雖未多所著墨，僅是數語帶過，其實並非阿含及般若時期未說。

余諸書中已確實舉証阿含般若系諸經中，佛確已曾隱說第八識「自性清淨心、非心心、無心相心、不念心」，非未說第八識也；今觀阿含諸經所說八識心之正理，印老尚且錯會，違背阿含諸經佛意而否定第八識，亦否定十八界中之意根—第七識，隨墮於密宗月稱《入中論》及宗喀巴《入中論善顯密意疏》之邪見而轉，何況能知般若？云何能知唯有「成就大法菩薩」方能了知之阿賴耶識如來藏？**是故印老所作關於佛教思想史之研究，皆不可信，何以故？純是情想臆度故，違背四阿含諸經之聖教量故，皆是誤會阿含般若佛意之私心**

忖度故。此謂「三界唯心、萬法唯識」之理，非如印老所說「是後期大乘所不共的」，而是《阿含諸經》中已曾說之，然印老因受密宗月稱、宗喀巴《入中論…》等應成派中觀邪見所蔽，執著先入爲主之觀念，故於阿含 佛語不能客觀解義，錯會 佛意所致。此容未來別造《阿含正義—唯識學探源》一書時，再舉阿含諸經而作廣泛之論述，此處暫表不論。復次，「初期大乘」般若經系所說佛法，絕非印老所說之「一切皆空」，前已多所論述，今置不論。

然印老有數句語是如實語：「唯心（識）的思想，是從瑜伽者—定慧的修持經驗而來的」，事實確是如此；若不經由禪宗之參禪破參—証得第八識心，則難明解「三界唯心、萬法唯識」之正理，則因非其現量境故，必墮臆想思惟所得之妄想境故。是故勸請印老師徒：於有生之年，速依禪宗之法參禪，方有會處，方能眞入大乘法中生般若慧。然因印老曾評論禪宗爲：「中國所傳的野狐禪」，今日欲入禪宗參禪，恐亦難免多諸業障，正是兩難之境。

出家所爲何事？而今陷於兩難之境，何其苦哉！是故一切善知識皆當引以爲鑑，提筆爲文、出口成章之際，應先檢點自身：於佛菩提及聲聞菩提是否眞有証量？若無証量，萬勿隨於自意而否定之，覆水難收故；若無証量，萬勿寫書言悟，句句皆成敗露狐尾之鐵証故。

印老如是之語，絕不應說：《『阿毘達磨大乘經』所說唯識的理由，主要也還在禪觀的經驗。但禪觀經驗，不是一般人所知的，這怎能使人信受呢？》如果因爲禪觀經驗不是一般人所知的，便不應信受，則 世尊成佛之境界，甚至連等覺菩薩都不能臆知、都不應信受，云何爾印老可以信受 世尊已成佛道？則阿羅漢有餘涅槃境界，乃至聲聞初果分証解脫境界，皆非印老之所能知，爾印老是否亦應不信？因爲聲聞初果之分証解脫，也不能外於聲聞禪之禪觀經驗，又「怎能使（未証聲聞禪之世）人信受呢？」則爾印老所說法語、所造諸書又如何可以使人信受呢？則 世尊所說四阿含中諸經境界，既皆是禪觀境界，爾印老亦不應信受。既如是，則爾印老今日實可卸下袈裟，不信佛法，因爲佛法修証皆須經由禪觀親証方可信受故；既然禪觀經驗非一般人所知，故一般人皆不應信受，則爾印老若脫卸袈裟，不信 佛語，余不敢責。此若如是，彼亦應然；請問印老：「爾如是之語，是耶？非耶？」

由上述例舉說明，學人應知：如來藏自性清淨，而含藏意根意識之染汙種子，雖是持種受熏者，能令意根與意識由於熏習而長養習氣，然第八識於執持前七識之習氣種子受熏時，自性恆常清淨，恆具能生萬法自性，無有改易，永不增長自身之染汙習氣，故非長養者。若有朝一日得証此心，便能証知 佛語無訛：是可信受之如實語。若尚未能証之，當信古今多有証悟此眞實心者出而證明 世尊所說是如實語，當信受之；莫如印老因爲不能証入禪宗之禪觀境界，便謂爲不可信。

由信之故，當來方有悟緣。悟入之時，便知參禪之自己—意識覺知心—眞實是識，眞實具有長養相；便知第八識實有，便能現觀第八識自無始來常住於本來自性清淨涅槃，一向遠離長養相，故是 佛所說之「智」心，便生實相般若—出世間上上智—定性二乘無學所不能知也。

「復次，有三種智：謂知生滅、知自共相、知不生不滅」：知生滅者，謂具足知陰界入之生滅相；此說二乘無學經由聲聞禪之靜慮及觀察，如實了知五陰十八界六入之生滅相。了知已，我見我執斷盡無餘，成就有餘涅槃；信知佛說捨壽滅盡十八界已，非是斷滅空，於無餘涅槃位有本際—有捨壽前名色所緣之**識**不滅，而聲聞緣覺不能証知，故唯了知十八界之生滅相，不能了知第八識之不生不滅相，是名知生滅之智，此是聲聞緣覺之出世間智。

知自共相者，謂大乘學人不樂取無餘涅槃，不求急斷我執而取滅度，欲求成佛；然所遇之師，悉是教授聲聞法、緣覺法之師，授以觀察五陰空、十八界空、六入空；乃至遇大乘法師教以一切法空，以一切法空爲般若。學人因如是緣，遂於自相觀察陰界入等一切法空；亦觀察別別有情與己無異，同有陰界入等一切法空之共相，以是爲般若，是名知自共相者，名爲相似般若之臆想。如是輩人觀察陰界入之空相，乃是依陰界入自共相等世間法而作觀，然因不善觀察，不能証知意識意根之生滅相，而誤計覺知心性爲常住不壞法，則我見不斷，成世間智，非是佛法中之賢聖也。若善觀已，能証知意識意根生滅相而斷我見，則入通教初果位，是出世間智，同於聲聞初果之分証解脫。

譬如印順法師之不善觀察十八界法，不知意根是識，故否定十八界中有第七識，故否定唯識經典所說之第七識意根，彼於自相不善觀察，不名知自共相者；不善觀察十八界自相者，必於共相乏其所知，故說印順法師爲不知自共相者。復次，印老不善觀察意根之本質，復不能証知意根何在，妄謂正死位中意根亦滅（如印順著《華雨集—四—中國佛教瑣談》頁116~117）；然實意根自無始劫來，未曾暫斷一剎那，於五位（眠熟位、悶絶位、正死位、無想定、滅盡定）中悉不曾剎那暫斷；唯有定性二乘無學入無餘涅槃位時，方是無始劫來之第一次斷。印老於意根—意界末那識—之自相共相不善觀察，而謂意根於正死位中亦斷，名爲不知自共相者；尚缺世間智，何況能有聲聞初果或通教初果之見地與証量？絕無出世間智也。由是故說印老純是臆想研究佛學之學問僧，非是佛法中之修證僧，絕無三乘佛法中任何一乘之證量可言也。

三者印老否定七識八識已，恐人責以否定三世因果之罪，遂又建立意識細心，作爲三世因果之聯繫者。然而佛於四阿含中，處處說意識是緣起法：意法緣故生意識。意識既是意根觸法塵爲緣而起，則不論是粗心抑或細心，皆非自在之法—須依他因他緣方能現起；云何非自在法之意識心、而可建立爲三世因果之聯繫者？印順此說不應正理也。

復次，意識心之最細者，無過於非想非非想定中意識，過此則斷，成滅盡定—無有意識，別無印老所云不可知不可證之意識細心，佛說最細之意識即是非非想定中似有覺知、似無覺知之意識心，云何印老主張易起易斷之細意識可為三世因果之聯繫者？復次　佛於四阿含中，說人類意識必須依五色根方能現起；欲界凡夫世世五色根（特指勝義根頭腦）互異，故世世意識互異，皆唯一世，必隨當世五勝義根（頭腦）之壞而隨斷，永不能去至來世。非能來往三世之意識，一切具有世間智識之人現見如是，云何可以建立為三世因果之主體？無是理也！何以故？此謂：能令意識起滅之意根，自無始劫來恆現不斷，世世無異，尚且非是三世因果之主體識，何況依意根而起之易斷易起細意識，云何可為三世因果之主體識？印老有智之人，云何作此無智之語？

若云意識細心非是可証之法—有如是心而一切人皆不可証；則是臆想所得，非有實體，唯是空言戲論，無人能証之故。若意識有細心、有極細心者，必定有人可証；人若未能証，應俱解脫二乘無學能証之，彼二乘俱解脫之無學聖人已証出三界法故，三界最細之意識悉已証知故；然諸俱解脫二乘無學所造論中，終不說意識是出三界法，終不說意識有細心能至後世而成三世因果之連繫者。若眞有意識細心而聲聞緣覺未能証之，亦應菩薩能証；若菩薩未能証，亦應 佛能証之；然諸菩薩及 佛，未嘗有人証知印老所說「三世因果主體之不可知、不可証之意識細心或極細心」，反皆異口同聲說第八識如來藏方是三世因果之主體識，一切大乘証悟者皆現見第八識恆時現行而未曾暫斷故。

今者印老如是建立意識細心爲不可知心，說無人能証此心，乃至 佛亦不能証之，則是虛妄想所建立法，則是子虛烏有之法；如是印老自未能証之臆想非有法，焉可說之爲佛法上之証量？並書之以文、流通於世而教世人？如是作爲，乃是不負責任之惡行也。余則不然，效法諸佛菩薩之親証如來藏已，領受其非有非無之本來性、清淨性、自性性、涅槃性已，轉爲人說，令起信已，復爲施設方便善巧法門，令諸隨學者亦能証之，亦能如實領受如來藏之實體性，如是方可謂爲佛法，方可謂爲負責之行爲也，非彼妄想建立之「不可知、不可証」之法而可說爲佛法也。由如是舉証，學人可知印老之見虛妄，純是意識研究及虛妄建立之觀念，違教悖理，非眞佛法，名之爲「未知自共相者」可也！

若如我會中之尚未破參明心者，於禪淨修學班之課程結束時，已能知曉自共相，關於五陰十八界六入之自相共相已聞知故；聞已若修四加行，能現觀陰界入空相而斷我見、斷三縛結故，從此不認意識之粗心細心爲我故。如是等人雖未能入別教見道位中，已能取証聲聞或大乘通教之見道果，名爲「知自共相者」。如是智乃出世間智也，然猶未是大乘出世間上上智。

知不生不滅者，謂証實《般若經》所說「非心心、菩薩不念心、無心相心」，現前觀察如是第八識之從來不滅故不生；現觀第八識不生不滅已，復親領受第八識之本來性、自性性、清淨性、涅槃性，則是現証「本來自性清淨涅槃」者。隨即自能通達般若系諸經，了知般若系諸經非是「外於如來藏之一切法空」說，而是以自性清淨心爲本，說陰界入及所生一切法空，是名「知不生滅者」，此是出世間上上智；我會中一切已悟之同修們，皆得如是智，皆是知不生不滅者。如是智，非諸不迴心之二乘無學所能知之，故名出世間上上智，能令人漸趣佛究竟地故。

「復次，無礙相是智，境界種種礙相是識」：復次，學人修學佛菩提道，既知明心之觸証如來藏乃是見諦，然應檢查此見諦是否正眞？則須將所悟「如來藏」依聖敎量加以檢驗，若所悟之如來藏非是眞實如來藏，而是錯認變相之意識爲如來藏者，則是錯悟，則必違遠第一義諦，則不能契會般若與阿含，違論契會唯識種智究竟實義？則非眞悟，應速重新再覓眞心如來藏，務必要與阿含、般若、唯識諸經 佛語所說完全相符無異，方可安心進修佛道。

若所悟眞實是如來藏心，則必符契第一義諦，亦必契會阿含與般若，乃至十數年後（或來世多世）能契唯識種智究竟深妙實義。若契唯識種智究竟義而起種智者，斯人不論言說敷演、或著作流傳，所說法義悉如經論，深奧微妙，得令証悟藏識者讀已悉大歡喜，增益智慧；未証藏識者讀之，則唯領納語文表義，而能修正以往所受邪知邪見；未悟謂悟者讀之，轉生煩惱，令其頓失悟者身份故，乃誣謗彼善知識爲研究經論所得，非是証量，而不知皆是彼善知識之自心流露。

若欲如是成大善知識以度衆生者，當速檢驗自身所悟之心爲正爲訛？今者佛復以如是義、令吾人簡擇：所悟之心若具無礙相者，彼悟是智；所悟心若於種種境界中有障礙相者，彼悟則是識。

眞實心恆離一切覺觀，故於一切境界中皆無滯礙，不黏著於三界六塵一切法，故不受苦樂，隨處皆無礙。覺知心（能見之性、聞性、嗅性、嚐性、觸性、知覺性）則於六塵有滯礙：眼見之際即已了知所見色，耳聞之際即已了知所聞聲……乃至一念覺知性起、即已了知定境中之法塵；了知即是想陰、即是分別，分別已、立即有苦樂憂喜捨受，不離想陰等境，如是名爲境界中種種滯礙相。眞實心則遍於十八界中示現，名爲遍一切界；於十八界中同時普遍示現之時，卻無滯礙相——不受一切苦樂、並離厭憎相與貪愛相；如是明心之人，方是與智相應者，所悟之心於六塵中絕無滯礙相故。

若所悟之心墮於十八界法中（譬如以見性聞性……知覺性為佛性、以意識覺知心為如來藏者），如是心性必於六塵起諸了知及分別，則與六塵相應而起五受，不離種種「境界受」故不離滯礙相，如是之「悟」墮在識性（了知性）中，名爲識性——分別性；如是之「悟」則名爲識，不名爲「智」，有障礙相故，非無礙相故；若有了知，則必與苦樂捨受相應而有障礙相故。

復次，所悟之心若不能遍於十八界中示現運作者，則是有滯礙性心；譬如有人如同徐恒志、上平居士，同以離念靈知之覺知心爲眞心者，當觀察此覺知心能否遍於十八界法中運作？現觀之後，必將發現覺知心只能於十八界法中觸知及領受、而不能運作之，所能運作者唯是於「覺知心自己」之一界中爾，於其餘之十七界法唯能觸受而不能運作之；如是說覺知心是有滯礙之法，由於覺知心有如是滯礙相故，悟此「離念靈知心」者不名爲智，唯名爲識。

眞悟者所悟証之第八識，則於十八界中皆無滯礙，遍於十八界中運作不輟，乃至眠熟悶絕等五位中亦皆如是運作不輟，操控十八界法而不於十八界法起見聞覺知；如是密義，唯有証悟第八識者方能知之，未証第八識者聞已、唯能臆想，不能眞解此意。第八識既於十八界法悉皆自在無所滯礙，復於十八界法所現之一切境界皆不加以了知，故無苦樂等受，故不生任何境界上之障礙，方是眞正無礙相者；由如是理，故說証得此第八識者，即是証得無礙相之菩薩；如是証者名爲証智，不墮識之障礙相中。

「復次，三事和合生方便相是識，無事方便自性相是智」：三事和合之三事者，謂六塵、觸、六根（色根之五勝義根、五扶塵根及意根）；和合者謂六根與六塵相觸。由五根之完整不壞，故有外五塵入，如來藏對現同於外五塵之內五塵，意根末那識恆無間斷而觸五塵上所顯之法塵，剎那剎那思量不斷；若眠中法塵恆無異狀，則至身根之疲倦消除已，意根方令意識現行而有見聞覺知。若眠中法塵有重大變化，意根便令意識提前現行加以了知，不待身根疲倦消除之後方令意識覺知心現行；是故人於半夜身覺不適時便能翻身，以有末那之覺知法塵異常而令意識少分現起以作分別，了知身體之部份不適，故知翻身也。若無意根之觸法塵，意識即不現起，則不能了知身體之部份不適，便將一睡眠熟而至天明，不能於夜半作翻身之行爲也；是故意識必須「根、塵、觸」三事和合，方能現起，此是一般學佛人皆能瞭解之事實。

意識於眠熟及悶絕位中必定中斷，夜半有時現起少分，亦是一般醫學院學生皆能瞭解之常識。意識覺知心既須如是三事（五根、意根、法塵）和合接觸之後方能現行，則是方便緣生，非是本有自在之法；此謂三事之中，若有一事緣缺，則令意識不起，故名方便相，故名三事和合生。現觀離念靈知之覺知心乃是意識，完全符合三乘佛法中所說之意識體性，無有絲毫差異；而此離念靈知心，既然須具足六根、法塵、相觸等三事和合方能出生之方便相，則非實相，不可謂爲眞實心也。

由於離念靈知是由此三事和合之方便相爲緣方能出生，非是常住不間斷之眞實法，是故彼諸具有「大」神通者，悉皆畏懼醫師之麻醉藥及安眠藥，如是藥劑只需一針，便能令五根癱瘓故。五根功能若失，意根雖掙扎欲令離念靈知之意識現起醒覺，必不可得；意識（離念靈知心）若不現起，則其神通亦不能現，神通是意識之心數法故，依意識心而起故（唯除佛菩薩加持，令其意根別依相似夢境之境界而令意識出現者）。離念靈知之意識心既須三事和合緣生，方能使自己之功能性現行，則是衆緣所作之方便相，故說悟得如是離念靈知之心性者，皆是前六識體性，皆是三事和合之方便相，非是本來自在之法；是故悟此離念靈知者、所悟乃是識相，不得佛菩提智，不知如來藏之不生不滅相故。

悟得如來藏者，現見阿賴耶識無有如是事相上之方便相，具有恆常現行，具有遍一切時不滅不間斷之自性相；亦具有能遍三界受生之自性相（意根意識皆不願受餓鬼及地獄生，故皆不能亦不願執持地獄身餓鬼身而受生其中；唯有第八識心方能受生其中而持彼純苦身不捨，令意識及末那必須受其苦報、不能苟免；詳拙著《真實如來藏》所說，此處不重細述），故如來藏能遍一切界受生，故能遍三界九地持身受報，名爲**遍一切地**。藏識復具**遍一切處**（遍十二處）之自性相，復具體恆常住、恆常現行之自性相，復具能生萬法之自性相，復具本來清淨之自性相，復具本來涅槃之自性相；如是自性相，皆非假藉事緣方便和合而得，本已有之；亦非因於修行而得，故名「無事方便自性相」；如是証，如是現觀，如是親身領受第八識如來藏者，則與佛菩提智相應，能通三乘諸法，能與一至三轉法輪諸經相應符契，故名爲智，非是識也。

「復次，得相是識，不得相是智」：識相者謂分別識—眼識乃至意識，主要爲意識。意識之相則是了知與分別，有了知及分別故則有所得。今時有諸方顯密大師說法，勸人保持一念不生，不於覺知心中起語言分別，教令徒眾保持如是覺知心而不可昏昧，謂之爲已証無分別智；如是謂爲無分別與無所得，其實皆是有分別、有所得，覺知即是分別故，覺知六塵者即必有所得故；覺知六塵即必生起苦樂受故，有苦樂受即是有所得故。

如密宗之即身成佛─男女雙身修法─於男女二根樂觸中，不起作意分別：於正受淫樂時不另起心分別男女欲貪、不分別人我、一念不生，謂之為「**於淫欲中離欲、不起分別**」。然實覺知心生起時已是分別，分別故必有所得─自知已得樂觸之受，以及領納樂觸之受，故說性高潮時樂空雙運之覺知心非是無分別心，非是無所得法也。是故男上師與女弟子合修即身成佛之無上瑜伽，達到雌雄「等至」─同時住於淫樂之高潮境界中時，雖於外法不起分別，實於淫觸中剎那剎那不斷分別淫觸之觸塵─不斷領受觸樂，乃是有所得法，得受淫觸故；既是有所得法、具足「得相」，則彼受樂之覺知心是名為識，不名為智。

若是無所得法者，必定從來離於分別；眞實離分別者，必定從來離一切六塵覺觀；若於六塵有覺有觀則必有分別故。依如是理而檢查抉擇所悟之心，於一切時、一切處、一切界、一切地中皆無分別─皆離覺觀者，方是從來無所得者；從來無所得者方是眞實心，於一切境界中皆是「不得相」故。証如是眞實心者，亦無所得，謂此眞實心乃本來自己已有，非因悟後方有，非因修行而後有；故悟者之意識心亦無所得，如是實証「不得相」者，方名爲智，必與三乘諸經悉符契故。

離念靈知則是修行之後方始成就者，非是本來即已離念者；**離念靈知心雖無語言之念，然尚有諸微細念，非眞離念者**（請詳拙著《甘露法雨》現場問答）；離念靈知心於一切境界中，皆能了知六塵萬法，不待語言起已方能了知，是故離念靈知心仍是有分別者；既是有分別者，則於一切六塵境界必能領受，有領受者即是有所得者，不得狡辯爲無所得者。是故所悟若是離念靈知心者，當知即是有所得心，悟此心者即是識，所悟非是「不得相心」故。

「自得聖智境界，不出不入，故如水中月」：二乘無學聖人，於涅槃之修証，不知實是依於自心如來藏而修，以爲涅槃本無今有，修而後得，故悉墮於識相中，唯是依世俗諦（二乘所觀陰界入空相等四聖諦、四念處、八正道等）而修，雖得出世間智，亦不離識；依六識心而斷六識對自己之貪染故，六識貪染斷盡故，意根則不執我，故得有餘涅槃，捨壽時令自我滅盡而入無餘涅槃。如是依佛音聲，修解脫道，故名聲聞，所觀修之對象爲世俗之蘊處界故，如是修証之二乘菩提仍是有出有入之法故，有出三界之法故；非是自得聖智境界故，不知涅槃本有之理故。

菩薩修証解脱道則不然，証得有餘涅槃前，早已了知涅槃之本際，如實知涅槃乃是依第八識之不滅性不生性而立名，如實了知涅槃乃是依第八識之清淨性（離一切六塵覺觀領納及離思量性）而立名，如實了知涅槃乃是依第八識之不貪不厭六塵而立名，是名菩薩修學解脱道之自得聖智境界，不共定性二乘無學；菩薩所証之涅槃慧，彼諸定性聲聞無學所不能知故。

復次，菩薩証得自心如來藏已，漸漸通達般若系諸經，而後轉入三轉法輪諸經修學，依《楞伽經、解深密經、如來藏經……》等唯識種智經典修學，次第一一現觀証驗，了知三界中一切法界唯是衆生如來藏識所成—成欲界有情法界者是此藏識，成色界有情法界者亦是此藏識，成無色界有情法界者亦是此藏識，入無餘涅槃法界者仍是此藏識；若離此眞實心，便無三界有情種種法界可得，故說三界唯心；若離此眞心異熟識，便無有餘涅槃之可修証，便無無餘涅槃之可入，故說萬法唯識。如是大乘聖人智慧現觀境界，皆緣自心如來藏方得成就，是故說名「自得聖智境界」，非因外法得故。

菩薩復觀三界一切法，皆由八識心王和合而現而顯；八識心王於三界一切法中最爲殊勝，一切法由八識心王展轉而現行故，無爲法亦因八識心王而顯現故，是故一切種智中說八識心王爲「**一切法中最勝故**」，故說「**萬法唯識**」。然而八識心王和合似一，展轉能生三界萬法，歸結其根本，仍是自心如來藏—第八識；如來藏藉緣而生色身與七轉識，方能令三界萬法由於八識和合運作而生而顯故。菩薩由大乘之見道明心、証知此根本識後，修學種智，終能如實觀察，故於實証「**萬法唯識**」後，復歸結於「**三界唯心**」—一切世間出世間法皆是自心第八識之現量；一切法於三界中雖有現行及有滅壞，然能前仆後繼，永無斷絕；能見之性與聞性、嗅性…知覺性等，皆依如來藏而滅已復生、生已復滅，永無斷絕、盡未來際—唯除定性聲聞入無餘涅槃。衆生亦因此如來藏識故，漸次展轉來至此世，仍能令八識心王各各自性及一切心數法常現而不斷絕。凡此衆生法界之三界一切諸法，既因第八識心而有，當然諸 佛必定宣說**三界唯心、萬法唯識之理**。

如是心性依於自心如來藏現已復滅，滅已復現：忽生欲界天中享妙五欲，忽墮人間受劣五欲，忽生色界諸天受禪定樂，忽生地獄受種種苦，皆依自心藏識執藏別別業種而現；然諸有情自心藏識於三界一切生死過程之中，卻不出不入一切六塵境界，唯是七識五陰出入六道種種境界而受藏識所現種種內相分之苦樂，非眞受於外境之苦樂也。

如水中月，隨水有別：牛跡中水月、盆中水月、井中水月、湖中水月、河中水月、海中水月，各各別異；隨人處處觀之，而謂爲盆井河海之水月，然實皆是天上明月影現。天上明月不出不入盆井河海，而現盆井河海種種水月異相；有情亦復如是，隨其所造善惡業別，現出六道法界種種異生，因之而受藏識所現內相分之種種苦樂，未曾覺受外境之種種苦樂；外境只是引生有情各自內相分苦樂受之助緣爾，菩薩證知如是自得聖智境界，現觀而了知無始劫來所造所受一切法，從來不出於藏識之外，從來不由外法入於藏識之內——一切境界皆是自心藏識對現外境所示，非有外境爲覺知心自己所觸受，故說如水中月。

復次，有情自覺眞實觸受身心外之種種五塵，然實非是，所受皆是水中月—所觸皆是自心藏識依外境所變現之內相分六塵；由於有情並未眞正接觸外五塵相故，故說有情於三界六道中之一切境界受，皆如眼見「水中月」一般，無二無別。於世間法如是，於自得聖智境界亦復如是，皆依自心藏識影現之無漏法而証無漏智：所謂出世間智、出世間上上智。若離自心藏識，即無如是智慧可知可証，非外於自心藏識而有出世間智及出世間上上智可知可証也。是故一切有情對於三界有法之觸証，皆是自心藏識中法，而悉錯覺爲外法之觸証，其實皆如愚痴衆生見水中月時、誤以爲眞實看見天空之明月。由於有情所觸受之三界中六塵萬法，其實亦皆如水中月，並未觸受外境六塵，只觸自心藏識所現之六塵爾，故說如水中月。

地上菩薩如是觀已，復又如實現觀種種有情唯是各各自心藏識影現，故有五陰七識現於四生二十五有之中，如是四生二十五有種種法界，皆如水中月—此處滅已，復現彼處；此有滅已，復現彼有。而各各有情之自心藏識不出不入—不於一切有情法界之種種境界出入，離一切有情法界之六塵境界，既不執取而入其中，亦不排斥而遠離之以入無餘涅槃，故說不出不入，如水中月。

如是水中月觀行，尚有其他粗細相之現觀。其具足各種現觀者，乃是四地滿心菩薩之証智。如是証智要因種智而得，種智要因修學《楞伽經、解深密經……》等而得，欲修學此諸經者要因善知識而得；眞能了知何謂善知識者，要因已証自心藏識方能明辨；欲証自心藏識前，要因善知識之正見化導，加以破邪顯正、建立知見方能証得；未眞証藏識而欲明辨眞假善知識者，須具多聞熏習之知見力，及多生修集之福德力、多生修除性障之善根力、多生修習破邪顯正之道種智力，而後能辨眞假善知識。

如是具說智相與識相已，歸結爲無所得相——以無所得相，作爲智相識相之歸結。然後以「自得聖智境界，不出不入，故如水中月」而作畫龍點睛之總結。此謂佛菩提智無生法忍之修學，本質即是自心如來藏所蘊一切種子之智慧；而此一切種智之修習，皆是由本有自心如來藏之禪觀而成，非有外法可得者，非依他人言語而作臆想所能得者，是故說名「自得聖智境界」。學人務必依此經義，建立正知正見，勿隨末法諸方名師邪見而轉——特指依於印順及達賴等應成派中觀邪見而轉，導致「愈精進修學佛法者，離佛道愈遠」之可悲現象，普願一切佛門學人，摒除情執，依於理智，支持破邪顯正救護眾生令入正道之行，冷靜探究，共入佛道。

爾時世尊欲重宣此義而說偈言：

採集業爲識，不採集爲智；觀察一切法，通達無所有；
逮得自在力，是則名爲慧。
縛境界爲心，覺想生爲智；無所有及勝，慧則從是生。
心意及與識，遠離思惟想，得無思想法，佛子非聲聞。
寂靜勝進忍，如來清淨智，生於善勝義，所行悉遠離。
我有三種智，聖開發真實，於彼想思惟，悉攝受諸性。
二乘不相應，智離諸所有；計著於自性，從諸聲聞生；
超度諸心量，如來智清淨。

疏：《爾時世尊欲重新宣示此眞實義理，而說偈言：

採集種種善惡業之種子者即是識，不採集之心則爲智慧之心；

若能現前確實觀察一切法之本源者，便能通達一切法皆無所有；
如是獲得自在解脫之力，這就稱爲佛法上之智慧。
繫縛於六塵境界的即是衆生所知的心，
出生了對六塵境界之覺想，就是世間衆生之智慧；
若能証得無所得心及殊勝之離六塵境，
出世間之上上智慧則從此一証量而出生。
若能於眞實心、意根、及前六識之和合運作中，
往遠離思惟及覺想之心性方向去探尋，
而能証得從來即無思惟、無覺想之法者，
此佛子即非聲聞乘人。
証得永遠寂靜法之如來藏，並能於此勝進法而安忍者，
必定將從此一如來清淨智中，出生善妙殊勝之佛法義理，
世間衆生所行種種染汙心行便可以全部遠離。
我釋迦牟尼有三種智慧，

一切聖人依此三種智慧而開發出世間智慧與法界實相之智慧，於這三種智慧親證後，加以觀行思惟，釐清貫通以後，就能攝受修學佛法之一切種性。

二乘定性者之心行與作爲，與如是修証不能相應，所得智慧遠離三界一切所有境界；

因誤計而執著「有、無」法之自性者，乃是從諸聲聞所修之出世間智而生；

菩薩所証之出世間上上智，是超越度過聲聞緣覺所知境界之自心現量，漸漸發起如來之智慧而至究竟清淨之境界。》

解：「採集業爲識，不採集爲智；觀察一切法，通達無所有；逮得自在力，是則名爲慧」：衆生悉以意識覺知心領受種種六塵諸法，由其中之苦樂憂喜捨受故，出生種種分別，遂有意根之貪著執取與厭憎；由有如是貪著與厭憎故，便有取著與捨棄之種種身口意行出生。由如是種種身口意行之出生故，其中便有種種業種形成；如是貪著三界六塵法而造作身口意行，即是業種之採集；或因厭惡苦受，思欲免苦，而不能了知苦因，故造種種損人利己之行爲，由如是身口意行而形成業種，故前六識所造之如是行爲，亦是採集業種。

舉凡能作如是採集業種之心，皆是採集者，如是心即是意識心；不同於意根，亦不同於眞實心。異於意根者，謂意根不作如是苦樂憂喜捨受之分別；意根於清醒位之種種思量取決，皆依意識之五受及分別而爲之，若無意識之五受及分別，意根即不能於三界中作種種思量及取決，是故意根並非眞正之採集業種者，故說眞正之採集業種者乃是意識──有念靈知心及離念靈知心。

譬如眠熟位中，意根唯能作諸簡單分別，於其中所作之一切心行，皆屬無記業，不屬十二因緣中之行支所攝，故無採集業種之作爲；要依意識之五受及分別（包括剎那剎那之了知），方能與意識共同造作採集業種之行爲。而意識心現行之後，即不斷分析思維：應作何身行？應起何心行？應作何種口行？然後由意根取決，是故意識方是眞正之採集業種者。意根介於意識之採集與如來藏之不採集間，故說採集業種者爲意識。

如來藏既於三界六塵中悉皆不起見聞覺知，唯對內了知七轉識之心行，不對六塵起諸苦樂憂喜捨受，不分別六塵諸法，故於六塵中之萬法不生採集之心行；若人實証第八識如來藏已，便能現前觀察此一事實，親証不採集業種之如來藏，如是親証不採集之心者，必將出生實相般若之智慧，故說証得不採集業種之心者，即名爲智慧之心。

大乘佛法中之一切學人，若能依此正見而証得本來自在之如來藏心，便能現前確實地觀察：吾人於三界中受用之一切法實從如來藏心出生—或直接出生，或間接、或展轉出生；由此親証故，便了知一切法皆是以自心如來藏爲本源。由了知一切法皆以自心如來藏爲本源故，漸漸向此自心所含之一切種子探究；有朝一日得能通達時，便能悟得：一切衆生無量劫來浪生浪死，貪求或厭惡三界中種種身外之法，似有所得，而其實從本以來不曾有所得；若離自心如來藏，一切法皆無所有，便能通達般若而入初地，成爲見道後之通達位菩薩。

佛子若能通達此般若智，便可由如是智慧而獲得自在解脫之力量，見地已經現起故。學佛人往往因於末法時假名善知識之邪教導，而起錯誤知見：欲以覺知心而取無餘涅槃，或欲以覺知心之意識變成佛地之眞如心。直至後來眞實証悟明心，方才發覺無餘涅槃其實是滅除自我——捨壽後不再出現意根我，不再出現中陰階段之覺知心我，不再出現十八界我，十八界我永滅，無復有**我**在三界中出現，如是而成就解脫道，成佛法中之賢聖；如是而取涅槃，實無所取；如是名爲解脫，名爲無我，名爲涅槃，聲聞聖者由此而出三界。如是解脫，迥異一般學人從諸方大師所學來之解脫道，一朝証知，心中震撼無已。

菩薩悟後方知無餘涅槃乃是滅盡十八界法，自我永滅無餘，唯餘從無生死之第八識離見聞覺知而獨存；在無餘涅槃中，既無色身，亦無受想行識，無六根，無六塵，無六識，無無明，無涅槃，無解脫，亦無「無無明」，一切法悉滅；此中唯餘本離見聞覺知、亦離思量性之第八識，依其本來自性清淨涅槃之體性而續安住，不再現行於三界萬法中。

如是不生不滅，不垢不淨，不增不減，不來不去，直到永遠，是名菩薩所証而不取滅之涅槃；菩薩又現見阿羅漢所取証之無餘涅槃本際，而諸取証有餘涅槃之阿羅漢所不能知，而此如來藏無有任何大力有情能壞之者。菩薩由是而了知自我完全虛妄，如是親証無我法故心無所懼，是故於救度衆生迴入正道，於護持 世尊正法所應爲者，悉無所畏而勇猛直前，皆由証此實相心如來藏而發起自在無我之大力所致。若人親証如來藏而深入現觀蘊處界者，即斷我見我執，於自身五蘊不復有所罣礙，依此而生起解脫自在之力，如是親到者，名爲大乘般若智慧—大乘無生智，名爲大乘種智之智慧。

「縛境界爲心，覺想生爲智；無所有及勝，慧則從是生」：衆生從無始劫來不斷輪迴生死苦海者，皆由不曾了知覺知心自我之虛妄，畏懼墮於斷滅之中，是故不肯令自我斷滅，執定覺知心常住不壞，墮於常見外道之邪見中。然而覺知心一旦現行，便與六塵相應；與六塵相應故，便爲六塵所縛，墮於三界之六塵境界之中：或墮色塵境，或墮聲香味觸法塵境中，或墮一念不生之欲界定中，乃至墮於非想非非想定似有覺知之定境法塵中，如是爲三界一切六塵境界所繫縛，故說繫縛於六塵境界的即是眾生所知的心—意識覺知心。

由有意識覺知心故，必定於覺知心現起時，與六塵境界相應，觸知六塵境界；由觸知六塵境界故，便生覺想：了知與分別六塵中之種種境界，隨即出生覺想，分別苦樂憂喜捨受等，隨後又出生貪愛厭憎等情緒，而作種種思惟與觀察，而造作種種身口意行。如是而令有情得於三界六道中求生享樂受苦等，而有世間之種種智慧；然而此諸智慧，皆悉由眾生之覺想出生，是故 佛說覺想之出現即是世間智慧。

學佛之人若能証得第八識心—人人本具之如來藏，現前觀察如來藏於三界中運行不斷之際，卻從來即離見聞覺知，從來不起思量心性，從來寂靜而住，是故於三界六塵萬法之中，永遠皆無所得，從來離於一切苦樂憂喜捨受故。如是証得：覺知心於萬法中悉有所得，而自心如來藏卻從來無所得；三界中之一切六塵萬法，於如來藏而言，悉無所有，証得如是無所有法者，般若智慧即從此處出生。

復次，由親証如來藏故，了知如來藏乃是一切法中之最勝法，是三界六道一切法之總根源故，無有任何一法能出過如來藏故。非唯世間法如是，乃至世出世間上上法之大乘佛菩提道亦復如是；此謂二乘所証有餘涅槃及無餘涅槃，四聖諦、八正道、七覺支……十二因緣等三十七菩提分法，莫非依如來藏而有。若離如來藏，則無餘涅槃即成斷滅；而無餘涅槃非是斷滅，實依如來藏之不復受生出現於三界之中，不復出現十八界法而無來生，故名無餘涅槃，無餘涅槃依如來藏之不復受生而立名故。

乃至世出世間之佛菩提道上上法，亦復如是依如來藏而立名。佛子如是親証如來藏後而作現觀，成爲証得最勝境界者，一切未証之人天，縱令神通廣大，能移山倒海，而亦不能了知此境，故說此爲最勝境，故說証此者即是最勝子，世間與出世間之上上智慧則從此一証量而出生。

「心意及與識，遠離思惟想，得無思想法，佛子非聲聞」：佛子若欲如是修証般若慧者，絕非容易親証，當從眞善知識多聞熏習，並親從受學，而後始可得証。於未証之前，當依善知識教：對於前六識及自己所不知不証之眞實心與意根，於六塵萬法中和合運作時，往遠離思惟及遠離想陰覺知之心性方向加以探尋，而能証得從來即無思想、從來即無覺知之法—如來藏，則必發起般若智慧，爲諸不迴心之大阿羅漢所不能知，當知此佛子即非聲聞乘人，已親入大乘佛菩提道之中故，已在菩薩數中故。

「寂靜勝進忍，如來清淨智，生於善勝義，所行悉遠離」：佛子証得從來寂靜之自心如來藏者，若能有智現觀而不生恐畏者，即能漸漸了知此如來藏之現証者，乃是勝進之法；由能了知如來藏是勝法故，便能安忍其心，不驚不畏而繼續親自現前領受其種種體性。由如是親証寂靜勝進忍故，必將令其覺知心轉依自性清淨之如來藏心。從親自現前體驗及領受如來藏之清淨性故，必定將從此一如來清淨智中，出生善妙殊勝之佛法義理：發覺世間一切法，及出世間上上法之佛菩提道，如是包羅萬象之世間出世間法悉皆直接或間接由此自性清淨之如來藏而生。由此緣故，便能漸漸了知三乘一切法，而了知解脫道正義與佛菩提道之正義，是故 佛說生於善勝義；由如是親証解脫智及佛菩提智故，令覺知心及意根得以日漸清淨；由心清淨故，世間眾生所行種種汙濁心行便可以全部遠離。

「我有三種智，聖開發眞實，於彼想思惟，悉攝受諸性」：我釋迦牟尼有三種智慧：聲聞涅槃之解脫道，緣覺十二因緣現觀之解脫道，以及大乘諸佛子所修學之佛菩提道與解脫道，一切聖人依此三種智慧而開發出世間智慧與法界實相之智慧。若有佛子能於此三種智慧都能親證，再作眞實之覺想與思惟以後，就可以發起三乘佛法之深細智慧，並能加以融會而貫通之；由此緣故，對於修學佛法之一切種性衆生，便能全部攝受之，隨其心量所應証得之三乘菩提，令其証得。亦能觀察衆生之根性，於其所不應証之法，則不爲說。如是攝受種種衆生。

「二乘不相應，智離諸所有；計著於自性，從諸聲聞生；超度諸心量，如來智清淨」：如是 釋迦牟尼佛所傳之三種智慧，能開發出世間智慧與法界眞實相智慧之具足三乘法之眞實法，二乘定性人（不迴心大乘者）不能與此眞實法相應；此眞實法之智慧，離諸三界所有法，不墮三界有，亦不墮六塵萬法之中。以此緣故，心無罣礙而得解脫生死，卻不取「解脫生死之法實有」之見，而能繼續發起受生願，永不入無餘涅槃，繼續常住人間荷擔如來家業，利益有緣衆生。

二乘聲聞聖人則是否定世間蘊處界等一切法，否定已，現觀蘊處界果然虛妄，而不執著蘊處界等法，心離世間所有一切諸法，唯求解脫而於捨壽時入無餘涅槃。由於二乘聖人之智慧，乃是遠離三界世間一切法，住於無所有境界，故說「智離諸所有」。

聲聞有學聖者及無學聖者，對於蘊外諸法究係實有？抑或實無？不能確實了知，故有誤計之情事；菩薩親証實相心已，經由多時之現前觀察實相心與前七識之運作，而漸漸了知八識心以外之一切法，其實皆是直接或間接由自心如來藏所生，原無內法外法之可分別者，由是而不復如聲聞聖者之誤計諸法自性實有實無，故說「因誤計而執著『有、無』法之自性者，乃是從諸聲聞所修之**出世間智而生**」，非諸証悟之菩薩有此誤計也。

菩薩所証之出世間上上智，是超越之智慧，度過聲聞緣覺所知之境界；所証之自心現量，非是二乘有學無學聖人之所能知；如是漸漸進修而至究竟清淨——漸次斷盡煩惱障之現行與種子之隨眠，亦漸次斷盡所知障之一切隨眠——漸漸發起如來之智慧而至究竟清淨之境界。

「復次大慧！外道有九種轉變論，外道轉變見生，所謂形處轉變、相轉

變、因轉變、成轉變、見轉變、性轉變、緣分明轉變、所作分明轉變、事轉變。大慧！是名九種轉變見。一切外道，因是起『有無生轉變論』。云何形處轉變？謂形處異見。譬如金變作諸器物，則有種種形處顯現，非金性變；一切性變，亦復如是。或有外道作如是妄想，乃至事轉變妄想，彼非如非異妄想故。如是一切性轉變，當知如乳酪酒果等熟；外道轉變妄想，彼亦無有轉變；若有若無，自心現，外性非性。大慧！如是凡愚衆生，自妄想修習生。大慧！無有法若生若滅，如見幻夢色生。」爾時世尊欲重宣此義而說偈言：

形處時轉變，四大種諸根，中陰漸次生，妄想非明智。

最勝於緣起，非如彼妄想，然世間緣起，如乾闥婆城。

疏：《復次，大慧！外道有九種轉變論，乃是由外道之「轉變見」而產生，這九種轉變見，就是：形處轉變、相轉變、因轉變、成轉變、見轉變、性轉變、緣分明轉變、所作分明轉變、事轉變。大慧！這就是外道之九種轉變見。一切外道皆因此等九種轉變論，而出生了「有生與無生的轉變論」。如何是形處轉變？這是說：因爲形狀處所不同而產生了不同的看法與見解。譬如黃金經由人工而轉變其形色，成爲種種吾人使用的器物，則有種種不同的形色與處所顯現出來，但並非黃金自體之本性有所轉變；三界中一切法性之轉變，亦復如是。如果有外道作如是形處轉變之虛妄想，作相轉變、因轉變……乃至作事轉變妄想者，彼諸妄想與金體之轉變形色等，非如亦非異故。如是，一切法性之轉變，應當了知：猶如乳、酪、酒、果等物之漸次成與漸次轉變；外道雖作如是等轉變之妄想，然彼黃金本體仍然無轉變；若有人說黃金有轉變，若有人說黃金無轉變，其實都是自心所現，心外之法皆非實有眞實體性。大慧！如是凡夫愚痴之衆生所想所說諸法，都是從自己之妄想修習而產生。大慧！其實未曾有一法若生若滅，其實都是猶如睡夢中所見虛幻之色法出生而已。爾時世尊欲重新宣示此一眞實理，而說偈曰：

形相處所以及時間之轉變等等，都是因四大種及諸根的因緣所生，

所以中陰身等色身與境界的種種出生與轉變，就這樣漸次的出生了；

這樣外於自心現量而說九種轉變論的說法，

都是虛妄之想，非是明智者之所想。

世間最尊勝之智者，對於緣起之正理，
絕非猶如彼等外道之外於自心現量而說緣起；
然而外道們離於自心如來藏而說世間緣起等法，
所說諸法其實只是海市蜃樓而已。》

解：「復次大慧！外道有九種轉變論，外道轉變見生，所謂形處轉變、相轉變、因轉變、成轉變、見轉變、性轉變、緣分明轉變、所作分明轉變、事轉變。大慧！是名九種轉變見。一切外道，因是起『有無生轉變論』」：外道於事相上而作觀察，見事相上之種種轉變，而建立九種轉變論。

所謂九種轉變論者，一、形處轉變：物質之外形處（外形上）發生了變化；彼物之長短方圓高下有所轉變，與前有異。譬如金塊本爲高三公分、長十公分、寬五公分，如今其形狀產生轉變，與前有異，名爲形處轉變。

二、相轉變：由形處轉變故，令原有物質之相貌有其變化；譬如本有長方形之金塊，由形處轉變故，變成金項鍊或金手鐲，其外相異於轉變前之金塊，名爲相轉變。

三、因轉變：形處轉變及相轉變，皆由某一原因而產生轉變，譬如有人欲將其黃金作爲自身莊飾之用，則請人將之造爲項鍊或手鐲；若爲觀賞之用，便將之打造成金龍；若爲炫耀財富，則打造成金碗金杯⋯等；凡此皆由其因之不同，而產生金塊轉變之不同，是名因轉變。

四、成轉變：亦名相應轉變。由形處轉變、相轉變、因轉變故，則成就其轉變後之作用差別。譬如打造成項鍊者，成就其莊飾色身之作用；打造成金龍者，成就其觀賞之作用。譬如打造成金碗金杯而於衆人之前飲食用之，則成就其炫耀財富之作用，如是名爲成就作用之轉變──成轉變。

五、見轉變：由形處轉變、相轉變、成轉變故，令大衆見彼黃金時，所見異於轉變前所見；見後之觀念見解亦異於所見物──對彼物之作用，改變其見解與觀念。此謂吾人若見轉變後之彼物，覺知心隨之相應而轉變吾人對彼物之見解與觀念，是名見轉變，或名見相應轉變。

六、性轉變：或名物轉變。謂物之作用性轉變也。謂若黃金打造成夜壺、飯碗者，則名夜壺或飯碗，其性不同於原有金塊之唯作財產用。若打造成項鍊者，其物性即成項鍊之用；若打造成夜壺者，其物性即轉變成夜壺之用，終不得作飯碗之用，謂其性用隨於形處而轉，名爲性轉變。

七、緣分明轉變：亦名緣了別轉變、緣明了轉變。此謂黃金既於形處及作用上發生成轉變等，則其所緣之用亦隨之分明轉變，不復如前作用；不可將金塊作金龍之用，亦不可將金龍作金塊之用於收藏，亦不可將金龍作飲食之用也。凡此作用轉變而導致彼物之外緣隨之轉變，是名緣分明轉變。

八、所作分明轉變：由形處轉變而隨之發生種種轉變，故有所作分明轉變。譬如金龍之所作，唯置於密室櫥櫃中自賞或與好友觀賞；譬如金碗金杯之唯作飲食時炫耀財富之用，譬如黃金夜壺之唯作夜中尿壺之用。如是因於形處轉變故，致令其物之所作分明轉變，是名所作分明轉變。

九、事轉變：亦名生轉變。由形處…等轉變故，產生種種異前之現象與作用，故說彼物上之事相發生轉變，如是種種事轉變，即名生轉變。

如是九種轉變，即名外道九種轉變見。一切外道所說轉變論，皆是由此九種轉變，而出生了「有生轉變論，無生轉變論」：彼諸外道於事相上，作種種觀察與思維，而作此九種轉變之論，或諍爲有生之轉變論，或諍爲無生之轉變論；而彼諸外道所言，悉不能觸及第一義之實相。

「云何形處轉變？謂形處異見。譬如金變作諸器物，則有種種形處顯現，非金性變；一切性變，亦復如是」：如何是形處轉變？此是說：在形狀之所在處上產生異於以前所見者。譬如金塊變作種種所使用之容器及種種物品，則在種種形狀之處所上有不同顯現，並非黃金之自體性有所轉變；一切法之變化，亦復如是道理不異。

譬如一切有情各各本有之第八識如來藏，其體性猶如黃金，體性從無變異，一向不生不滅、不憎不愛、不垢不淨、不來不去、不增不減；然由無明及業種故，而有種種形處轉變故產生種種法：出生十八界法、五蘊法、六入法、十二處法……等，故有無量無數世間法塵出生；於諸六塵法塵現行時，如來藏之體性仍無轉變；猶如黃金由金塊變成金碗時，雖然現有金碗之用，而其金體仍然維持其本有之性，並無變易，只是形處轉變而有表面所見之異相爾。

如來藏亦復如是，因於業力及無明故，由藏識體變生了意根而入胎，復又變生五色根；六根具足已，則又變生六塵法；有了六塵法後，則令前六識得以出現運行，是故變生十八界具足；具足十八界法後，便有種種法乃至原子彈之出現；由有種種法故，便於人間有諸愛恨情仇，便於人間造諸善惡等業，迥異如來藏之本體自性。如來藏雖然變生了如是十八界法，而如來藏本身之自體性仍無改變，依舊是常住於本來自性清淨涅槃之際，依舊恆處於性淨涅槃之本住法中，從無變異。

猶如金塊成爲金碗後，雖有碗之性用現前，其體實是黃金，體實未曾變異，愚者卻唯見碗性，而不見黃金之性；有人曉以金碗之黃金自性，曉以黃金未造成金碗時之金塊模樣，愚者聞之不解，便堅執金碗作用體性以爲黃金自性；或者有人堅執金碗變成方碗之形，即是黃金之自性，便將黃金圓碗修改成方碗，以方碗爲黃金，而不知碗體本質即是黃金。然而圓碗方碗，皆是黃金所成，雖圓碗方碗形處功能有異，而金體之性從來無異；一切法之種種體性變化，亦復如是。

圓碗方碗者，譬喻學人未悟之前，錯執覺知心爲如來藏心；聞善知識曉以大義，明了覺知心非如來藏後，復聞善知識言：「如來藏是無念心體」（譬如《大乘起信論》所說），誤會其意故，便墮他邊：自謂有念之覺知心修行後，能處於無念之際便是如來藏。復聞善知識言：「如來藏出生意識覺知心，覺知心亦是如來藏之一部份，故覺知心與如來藏非一非異」，又錯會此理，便堅持自己所修覺知心一念不生時即是如來藏，起念時方是意識，以此而言覺知心與如來藏（離念靈知心）非一非異之理；是即誤將黃金圓碗變爲方碗即成黃金本體者。

殊不知覺知心由如來藏所生，當覺知心現行運作之時，如來藏亦同時現行運作不斷；乃至覺知心眠熟斷滅時，如來藏依然運行不輟，直至次晨覺知心復現時，如來藏復又與其配合運作。然諸未悟學人不解此理，聞善知識開示已，不解眞意所在，是故生諸臆想；便如愚人唯見金碗之碗形，而不見金碗之金體，聞已不解，欲將圓碗變成方碗，以爲方碗即是金體；彼諸未悟錯悟大師居士等，悉亦如是，唯見金碗之碗形，而不見金碗全體是金。覺知心與如來藏之關係如是，展轉相生之一切法亦復如是，皆由如來藏直接或間接變現而出，而諸凡夫與一切外道悉不能知。

如來藏因無明與業種而受生人間為人，則有人之形像；受生為傍生道有情，則有畜生之形像；受生為天人天主，則有天人天主之形像。雖有色身之種種差異及導致心性之別別不同，然諸有情之如來藏體性從無變易，不論處於天上、人間、地獄，其性悉皆本來自性清淨，不生不死，永無改易其性；猶如金塊雖作成夜壺而有夜壺之不淨作用，然金之自體仍無轉易，仍是清淨光輝、不受染污、體恆不爛、常住不壞。

如來藏亦復如是，雖於藏識表相上有人身、鬼身、天身、地獄身、畜生身…不同，凡此諸身悉皆有時而壞，無始劫來恆有身相轉變無數，而其世世轉變身中之如來藏仍舊不改其性：雖受生人間為人，意識出現人性，然如來藏不因受生示現為人身而有人性，仍依其離見聞覺知之本住性而住；雖受生人間為畜生，令意識出現畜生性，然如來藏不因受生示現為畜生而有畜生性，仍依其離見聞覺知之本住性而住；雖受生欲界天、色界天為天人，令其意識出現天人性，然如來藏仍不因受生示現為天身而有天性，仍依其離見聞覺知之本住性——本來自性清淨涅槃——之體性而常住不動，體恆不變：猶如金塊變為金碗後，原有之金體本性並未改變，而能變生碗性。有智之人當於金碗上覓金，莫認碗性即是金，亦不應離碗覓金，亦不應將金碗之形處轉變誤認爲黃金—以爲轉變圓碗成方碗即是金體；有智之學人當於覺知心所在處覓如來藏，莫向虛空討尋，亦莫別尋他物作如來藏；亦莫誤認覺知心作如來藏，亦莫誤認覺知心之種種變相境界爲如來藏。但亦勿離覺知心而覓如來藏，覺知心之了知性乃是從如來藏所生之法故—猶如金碗之碗性是從黃金所生之法故。

由此緣故，佛說：一切性變，亦復如是—現象界所觀察到之一切法性之轉變者，悉皆如是從如來藏變生—事相上之轉變無一非由如來藏而變生。彼諸錯悟者不知此理，而從事相上說種種轉變論，彼等所說諸法轉變相，與覺知心之諸種轉變相等，皆是事相上之轉變，不能外於蘊處界相之轉變；彼等觀察此諸轉變而產生之轉變見，其實非如亦非異：悉墮蘊處界等事相而觀諸法性之轉變、而說九種轉變見等諸法，所言悉皆同於外道九種轉變見，所說悉皆不能及於第一義諦，悉依事相上之轉變而生轉變見，然後再由此轉變見而說「諸法緣起性空」故。然而聲聞聖者能眞實觀察了知蘊處界等緣起性空，印順、達賴、宗喀巴…等人卻不能如實了知諸法緣起性空。

譬如印順、宗喀巴、達賴…等人所說之緣起性空觀，悉皆外於實相本體之如來藏而說，悉皆外於緣起性空之根源、而專在事轉變等九種轉變論上思維與弘法：彼等諸人由覺知心意識之**形處轉變**（由覺知心之五位必斷，而建立不可知、不可証之覺知心—意識細心），**墮於相轉變論中**（不可知之意識細心無相可得，其相轉變而異於有情之覺知心故，想像如是「細心」已離三界輪迴生死，其相轉變故），**復因建立此意識細心之不可知與不可証而自以爲已離現象界，墮於因轉變論中**（以想像「不可知不可証之意識細心」作爲一切緣起法之因，認爲能由此因而有種種世間法之生起與轉變），**復由此因轉變論而妄想出生成轉變論**（由此因轉變論而認爲三界一切法皆由此不可知不可証之意識細心而生，認爲眾生由各自所造之業種而有種種不同之正報與花報，成立其成轉變論），**由此成轉變論而復出生見轉變論**（因成轉變論而出生種種世間法緣起無常變易等見解與理論，見轉變論即隨之成立），**由見轉變論復又出生性轉變論**（由見轉變論而產生種種佛教法義轉變之法性轉變理論，依如是性轉變論而說印度及中國之佛教思想演變史…等佛教法性轉變論），**由性轉變論復又出生緣分明轉變論**（又說世間一切法皆由種種外緣之差異而有種種轉變，悉皆分明顯現一切法緣起性空，乃至佛所傳法亦隨外緣之轉變而有小乘、般若、唯識之轉變，認爲大乘般若及唯識法非佛所說，墮於緣分明轉變論中），由緣分明轉變論復又出生所作分明轉變論（由如是錯誤之轉變論，又言世間眾生所作分明轉變等理論，因此認爲佛教之思想從阿含已來，已由歷代祖師所作演繹而致轉變成最後之唯識法門…等，墮於所作分明轉變論），由所作分明轉變論復又出生事轉變論（由所作分明轉變邪見故，便主張歷代祖師之佛法轉變令佛法弘傳有了空有之爭…等事轉變，故主張佛教思想各期不同，而說有佛教思想史之前中後期轉變，如是墮於事轉變論中），如是而生起「有無生轉變論」（由如是九種轉變論，產生了應成派中觀見所說之有生無生轉變論）。

現見印順、宗喀巴、達賴…等人所說之緣起性空觀，悉墮 佛說如是九種轉變論中，悉依現象界之蘊處界法所生之九種轉變論，而言緣起性空觀；非依法界本體實相心之如來藏，而言如來藏所生之蘊處界緣起性空觀。猶如愚人不知碗體即是黃金，執著金體表象之種種轉變，作爲黃金本體；是故月稱、阿底峽、寂天、宗喀巴、達賴、印順師徒…等人所說之法，悉墮現象界（蘊處界等種種法相）之九種轉變論中，所說從來不能觸及「世間與出世間」之第一義諦（所說從來不能觸及法界實際之真相（如來藏）。

「或有外道作如是妄想，乃至事轉變妄想，彼非如非異妄想故。如是一切性轉變，當知如乳酪酒果等熟；外道轉變妄想，彼亦無有轉變；若有若無，自心現，外性非性」：或有外道作如是形處轉變妄想，作相轉變妄想，……乃至作事轉變妄想，其實彼等所作種種轉變妄想，並非如實有諸妄想，亦非不曾有諸妄想：彼諸妄想與九種轉變論其實非如亦非異。

非如者，謂彼外道九種妄想非眞實有，皆是依於本體之形處、相、因……事等九種轉變而出生，此九種妄想見皆非有其本有自在之體性，亦非九種轉變見所依之本體—蘊處界—是實有法，皆是虛妄暫有之法，故說非如彼諸外道所說之實有妄想自性，此諸轉變見皆依虛妄暫有之蘊處界法而生故。非異者，謂此諸妄想，與九種轉變現象俱生，九種轉變見妄想實與彼蘊處界同體，依彼蘊處界之九種轉變現象而有故—於現象界確實存在故。

譬如金塊作諸器物已，便有種種器物之性用附於金上：諸如碗、首飾、藝品……等性用，非無其性用；而此諸性用並未改變金體之自性—仍然不變色、不增減、不改金體之體性。如來藏亦復如是，受生人間而變生爲人時，其自性仍然恆離見聞覺知，離思量性，恆住不生不滅之涅槃際中；受生於人中如是，受生於天道、鬼道、畜生道、地獄道、修羅道中，悉皆如是不改其自體之清淨性。而此等人性、鬼性、畜生性、地獄性、修羅性，悉依於如來藏體上轉變而現行，成爲六道有情衆生。然而此等衆生性，非即如來藏性，如來藏仍依其自體性而現行、而任運隨緣故。亦非異如來藏性，皆是如來藏所含藏之無量種子所遇緣現行者故，皆是如來藏所含藏之種子故。而此等上自天道身，下至地獄道身之形處轉變、相轉變、……乃至事轉變者，悉皆非異非一於如來藏，六道有情之六種轉變相有迴異處故，六種轉變相悉皆不離如來藏性故。

　而黃金之自體性本來不墮彼諸器物之性中，於諸器物作種種事時，黃金不作如是種種事，而亦非不作種種事：黃金本體不作碗……等器物之用故，碗……等器物之用由碗……等形處而作其用故。如來藏亦復如是，從來不墮人性、畜生性……乃至地獄性故，由如來藏所現前之人身性、畜生身性……乃至地獄身性，而有人性、畜生性……乃至地獄性等，而如來藏現起此等諸性時，如來藏雖仍隨緣運行，而其本體自無始劫來，從未示現人性、畜生性…乃至地獄性。如是，如來藏雖現如是六道五蘊衆生之種種法性，自身實從未墮於此諸法性中。而如來藏所示現之一切法性上之轉變，當知悉如乳酪酒果等之成熟：非於一朝一夕成熟，非離一朝一夕之累積而後成熟。譬如人之造惡業—以名聞利養之受損故—誹謗弘傳正法之人，由謗人故轉謗其法，非唯謗勝義僧，亦謗佛之正法；如是業行，雖於誹謗時一朝一夕成就，而其誹謗之因，非於一朝一夕成就，乃是經由長時累積而成就其邪見，後來一時造下誹謗之事；受報之果亦復如是，必需經歷年壽與時節之變異而成熟。猶如乳之變酪、米之變酒、果之變熟，非一朝一夕之功而得成就；從人身人性而至來世之地獄身地獄性成就者，亦非一朝一夕成就，要待時至壽盡之變異後始得成熟，是故在人身人性位中，因謗法謗聖後之後世轉變至地獄身…等法性轉變，當知必如乳酪酒果等熟，由各人七轉識所造業種之轉變爲地獄性之漸漸成熟，而導致後世果報之變異爲地獄身，於後世受地獄身之果報，非於此世立即受報也。

亦如人之造善業而生人間受於正報，其正報身之始從入胎生長、出生、成長、……漸漸趨於老邁，終至死亡，亦非一朝一夕之功，亦如乳酪酒果等熟，依各人之業因所得大種性自性而漸熟。外道不知此理，外於如來藏本體而作種種轉變論；當彼外道正在觀察九種轉變時，或作種種轉變論時，彼如來藏亦無有轉變，仍依無始以來之自性而住，悉皆不動於心，悉無變易其性。復次，如來藏不依其人此世之所作所爲而變易此世之大種性自性，仍依前世受報時決定之大種性自性而進行此世所應受之色身果報進程——繼續老死或繼續健康而至壽盡時猝死。是故外道雖作種種轉變妄想，彼如來藏亦無有轉變。

譬如密宗上師弟子們，悉作觀想修行之法門：認爲觀想天身成就即是天身眞實成就，觀想本尊具足佛地三十二大人相而成佛時即是自己已眞成佛……等；然而彼諸密宗外道作是觀想時，彼如來藏亦無有轉變，不因密宗行者之觀想而變生眞正之天身、佛身……等。將來成佛時之高廣莊嚴大身，乃是因一切種智之具足成就，及福德修集圓滿，及諸種禪定三昧之具足而成就，凡此皆因如來藏所蘊種子之漸漸轉變成熟而成就，非一朝一夕成就，亦非離一朝一夕之累積而成就。是故密宗外道作此成佛之觀想時，彼密宗行者之如來藏亦無有轉變，不因其觀想成就而有所轉變。一切佛法之修行，及後世正報之現行——若有若無，悉是自心如來藏所現，非是意識覺知心之所現，自心如來藏以外之一切法皆非眞實法，皆是自心如來藏所生。

「大慧！如是凡愚眾生，自妄想修習生。大慧！無有法若生若滅，如見幻夢色生」：如是凡夫或愚痴之衆生，出生了九種轉變見，而說諸法有生、無生，其實皆是從自己之種種虛妄想修習而生，故見世間種種法之出生而令覺知心有所取法，故見世間諸法有生與有滅。其實世間眞實並無一法出生與滅失，一切法之生與滅，其實皆是從如來藏妄生妄滅，諸法本無生滅可言；猶如世人夢中所見種種色法出生與覺醒後之消失，其實皆是幻生幻滅，本無一法眞實出生、眞實幻滅，皆是如來藏所幻現與幻滅而已。人生一世之五蘊及六塵……等法，亦悉如是，由如來藏依往世之業種而在此世幻生與幻滅爾，未曾有一法外於如來藏而生而滅也。

「爾時世尊欲重宣此義而說偈言：形處時轉變，四大種諸根，中陰漸次生，妄想非明智。最勝於緣起，非如彼妄想，然世間緣起，如乾闥婆城」：爾

時 世尊欲重新宣示此眞正義理，而說偈言：形處因時間移易之轉變，使得四大種所聚生之五根漸漸產生變化，令人漸漸衰老乃至死亡；中陰身亦由此道理而漸次出生微細四大所成之有根身，凡此皆由自心如來藏所成就，非有外法能令成就。外道等人不知此一眞實理，而作種種外於自心如來藏之虛妄想，以爲實有外法能外於如來藏而有生有滅，皆非明智之人也。一切世界最尊勝之諸佛世尊，對於緣起所說之正理，非如彼諸外道妄想者所說，皆是依自心如來藏而說緣起諸法；然而，外於自心如來藏而說之世間緣起諸法，皆無眞實正義，猶如海市蜃樓一般皆非眞實法。

爾時大慧菩薩復白佛言：「世尊！惟願爲說一切法相續義、解脫義。若善分別一切法相續不相續相，我及諸菩薩善解一切相續巧方便，不墮如所說義計著相續。善於一切諸法相續不相續相，及離言說文字妄想覺；遊行一切諸佛剎土無量大衆，力、自在、神通、總持之印，種種變化，光明照耀，覺慧善入十無盡句，無方便行猶如日月摩尼四大；於一切地，離自妄想相見，見一切法如幻夢等，入佛地身，於一切衆生界，隨其所應而爲說法、而引導之；悉令安住一切諸法如幻夢等，離有無品及生滅妄想，異言說義，其身轉勝。」佛告大慧：「善哉！善哉！諦聽！諦聽！善思念之，當爲汝說。」大慧白佛言：「唯然受教。」

疏：《爾時大慧菩薩復白佛言：「世尊！惟願 世尊爲我等說：一切法相續之眞實道理、及解脫之眞實道理。如果弟子等人善於分別一切法相續與不相續之法相，我及諸菩薩善於証解一切法相續之善巧方便，則不會墮於猶如所說道理而誤計及執著相續諸法相。則能善於知解一切諸法相續相與不相續相，及能遠離言說文字妄想之覺知；漸漸便能於遊行一切諸佛剎土時，得見無量大衆，獲得五力、諸地自在、一切神通、一切法總持之印，能作種種變化，光明照耀，所覺悟之智慧善能入於十無盡句；具備無方便行，猶如日月及摩尼寶珠地水火風之自然運行而令衆生受用。於諸地境界中，皆得遠離覺知心自身妄想相之見解，並能親自証見一切法如幻、如夢、如陽焰、如鏡像、如光影、如谷響⋯等；漸漸得入佛地三身境界，能於一切衆生界中，隨其所應得証境界爲其說法而引導之；悉令彼諸眾生安住於一切法如幻如夢⋯等見地中，令彼等眾生離諸法有、諸法無等妄想，及離諸法有生滅等妄想，令彼等了知諸法實際異於言說之眞實理，令其轉變正報之身而獲得自在。」佛告訴大慧：「善哉！善哉！諦聽！諦聽！善思念之！當爲汝宣說。」》

解：「世尊！惟願爲說一切法相續義、解脫義。若善分別一切法相續不相續相，我及諸菩薩善解一切相續巧方便，不墮如所說義計著相續」：一切法相續者，謂十方三世法界之一切法相續不斷，此等一切法悉皆匯歸於眾生法界之十八界法；離十八界法，則無一切法生，亦無一切法滅；是故一切法總歸於十八界法中。然而十八界法悉皆匯歸於八識心王等八法，八識心王等八法則又匯歸於第八識阿賴耶，亦名如來藏。

由如來藏及其所生之意根故，能入胎受生而出生五色根，由五色根與心根之意根具足故名六根；復由六根具足爲緣，故能出生六塵與六識，由是而具足十八界法；十八界法具足故，一切法展轉出生；一切法展轉出生，而眾生不知此等一切法之虛妄不實，故造諸業，及起貪瞋⋯等，令我見我執相續不斷；由我見我執及業種造作故，令未來世一切法相續現行而不斷絕。如是流程，即是一切法相續之眞實義，亦是十二因緣之流轉門所說「識緣名色」之六識身緣名色而有六入，緣六入而有觸，緣觸故有受，緣受故有愛……乃至緣生故有老死，以此十二種緣起法之相續故，流轉三界生死、永無盡期。然此流轉門之十二因緣法，悉依如來藏而有流轉；將來証得解脫果時，亦因此如來藏而有出三界之無餘涅槃証得，故說一切法悉依如來藏而相續有。

佛說十二因緣之流轉門已，亦說十二因緣之逆推還滅門：自老病死憂悲苦惱還推於有生故有老死，自生還推於有有故有生，自有還推於有取故有有……乃至自行支還推於有無明故有行，自無明再往前推之，即知無明依於第八識而有；逆推至此第八識已，再無可以往前推尋者，是故 佛說：因緣法之推究，齊此第八識而還，不能超過此識而有別別支之因緣法，故十二因緣法即無推尋無窮之過失。

爲令大衆眞實瞭解因緣法之正理，以免再被印順等人混淆正法，今應依《阿含經》中 佛語聖教，先說流轉門中識緣名色之理，後再宣說還滅門中逆推之識緣名色二種正理，證悟般若之菩薩若了知此已，即能了知諸法之相續相與不相續相：

譬如《雜阿含經》12 卷第二八九經中如是記載：《佛云：…我今當說緣起法，法說、義說。…云何緣起法「法說」？謂此有故彼有，此起故彼起。謂緣無明（有）行，乃至純大苦聚集，是名緣起法「法說」。》此段經文乃是說：緣起法之法說者，即是：此有故彼有，此起故彼起。也就是由於有無明故有行支，有行支故有六識業種之出現，有六識業種故有後世之名等四蘊七識與色身（識緣名色）…乃至有生支故有老死支等；皆是由此一支故引生彼一支，由此支生起故有彼支生起，此即是緣起法之法說。云何名爲法說？謂對利根者唯說此法，不作釋義故。

義說者，佛續說云：《云何義說？謂緣無明（有）行者，彼云何無明？若不知前際、不知後際、不知前後際；不知……於彼彼不知不見，無無間等，癡闇無明大冥，是名無明。緣無明（有）行者，云何爲行？行有三種：身行、口行、意行。緣行（有）識者，云何爲識？謂六識身：眼識身、耳識身、鼻識身、舌識身、身識身、意識身。緣識（有）名色者，云何名？謂四無色陰：受陰、想陰、行陰、識陰。……是名為死。此死及前說老，是名老死，是名緣起義說。》義說者即是於法釋義，令弟子眾之非利根等人得以了知也，是名義說。

如是 佛語中，已明言：無明者謂不知前際、不知後際、不知前後際…等，此之謂際，即是萬法之根源—第八識如來藏，若人不知此識，即是不知此際；若不知此際者，則於因緣法必生大過，謂將逆推因緣法而致無窮無盡故（唯除篤信佛語所說之有無明所緣之第八識）。若逆推而不能盡，則因緣法即不能親證；若不能親證，則將永遠無人能證因緣法而成緣覺聖人；故說一切人若欲親證緣覺解脫境界者，不能犯此大過。

賢聖位之菩薩悉皆親證此際，了知無明不能外於此際而獨存，了知此際即是識，了知無明支之逆推必至此際此識；推至此識已，即是逆推還滅完成，不能超過此識。是故流轉門中說：因無明故有三種行，因三種行故必定導致六識不肯自我滅度，故有六識種子運行而導致意根與第八識入胎，藉父精母血而生起名色，此即是業感緣起也；因第八識與意根之入胎而生起名色六識（識緣名色）

故，便有此世六識之六入，……乃至有生，有老死等。故於流轉門之十二因緣法之義說中，佛說緣行而有識、識緣名色者，謂此六識也。

然於還滅門中，佛說緣於往世之行支故有此世之六識身，緣無明支故有往世之行支，緣第八識故有往世之無明，故說十二因緣支至此第八識而止，不能再超過此阿賴耶識，故無無窮之過失，故於《雜阿含經》12卷第二八七經中如是記載：

《爾時世尊告諸比丘：「……何法有故名色有？何法緣故名色有？即正思惟，如實無間等生：識有故名色有，識緣故有名色有。我作是思惟時，齊識而還，不能過彼；……。」》此段經文之佛語乃是說：識緣名色之六識身，逆推而上以後，發覺名色之名等受想行識四蘊皆依識爲緣而有，既然名中之前六識與意根心已經具足七識，則知名色之所從來之心即是第八識也。是故佛說名與色之因、之緣，乃是第八識也。是故佛說「識有故名色有，識緣故有名色有」，謂六識心與意根心皆從識而生，不可七識心自己生自己也，當知由七識心以外之另一識方能生七識心也，故說還滅門中所言之名色緣識之識者，乃是第八識也，絕非印順等人所說之前六識也。阿含中，尚有餘經專說「識緣名色、名色緣識」者，亦謂第八識也，後於《阿含正義》書中將別敘之，此勿先舉。

由前舉 佛語眞義，故說無明與名色之色身七轉識等，皆依識而有，緣識而生，即是第八識如來藏也。無明逆推至此識已，即無可再往前推者，故說齊識而還—因緣法各支逆推到第八識便已究竟了。

所以 世尊緊接著說：《謂緣識（而有）名色，緣名色（而有）六入處，緣六入處（而有）觸，緣觸（而有）受，緣受（而有）愛，緣愛（而有）取，緣取（而有）有，緣有（而有）生，緣生（而有）老病死憂悲惱苦，如是如是純大苦聚集。》既言緣識而有名色，而名色中之名已有受想行識四蘊，名中之識蘊已含意根心與六識心而成七識心，故此名色所緣之識，當知是第八識如來藏也。

十二因緣流轉門中識緣名色之識者，乃謂六識：宣說名色二法緣於有六識故有六入，有六入故產生了六塵觸，有六塵觸故產生了覺受，由覺受故產生愛貪⋯等流轉之十二因緣法，是名此有故彼有，此起故彼起。然於此段逆推還滅門之佛語中，意謂：六識由有名色之緣而現行後便有生死之流轉，若無名色則無六識之觸受愛…等，六識乃名色所攝故，本是名色十八界中之六識界故，此說十二因緣之流轉門——識緣名色之識謂六識身也。

若逆推此十二因緣法時，則識緣名色者，謂從六識推至名色有——因名色（色身及六識與意根）故有六識之緣名色而流轉，故又從名色（色身及六識與意根）向前推察：而發覺名色（色身及六識與意根）實緣於過去世所造之業種而導致此世之受生，方有此世之名色（色身及六識與意根）；故從導致受生之業種推尋此世受生而有六識之因，則是由過去世之行支而來——由過去世所造身口意等善惡業之行支爲緣而產生業種；而過去世所造諸善惡業行支，則是因無明所致，若非無明支，則不造善惡業行支而成就業種，故說無明是衆生輪迴生死之根源所在。

然而佛說：若推究無明之所從來，則無明實皆在於各各有情之識中：此等無明不在虛空中，亦不在印順所說外道之梵我神我中，亦不在密宗所說之極微明體中，亦不在四大極微中，悉皆各各藏隱於自心如來藏識中。是故推究六識所依之名色，推究名色所依之行支，推究行支所依之無明，即知無明依止於各各有情之第八識如來藏，若離自心如來藏識，即無無明之可言者也。佛如是推尋時，發覺：十二因緣法推究至最後時，至(第八)識而還，不能超過彼(第八)識而別有因緣法可逆推也。故十二因緣唯有十二支，絕不會有推尋無窮之過失，不會推之無盡而不能証得源底。

名色之中既已具足十八界法，十八界法中既有意根心與六識心，則推究此十八界名色所緣行、行所緣無明已，當知名色七識心等無明皆以各人之第八識爲緣，當知皆因個人之第八識有、故有色身與名身之意根與六識也，是故 佛說：「**何法**有故**名色**有？**何法**緣故**名色**有？即正思惟，如實無間等生：**識**有故**名色**有，**識**緣故有**名色**有。」由此段經文 佛語，即知流轉門中之識緣名色之識乃是六識，然於還滅門中仍有識緣名色之六識，但再往前推至無明支時，則說名色等六識與意根心皆緣第八識而有，故還滅門之名色緣識之識者，乃謂第八識也。

淺學之人不知流轉與還滅二門眞正之 佛旨，竟於網站上貼文，狡辯名色緣識之識爲六識，強辯爲 佛未曾說第七與第八識，意欲與余爭論。今爲彼故，將原於《阿含正義》書中方始宣說之法，於此先行辨正，令大眾週知，提升佛子正知正見而免諍論。

是故 佛說十二因緣逆推至無明已，即便**齊識而還**—無明依附於各人自心第八識而有故，推究至彼第八識已，即至源頭，不能超過彼識，故說**不能過彼**。

若無明之所緣心為第六識，則應一切人每逢眠熟已，無明便告消失永滅，眠熟後意識斷滅不現故，須至次晨意識依意根法塵為緣而起時方得現有故，則應言一切人眠熟而令六識斷滅時，所有無明俱滅。然如是言實有大過，謂無明既由意識所持，意識眠熟滅已，次晨復起之意識應已無無明，無明於昨夜眠熟後已滅除故。若次晨意識現時復有無明未斷者，當知無明種非由意識所持，乃由能生意識之心所持，故意識從彼不斷之心現起時，無明即隨意識同時現起，故無明絕非由眾生每夜斷滅之意識所持，昨夜眠熟後已斷除無明之意識不應次晨復為無明所繫故。

佛於此段經文中既云：是有**何法**故而令**名色**六識心等法現有？是緣於**何法**故令**名色**六識心等法現有？即正思惟：有彼**識**為**因**故令**名色**六識心等法現有，

是由於以彼識爲緣、故令名色六識心等法現有。而十二因緣法推究至最後，不能超過彼名色六識心等法所緣之識，則知十二因緣法及名色等法，悉皆以此第八識爲因爲緣故有、故現；由有第八識含藏無明及行支業種，故有名色中之六識緣於六入觸受愛等、而流轉生死有海之中，成就十二因緣流轉門之「名色緣六識，六識緣愛……」等六識生死流轉法。

凡此所說，即是一切法相續不斷之正義，即是因緣法之義說也；謂 佛說十二因緣法逆推時齊識而還，不能超過彼識，當知彼識即是第八識也，名色之中已有七識心故；了知此識者，即是眞知前際、後際、前後際，即知此三際者皆是第八識如來藏也，如是說者即是因緣法之義說也。是故當知一切法相續之因，即是無明與行；而無明與行，悉皆集藏於第八識如來藏—前際、後際、前後際。是故，外於第八識如來藏，即無一切法之相續出生與現行，即無一切衆生之流轉生死也。此即是一切法相續之正義，若能眞實了知一切法相續之正義，隨後則能了知解脫之正義。

解脫之正義者，謂三乘解脫有同有異：同中有異，異中有同。異中有同者，謂三乘諸聖同以斷除我見我執之現行而得解脫，同証有餘涅槃；三乘諸聖若入無餘涅槃者，所入無餘涅槃境界無有絲毫差異，悉同滅盡十八界法，唯餘第八**識**如來藏仍存、而不受生於三界中，是名異中有同。同中有異者，謂聲聞阿羅漢唯知斷我見我執，而不能了知十二因緣之深細義：不能了知辟支佛所現觀十二因緣之一一支順流逆推等深細諸法，唯知粗相；亦不能了知 佛所深究十二因緣法「**齊識而還，不能超過彼識**」之密意。

而菩薩隨 佛修習大乘佛菩提道，是故於此有所了知；復於十二因緣之所依識—導致十二因緣能生現與還滅之依止心—如來藏**識**，能得親証之，以此而了知無餘涅槃之實際，了知無餘涅槃中之無境界之境界，了知十二因緣法逆推時「**齊識而還，不能超過彼第八識**」之密意，是名同中有異。

菩薩如是依止 佛說大乘別教之大菩提道，而修而証；如是了知一切法相續之正義，亦如是了知解脫之正義，非二乘無學之所能知。由如是了知及親証故，發起般若智慧，從此漸能善加分別一切法**相續相**及**不相續相**，便能善解一切法**相續**與**不相續**之善巧方便智慧，自生般若深妙智慧，從此不墮一般凡夫研究佛法或錯悟凡夫等人之所墮境界中：猶如彼等凡夫爲他人所說「佛法正義之深妙」，而自己不能眞實証解，故墮於種種法義之計著相與相續相中，而不能自知所墮。菩薩則不如是，不墮於猶如諸凡夫於所說義理計著相續之愚痴相中。

譬如印順法師及諸徒衆等，於余諸書所說正義，今猶不解，猶自強言辯解，諍言 佛所說之識緣名色、名色緣識之識爲六識，悉同此段經文大慧菩薩呈語所說之凡夫於所說義計著相續。謂彼等悉皆不能如實正解十二因緣之流轉門與還滅門，不能眞解故不能貫通之，便於 佛語自生矛盾及執著，悉墮相續相與不相續相中，執相續相與不相續相爲二，而不知一切法之相續相與不相續相無二。彼等不知 世尊唯是爲應衆生根器差別，故說流轉門或還滅門，故令闡釋言辭有異爾，法實無有二味也。唯有眞實証悟般若實相心，而後發起種智者，方能如實了知 佛意：此謂佛說流轉門之十二因緣，所說十二支中識緣名色之識謂六識身，還滅門之十二因緣支中識緣名色之識亦謂六識身，而逆推至無明支時所說名色緣識、識緣名色，互相增長廣大之識謂第八識，六識緣名色而有行支之事相已於十二支中說迄故，六識非是能持無明種者故；佛說逆推至無明支時所說「**齊識而還，不能過彼**」之**識**謂第八識如來藏，理同前說故。如是實証緣起法，方能遠離戲論，所說聲聞涅槃及十二因緣法悉皆言及第一義故。如是正理，印順師徒等人迄猶未能理解，故仍多方辯解識緣名色之識爲六識。

「善於一切諸法相續不相續相，及離言說文字妄想覺；遊行一切諸佛刹土無量大眾，力、自在、神通、總持之印，種種變化，光明照耀，覺慧善入十無盡句，無方便行猶如日月摩尼四大」：菩薩由能親証佛所說「**齊識而還，不能過彼**」之第八識故，於一切法之相續相與不相續相，即離執著，不墮於印老如所說義計著相續之邪見中。由是緣故，菩薩善於一切諸法相續相及不相續相，証得離言說文字妄想覺；謂菩薩從此對於般若正義，離於言說妄想相，離於文字妄想相，眞得覺悟實相心如來藏本離言說文字相，從此所說一切法悉非從他人之言說文字而臆想之，是名証得離言說文字妄想覺。已知一切法皆從如來藏而生起故，一切法之相續相，皆是從如來藏所蘊無明業種而相續出生不斷故。

菩薩由証知一切法之相續相故，便知一切法不相續相；由知一切法不相續相之故，便知解脫之正義。所以者何？謂菩薩証知如來藏已，親見一切法悉由自心藏識出生，不能外於自心藏識而有一切法現行乃至相續不斷。由是証知故，便得從大善知識修學唯識種智，証解一切法相續相與不相續相，由知相續相與不相續相故，便得証解脫正義。若人不証如來藏識，而言能解、能弘、能傳唯識種智者，斯人乃是妄語者，尚不能知自心第八識如來藏何在，云何有力有智能授他人以唯識種智諸法？唯識種智諸法悉屬說明第八識心所含藏之八識心王等一切法故，彼未証得八識心王中之第八識與第七識意根故，所說唯是臆想知解所得故。

何故說菩薩証知一切法相續相與不相續相已，便能了知解脫之正義？此謂菩薩如實証知相續相已，便知世間流轉十二因緣……等諸法之相續因—了知諸法皆由衆生各自本有之如來藏中所含無明及行支業種為緣而生，便知斷除無明已，不復有十二有支現行，即是一切法不相續相；便知一切法不相續相即是無餘涅槃，知此即証解脫。

菩薩若於相續相得能如實了知者，則能現觀十二因緣法依於如來藏而有，復從十二因緣之一一支中，現觀衆生之所以流轉生死者，皆由隨順十二因緣之流轉門所致；若能証得流轉門之現觀，便能斷除十二有支之流轉相續，是名菩薩善知一切法之相續相。由是現觀與証知故，菩薩必將如同二乘之緣覺而作十二因緣法之還滅門現觀：由老死支逆推生支…等，上溯至無明支已，便知衆生之流轉生死者，悉是從無明而生，以無明爲因緣。菩薩由此逆推而還滅一一有支，証得辟支佛果，成就解脫果，親住一切法不相續相之正見中。

然而菩薩所証因緣觀，有同於辟支佛者，有異於辟支佛者。同者謂：二人同皆親証十二有支之流轉門智慧，亦皆同証十二有支之還滅門智慧，同皆証知衆生流轉生死之深細現象，亦皆現觀逆推之還滅門，而現觀衆生十二有支生死實由我見與我執之無明導致。菩薩異於辟支佛者謂：菩薩親証十二因緣所依止之如來藏。聲聞緣覺雖証解脫，然不能知解脫生死之根本因—如來藏識，唯知緣因，不知正因，故不能了知一切法之眞實相：不知一切法皆不離如來藏識之體性，故不得法界體性之智慧，是故不得佛菩提智。菩薩由証知如來藏故，了知佛說十二因緣之逆推還滅唯至第八識而止，**齊識而還，不能過彼**；如是智慧深妙，一切未悟之人所不能知。

由此証知故，菩薩於 佛所說流轉門及還滅門之十二因緣觀，悉離戲論——善於一切諸法相續及不相續相，及離言說文字妄想覺。云何能離戲論？云何能離言說文字妄想覺？謂菩薩悉能了知 佛說十二因緣之流轉門與還滅門眞義故。譬如 佛說流轉門時，說無明緣行、行緣識、識緣名色…等，菩薩聞已，即知流轉門所說之「識緣名色」謂六識緣名色故有觸與受愛…等，六識若非名色之緣故，則尚不能有觸，何況能有苦樂捨諸受與愛厭等？故謂流轉門之「識緣名色」所說**識**爲六識身也。名色之名則謂意根與六識身，及受想行也。若非名身與色身，人間衆生則無六塵觸，若無六塵觸則無受愛等，故說行緣識、識緣名色、名色緣觸…，如是而有十二有支之流轉生死。

然 佛說流轉門後，又說還滅門之逆推十二因緣法，謂：有生故有老死，有有故有生，……乃至有名色故有六入，有六入故有觸，有前世六識故有此世名色，有前世諸行故有前世之六識運作，有前世之無明故有前世之六識行。逆推至此，則知一切法相續不斷者悉由無明所致。然菩薩復由此上推時，便知六識緣名色，及六識緣無明等，悉皆緣於**識**而有，此**識**即是第八識如來藏，十二因緣及一切法皆不能過此。由是緣故，菩薩於 佛所說：「何法**有**故名色有？何法**緣**故名**色**有？即正思惟，如實無間等生：**識**有故**名色**有，**識**緣故有**名色**有。我作是思惟時，**齊識而還，不能過彼**。」即知此處 佛語所言之識者乃是第八識如來藏也， 佛於此段經文中已明說：「**識**有故**名色**有」故，謂緣於此識已，方有**名色**之意根心與六識心等七識故。

譬如 佛於阿含中多處說：「是名色因、名色習、名色本者，謂**此識**也。」菩薩於此佛語中，亦復能知**此識**謂第八識如來藏也；所以者何？名中識陰已具第七識意根與六識，故此七識「之根、之因、之本」—所依而生而有之根源—識，必是此七識外之第八識也。謂 世尊說：「名**色**以此識為**因**而生故，名色所熏**習**之一切種子悉存在此識中故，謂此識是名色之根**本**故」。既如是，當知此識是能生名色之法，是名色所依之法，是名色之根源，故名為**本**；當知此識是能生名色之法，非如印順所說之從名色中細分而有者也，若言從名色細分而有者即成**本末顛倒**也。

印順師徒等人不能了知十二因緣之流轉門與還滅門之異同所在，故將阿含諸經 佛說流轉門「**識緣名色**」之六識身，與阿含諸經還滅門中 佛說十二因緣之無明緣識住，「**齊識而還、不能過彼**」之**識**混爲一譚。又於 佛在阿含餘經所說「識緣名色、名色緣識，是名色因、名色習、名色本，謂此識也」之**識**橫生誤會，妄謂名色根本之**此識**爲六識身。凡此皆是未能貫通十二因緣之流轉門與還滅門之 佛意，自生矛盾、自生牴觸，故生如是誤會也。

如是印順師徒等人所說之十二因緣法，悉皆墮於常見法中，亦墮於世俗之無常觀中，不解一切法之相續相與不相續相；謂彼等皆同以意識爲終極之識，同以意識爲持業識、持種識，不出常見外道範疇，名爲邪見。常見外道亦以意識爲常住不壞心故，印順師徒等人亦同以意識爲常住不壞心故，同以意識爲三世因果之主體識故，由是故說印順師徒等人悉是常見見之凡夫。然 佛說**意法**爲緣生意識，意識永遠皆是因緣所生法，若離意根與法塵爲緣，尚不能有意識現行，云何可建立意識為常住不壞而往來三世生死之法？無是理也！佛說意識心不論粗細，皆是意根與法塵為緣而出生者故。

菩薩則不然，由已貫通 佛對不同根器衆生分別說之各種十二因緣法，是故確實了知十二因緣法之流轉門與還滅門；由如是証知故，「善知一切諸法之相續相與不相續相，及離言說文字妄想之覺觀」，是故離一切戲論，所說悉同佛說，悉皆不離第一義諦。以此緣故，菩薩不論世世受生而遊諸佛剎土，抑或化身而遊諸佛剎土，乃至以意生身而遊諸佛剎土，皆能於諸佛剎土之無量大衆中，得見無量大衆，獲得五力、諸地自在；不久之後，漸漸獲得一切神通、一切法總持之印，能作種種變化，光明照耀，所覺悟之智慧善能入於十無盡句；具備無方便行，猶如日月及摩尼寶珠地水火風之自然運行而令衆生受用。

菩薩若非因緣所需，往往不自炫耀，常常默而不言。然衆生若具善根而得親近者，菩薩便於一切時中，於言談中宣示正法，令聞者得益。而菩薩於此利益衆生之因緣中，多屬隨緣而行，初非故意造作而為，猶如日月及摩尼寶珠，亦如地水火風，任運而利衆生，悉不作利益衆生之想。除非為救衆生於大妄語業，除非欲挽佛教滅亡之狂瀾，方出世作獅子吼，矗立正法大纛，起意廣作護法正行而利衆生。菩薩能如是作護持正法之大行者，實由菩薩具備十無盡句之大願，及無生法忍之深妙智慧，故能如是；非未發起十無盡句之大願及証得無生法忍慧者所能爲之；由如是願力摧動，及由妙慧源源而生，故能如是。大慧菩薩有鑒於此，故爲當時及後世佛子，向 佛作此請求，冀 佛開示而利衆生。

「於一切地，離自妄想相見，見一切法如幻夢等，入佛地身，於一切衆生界，隨其所應而爲說法、而引導之；悉令安住一切諸法如幻夢等，離有無品及生滅妄想，異言說義，其身轉勝」：菩薩既已親証如來藏而了知一切法之相續相，復又依如來藏而現觀十二因緣法之流轉相，以此緣故，復又了知一切法之不相續相—了知滅除一切苦之因，得証解脫果，則三乘菩提智俱生，通達三乘菩提，便得地地增上而漸入諸地。

菩薩依如是親証三乘菩提智慧深妙故，於諸地境界中，皆得遠離覺知心自身妄想相之見解，並能親自証見大乘別教十住位之一切法如幻、十行位之七轉識猶如陽焰、十迴向位之菩薩道如夢、初地滿心位之相分猶如鏡像、二地滿心位之七轉識等猶如光影、三地滿心位之一切法音猶如谷響、四地滿心位之化身意生身如水中月、五地滿心位之變化所成、六地滿心位之非有似有……等；漸漸得入佛地三身境界，圓滿佛地之法報化三身，能於一切衆生界中，隨其所應得証境界，爲其說法而引導之；悉令彼諸衆生安住於一切法如幻如焰如夢……等見地中，令彼等衆生因証實相故，而得遠離「諸法有、諸法無」等妄想，及離「諸法有生滅、無生滅……」等妄想；令彼等了知諸法之實際異於言說之眞實理，令其轉變正報之身，世世轉勝，而獲得自在。

佛告大慧：「無量一切諸法，如所說義計著相續：所謂相計著相續、緣計著相續、性非性計著相續、生不生妄想計著相續、滅不滅妄想計著相續、乘非乘妄想計著相續、有爲無爲妄想計著相續、地地自相妄想計著相續、自妄想無間妄想計著相續、有無品外道依妄想計著相續、三乘一乘無間妄想計著相續。復次大慧！此及餘凡愚衆生，自妄想相續；以此相續故，凡愚妄想如蠶作繭，以妄想絲自纏纏他，『有、無有』相續相計著。復次大慧！彼中亦無相續及不相續相；見一切法寂靜，妄想不生故，菩薩摩訶薩見一切法寂靜。」

疏：《佛告訴大慧菩薩：「眾生對無量無邊一切諸法，不能了知其實相，由此緣故，對一切法界之體性，便如自己所說之道理一般，誤計爲實有而執著之，如此執著而相續不斷，這些執著即是我所說之：相計著相續、緣計著相續、性非性計著相續、生不生妄想計著相續、滅不滅妄想計著相續、乘非乘妄想計著相續、有爲無爲妄想計著相續、地地自相妄想計著相續、自妄想無間妄想計著相續、有無品外道依妄想計著相續、三乘一乘無間妄想計著相續。復次大慧！此類妄想計著相續不斷之眾生，及其餘不破無始無明之二乘愚痴有學無學聖人，對自己身心實相不能了知而產生了妄想相續不斷之現象；由於妄想相續不斷之緣故，凡夫眾生及二乘愚人猶如蠶蟲之作繭自縛，以妄想絲而纏縛自己，亦以妄想絲而纏縛他人，便對無量諸法之『實有與實無』相續不斷地誤計與執著。復次大慧！彼等凡夫眾生與二乘愚人所作種種諸法實有實無等妄想中，其實無相續相，亦無不相續相。若見一切法之本源從來寂靜者，則將由於虛妄想不生之緣故，菩薩摩訶薩因此便可親見一切法虛妄想悉皆寂靜不生之境

界。」》

解：「佛告大慧：無量一切諸法，如所說義計著相續：所謂相計著相續、緣計著相續、性非性計著相續、生不生妄想計著相續、滅不滅妄想計著相續、乘非乘妄想計著相續、有爲無爲妄想計著相續、地地自相妄想計著相續、自妄想無間妄想計著相續、有無品外道依妄想計著相續、三乘一乘無間妄想計著相續」：衆生對於自身所處之法界中無量無邊一切諸法，不能了知其實相；對於非是自身所處之法界中一切諸法，亦復如是不能了知其實相；由此緣故，對一切法界之體性產生了錯誤之判斷，而錯誤地認爲必定如自己所想所說之道理一般，誤計爲實有及必定如是，而執著之；衆生每多如此執著而相續不斷。如是等執著者即是：相計著相續、緣計著相續、性非性計著相續、生不生妄想計著相續、滅不滅妄想計著相續、乘非乘妄想計著相續、有爲無爲妄想計著相續、地地自相妄想計著相續、自妄想無間妄想計著相續、有無品外道依妄想計著相續、三乘一乘無間妄想計著相續。

「復次大慧！此及餘凡愚衆生，自妄想相續；以此相續故，凡愚妄想如蠶作繭，以妄想絲自纏纏他，『有、無有』相續相計著」：衆生有三種，謂凡夫、二乘有學位及無學位諸聖人、証道之菩薩。

凡夫者，謂一切尚未悟証三乘菩提之人、天人、天主、鬼神、旁生、地獄衆生、及遍佈五道中之阿修羅等。

二乘有學位初果至三果聖人及無學位之四果聖人，別成一類；謂彼等分証或滿証解脫果，雖能於捨壽後或七返人天後，取証無餘涅槃而出三界生死，然於一切法界無量萬法之本際，不能了知，不証法界體性之實相，故悉纏縛於無始無明之妄想之中。如是類人已非凡夫，名爲小乘聖人；乃至亦有已成四果羅漢者故，三界一切人天皆應供養之。然於大乘法中觀之，彼等諸聖於般若正理終無所証，不知菩薩所証般若之眞正意趣；若不迴心大乘而証般若，則永不能成佛；以彼二乘諸聖於大乘之佛菩提智，悉皆懵無所知，故名爲愚。然彼二乘四位聖人非無解脫果所証一切智之十智或八智九智，故非凡夫，而說彼等於佛菩提道中名爲愚人，不知不証佛菩提道之見道智慧故。

此處所謂菩薩者，謂五趣衆生中，若有已經親証佛菩提之見道智慧—般若之總相智及別相智，乃至親証通達位之道種智、溯至等覺位之道種智者，不論係在人間或天上，或發大願而在地獄、畜生、鬼神道、修羅道中救度苦難衆生者，皆名菩薩。此菩薩由因親証般若智慧，故名。菩薩親証自心藏識而出生般若慧已，有名外聖內凡之凡夫者，有名聖人者。名爲外聖內凡之凡夫者，謂此菩薩於大乘法中，尚未入地，於大乘別敎法中不名聖人，唯名賢人；然此菩薩於一切外道衆生及二乘菩提之修証者言之，則是聖人，其解脫果相當於聲聞初果、或亦有至四果之解脫証量故。須已具足進入初地之道種智，並具足初地入地心之功德而入住初地者，方名大乘別敎法中之聖人也。

法界萬法之眞實體性悉是如來藏種種體性之局部，然諸佛門中之凡夫（譬如密宗自續派中觀及顯宗聖嚴法師惟覺法師……等）及一切外道不能了知，故於法界實相產生誤會，而以自意想像加以建構，計彼建構之想像法（意識變相境界）爲眞正之如來藏。或如印順法師與宗喀巴、達賴喇嘛等人，信奉密宗應成派中觀邪見，否定 佛於阿含、般若、唯識等三轉法輪諸經所說之第八識如來藏，妄說爲 佛之方便說，誣謂 佛未說第七八識，加以否定，不承認其有；乃至如印順法師之誣謂如來藏同於外道之梵我神我，贓誣如來藏思想爲後世佛子創造之說，贓誣弘傳如來藏妙法之菩薩爲「與外道神我梵我思想合流」；印順與宗喀巴……等人悉墮於斷滅空中，墮於斷見外道「無因論之緣起性空」中。

此等思惟所得者，悉屬虛妄之想，非是眞實了知佛法者。而諸否定如來藏法之人，佛說之爲謗菩薩藏者，作是謗菩薩藏之言已，當時即成一闡提人，永斷善根，永絕於三乘佛法見道之外。何以故？此謂彼二類人之第一類者：聖嚴、惟覺法師等人，必將繼續作諸虛妄之想，於般若實相之如來藏，繼續以自意情解廣作種種不如理作意之思惟，而誤計意識之變相境界爲如來藏，則必墮於妄想計著不斷之相續相中，如是妄想計著相續以了此生，繼續世世輪轉；乃至因於謗人故轉謗於法，墮入誹謗大乘賢聖與正法之毀破重戒大惡業中。

印順師徒及達賴師徒等人，由因未曾自稱爲悟故，則無被余諸書剎奪悟者身份而生之瞋，故謗余之程度較彼等爲輕；然彼等門徒心中之憤恨實較聖嚴法師……等人爲甚，此因其法本質被余披露已，大衆即知其爲應成派中觀見之無因論、兔無角論故，彼等之理論基礎及行門必定因此全盤瓦解故，則彼諸人於佛敎界中之身份地位、名聞利養與眷屬悉受影響故。是故彼等門徒因余之破斥印順及達賴邪見故，心生憒恚，而私下怒責余爲誹謗僧寶者，將法義辨正、救護衆生之法義行，誣爲誹謗僧寶之事相行；作此人身攻擊而不能冷靜理智探討三乘佛法正義，不肯探究出家所爲何事？如是心行，必將導致彼等諸人之妄想相續——思求毀破余所弘法；由此緣故，妄想相續不斷，悉墮相續相中，於憒恚相續中以了此生。後後世出離地獄已，則因此世之邪見熏習及憒恚心不斷故，甫聞如來藏法時，輒繼續誹謗正法與大乘勝義僧，自絕於三乘見道之緣，則必繼續墮於相續相中，繼續淪墮三途生死，無有了期，名爲不斷相續相者。

此類妄想計著相續不斷之衆生，及其餘不破無始無明之二乘愚痴有學無學聖人，對自己身心實相不能了知，因而對實相般若產生妄想相續不斷之現象。印順師徒則由於虛妄想之相續不斷故，猶如蠶蟲之作繭自縛，以妄想絲而纏縛自己；亦以妄想絲而纏縛他人，令自身及衆生同墮諸法相續相中，同對無量諸法之「實有與實無」作諸妄想；由是緣故，相續不斷地誤計與執著諸法之「實有與實無」——譬如印順法師之執著緣起性空法爲眞實有之佛法，執著諸法滅後之滅相爲實有之法；外於自心如來藏而謂一切法緣起性空，妄謂諸法滅後之滅相不滅即是眞如，成爲執著緣起性空法實有者。彼不能知緣起性空法非實有，緣起性空法依蘊處界有而有故，緣起性空法所依之蘊處界法性非實有故，生滅變異終歸可壞故；彼等不能知滅相即是無，執著諸法已滅之滅相爲實有，以此妄想絲自纏已，又復造書廣纏他人。

「復次大慧！彼中亦無相續及不相續相；見一切法寂靜，妄想不生故，菩薩摩訶薩見一切法寂靜」：彼等墮於常見見之聖嚴、惟覺法師……等人，及彼等墮於斷見外道無因論、兔無角論之達賴喇嘛、印順法師……等人，雖墮妄想相而導致虛妄想不斷，令其相續相不能斷除，然而於彼等不斷相續相之際，其實並無所謂相續相之問題存在；此謂彼等諸人於其相續相繼續存在而輪迴生死之際，其如來藏仍繼續恆常處於寂靜相中；如是正理，彼等諸人悉皆不能証知，故墮諸法相續相中，不能解脫生死，乃至誹謗正法及與大乘勝義賢聖僧。

彼等凡夫衆生與二乘愚人所作種種諸法實有實無等妄想中，非唯無相續相，亦無不相續相；何以故？謂彼等諸人妄想不斷時，其自心如來藏仍本於無始劫來之清淨涅槃自性而隨緣任運，仍住本來自性清淨涅槃之中，絕無言語及諸思慮覺知，故永無諸法之不相續相，諸法之不相續相乃由言語與意識之思慮覺知而有故。

凡夫菩薩若得証悟自心藏識者，便可親見一切法之本源從來寂靜；如是証悟者，必將漸漸遠離一切法相續相與不相續相，次第進修而入初地。如是地上菩薩常住虛妄想不生之處，則將由於虛妄想不生之緣故，菩薩摩訶薩因此便可親見一切法虛妄想悉皆寂靜不生之境界。是故印順、聖嚴、惟覺等凡夫菩薩、二乘有學無學、以及諸外道等，恆處於相續相中時，佛說「彼中亦無相續及不相續相」；菩薩由現觀此理故，「見一切法寂靜，妄想不生故，菩薩摩訶薩見一切法寂靜」。

「復次大慧！覺外性非性，自心現相，無所有；隨順觀察自心現量，有無一切性無相，見相續寂靜故，於一切法，無相續、不相續相。復次大慧！彼中無有若縛若解，餘墮不如實覺知，有縛有解；所以者何？謂於一切法有無有，無衆生可得故。」

疏：《復次大慧！應當現前覺察自心藏識以外之一切法皆非眞實不壞之體性，皆是從自心藏識所出現之法相，其自體性本無所有。隨順如是正知正見，而現前觀察一切法皆是自心藏識所出生現行之事實；所謂眞實有之法，與眞實無之法，與一切法緣起性空之法，其實此等有無等一切法悉皆不具眞實不壞相；如是親見自心如來藏自無始以來相續不斷、而恆處寂靜之緣故，便於一切法性之中，遠離相續相與不相續相。復次大慧！親見相續寂靜正理之故，遠離一切法相續相與不相續相故，如實了知衆生在一切法中其實並沒有所謂繫縛與解脫可言；其餘未証此理之人，悉皆墮於不如實覺知之妄想中，皆墮於誤計有繫縛、有解脫之妄想中。所以者何？此乃謂外道與凡夫及二乘愚人等，對於一切法作實有實無之知解者，其實與般若無關，根本不需探討諸法實有抑或實無，無衆生可得故。》

解：「復次大慧！覺外性非性，自心現相，無所有」：衆生之所以輪迴生死者，其根本原因在於：不能覺了如來藏以外之一切法悉皆無眞實體性，執爲實有，是故攀緣不捨，以此輪迴生死。

譬如外道及諸佛門內之一切凡夫，不能覺了唯有如來藏眞實，不能覺了一切法不實，而誤計識蘊中之意識（有念覺知心及離念覺知心）實有，誤計意根（處處作主之思量心）爲實有法，故皆不能斷除我見；我見不斷故我執隨之不斷，便與解脫道之修証絕緣。譬如惟覺法師、聖嚴法師，誤認離念靈知心爲如來藏，惟覺法師更執處處作主之意根思量心，與意識一併執著之，悉皆不斷我見，墮於意識心中，以之爲實有法，外於自心藏識而覓佛法，如是等人悉名不覺外性非性者；亦如印順之否定 佛說第七八識後，別立不可知不可証之意識細心，以之爲眞實不壞法，代替 佛所說可知可証之如來藏法，如是外於自心如來藏而言有法不壞，亦是不覺外性非性者，如是二類人，悉屬心外求法之人也。

一切大乘學人修學佛法者，應當現前覺察自心藏識以外之一切法皆非眞實不壞法，無有眞實不壞之自體性；此謂離念靈知心乃是意識心，依意根及法塵爲緣而從如來藏中現起；意根亦復如是從如來藏中現起，法塵則是依五色根而由如來藏所示現之內相分五塵中現起；既皆是從自心藏識所出現之法相，當知皆無實有不壞之自體性，其自體性本無所有。聖位菩薩如是証知，是名「覺外性非性」者，如是菩薩現觀一切法皆是「自心現相，本無所有」。

「隨順觀察自心現量，有無一切性無相，見相續寂靜故，於一切法，無相續、不相續相」：量謂事實，現量謂現前（眼前）之事實。菩薩由親証如來藏故，次第修學般若之別相智與種智，具備種智已，則能隨順種智而現前觀察自心如來藏顯現五色根、七轉識、受想行蘊等；現前觀察有念與離念之靈知心及處處作主之意根，皆從如來藏中直接或間接出生，一切法復從五蘊七轉識等展轉出生，如是親自証實一切法皆是自心如來藏所出生之現前事實。

菩薩由如是修証與現觀故，親自証實世間有法與世間無法等一切法，悉皆無有常住不壞之法相。世間有法謂如離念靈知心、處處作主之意根……等；世間無法謂如印順所施設不可知不可証之意識細心，與達賴所施設不可知不可証之意識極細心，此等心非是三界中所可能有之法故，純是虛妄想像而建立之唯名法故，意識細心正是印順所說性空唯名之法故，亦非出三界而有如是法故。菩薩如是現觀者，是名親証「有無一切性無相」者。

菩薩由如是現前觀察故，能見如來藏之相續不斷而常住極寂靜境界中，恆離三界六塵萬法之覺知，由離六塵萬法覺知故離執取，亦離三界六塵萬法之厭憎，亦見一切皆由自心如來藏而出生故，是故現証一切法皆是自心現量；由現証一切法皆是自心現量故，現觀自心如來藏從無始劫來無所得亦無所失，故說離諸繫縛，依如是解脫繫縛之境界而安住其意識覺知心與意根末那識，於一切法悉無所著，便得遠離相續相與不相續相；如是菩薩境界名爲「見相續寂靜故，於一切法，無相續、不相續相」。

「復次大慧！彼中無有若縛若解，餘墮不如實覺知，有縛有解；所以者何？謂於一切法有無有，無衆生可得故」：菩薩由於親見相續寂靜正理之故，便得遠離一切法相續相與不相續相；由了知一切法之相續相與不相續相故，如實了知衆生在一切法中其實並沒有所謂繫縛與解脫可言，自心藏識本來解脫、本來清淨、本來具足一切法，了知一切法皆自心現之事實；其餘未証此理之人，悉皆墮於不如實覺知之虛妄想中，皆墮於誤計有繫縛、有解脫之妄想中。所以者何？此乃謂外道與凡夫及二乘愚人等，對於一切法作實有實無之知解者，其實與般若無關，根本不需探討諸法實有抑或實無，一切法中並無衆生可得故，一切法皆是自心如來藏所現故。

「復次大慧！愚夫有三相續：謂貪恚癡，及愛未來，有喜愛俱。以此相續，故有趣相續，彼相續者續五趣。大慧！相續斷者，無有相續不相續相。復次大慧！三和合緣，作方便計著，識相續無間生；方便計著，則有相續。三和合緣識斷，見三解脫，一切相續不生。」

疏：《復次大慧！愚癡凡夫衆生，有三種相續相，此是說：貪恚癡相續不斷，及愛著自己於未來可以相續不斷；於自己可受諸境界受一事，有喜愛之心與覺知心自己同在。以有此相續心故，便有趣向受生之心行相續不斷，不能斷除；彼相續之心行者，能使衆生繼續受生於五趣之中。大慧！相續妄想若能斷除者，則離相續相與不相續相。復次大慧！由於三事和合而生之種種法等因緣，以所作爲方便，而誤計爲眞實法，加以執著，故令前六識相續無間而出生；若不能了知前六識虛妄，而作種種方便之誤計與執著，則有相續相，不能

斷除。三和合緣之六識誤計與執著，若能斷除者，便可親見三解脫，一切三界繫縛之法相續不斷之相續相，則不復出生。》

解：「復次大慧！愚夫有三相續：謂貪恚癡，及愛未來，有喜愛俱」：愚癡之凡夫衆生，有三種相續相：一者爲貪愛欲界中可愛五塵及其中法塵相，或厭惡欲界中諸不可愛五塵及其中法塵相；二者爲寶愛未來永遠皆有覺知心我及作主心我常住，相續不斷而不欲令自我滅失；三者爲對於覺知心能受種種境界，於諸境界受常有喜愛心，此喜愛與覺知心及思量心相俱而存，不相捨離。如是名爲「愚夫有三相續：謂貪恚癡，及愛未來，有喜愛俱」。

「以此相續，故有趣相續，彼相續者續五趣」：由有如是貪愛等三種相續相不斷，及愛未來之相續相不斷，令如是喜愛與意根意識相俱而生，故有世世之五趣六道相續不斷受生；彼五趣者，謂於天界、人間、畜生、鬼道、地獄中受生不斷。六道中之修羅道，遍五趣中受生，故言五趣，不言六道。趣者，謂其心與彼衆生道之心性及萬法相應，捨壽後必定趣彼，續生於彼，故名爲趣。如是三種相續相，令衆生相續受生不絕，續生於五趣中，是故 佛說「以此相相續，故有趣相續，彼相續者續五趣」。

「貪恚癡，愛未來，有喜愛俱」等，此三種相續相若斷，其心於此相續相不復相續者，則無相續相與不相續相。如是之言，諸大法師悉皆言之易易，然而行之極難，証之極難。譬如印順法師言：「學佛難嗎？確實難！可是眞正說來，學佛應該也是挺容易的！（莊春江編述《阿含經隨身剪輯》第15頁）」然而事實不然，現見印順法師身爲當代顯密第一導師，畢生弘傳密宗之應成派中觀見，而其知見竟墮密宗應成派中觀之無因論邪見泥淖中，成爲 佛所破斥之兔無角論外道見者（兔無角論，詳第二輯 佛語解說）；余造諸書年年破斥之，然印順法師及其徒衆，至今仍然不能自拔於邪見泥淖。如是學佛及研究佛學六七十年後，竟成爲無因論者，竟成爲兔無角論者，雙俱常見見與斷見見。一生廣造《妙雲集、華雨集…》等書弘法，本謂成就法施佛事，成就大功德，焉知一生所說、所行、所弘傳者，自始至終皆是違背 佛旨、皆是最嚴重之破壞佛教正法重罪，云何可言學佛容易耶？

凡此修集善因、廣作善行，卻成破壞佛教正法之大惡業者，皆因初始學佛時，不能勤求大乘別教之見道—親證自心如來藏，故不能眞實了知此三種相續相所致。由是緣故，余於十年來不斷以種種書籍說此相續相；五年來，更以拈提公案之法，每年出書一册而闡釋後二種相續相—說明覺知心愛未來之相續相及喜愛俱之相續相。而彼等大法師、大居士等人，大多背地裡大罵余爲誹謗僧寶者，以此而作人身攻擊，不思冷靜理智探究出家所求之首要事—般若實相。由如是緣故，續墮相續相中。

後學可以預見，今特書於此者：彼諸大法師、大居士終將至死不能自拔。墮於名聞利養貪愛之相續相中故，不離貪愛之相續相故，悉皆愛未來故，恆有喜心俱故，同皆具足三種相續相故。

「大慧！相續斷者，無有相續不相續相」：若人先斷第一種相續相者，則於世間名聞與利養悉不貪愛，貪之相續相隨斷，所作所爲悉爲衆生解脫與証般若慧故，凡事悉爲續佛慧命而爲故。貪愛之相續相斷故，則不於善知識之破邪顯正，心生瞋恚，則瞋恚相續相亦斷。於貪瞋之相續相已斷者，則其人始能漸入斷除愚癡相續相之心行中，親隨眞善知識修學佛教正法，不以名聞利養而自貢高，能低心下問，以求正法之証悟，如是之人名爲貪恚癡相續相斷者。

然後進求現觀愛未來之相續相—隨於眞善知識之教導，現前觀察五蘊十二處十八界法悉皆虛妄不實，由此現觀故，確實証知七轉識心—覺知心與思量心—之虛妄，如是隨斷我見我執，不復墮於愛未來之相續相中，成就解脫果。

由斷愛未來之相續相故，有喜愛俱之相續相便得隨後斷除；由斷除有喜愛俱之相續相故，此三種相續相即皆斷除，從此成爲分証解脫果或滿証解脫果之大乘通教聖人；然於大乘別教之中，仍屬六住滿心之凡夫爾，唯能現觀能取空與所取空故，尚不能現觀自心現量故。如是現觀者，則墮愚人之見中，執外法實有，同於二乘有學無學之見。

如是之人若能親隨大乘別教眞善知識求証如來藏者，則成大乘親斷相續相者；佛子如是斷除相續相者，即離相續相與不相續相：由如來藏本體之本來自性清淨涅槃體性而現觀之，實無所謂相續相與不相續相故。未悟之人應斷如是相續相，得証解脫果；大乘別教中証悟之人亦復如是，須於悟後斷除此三種相續相，取証解脫果而發受生願，永不入滅—不取無餘涅槃。

復次，衆生誤計覺知心可去至後世，故生有喜愛俱之心行，如是有喜愛俱之心行，即是南傳上座部佛法阿含諸經所說之凡夫衆生愛阿賴耶、樂阿賴耶、欣阿賴耶、喜阿賴耶，計有一心爲常住不壞法—將意識誤計爲阿賴耶識—誤計覺知心能去至未來世，永遠不壞而令未來世有五陰六塵相續不斷，由是愛樂欣喜故，凡夫衆生臨命終時無有斷滅之恐懼，故名愛樂欣喜阿賴耶者。如是誤計之我見，一切外道及諸凡夫悉不能免，名爲誤計阿賴耶識之愚癡凡夫衆生。

証悟之菩薩則不然，於實証阿賴耶識後，從其體性之領受中，現觀其無始劫來從無所得，亦從無所失，本來常住涅槃而任運隨緣，不壞世間法；故於証悟之後隨斷我見，次第漸修而心無所著，於究竟法之大乘別教中成賢成聖，悉由此心之親証所致。然菩薩若有大福德與大善根者，悟後復得親隨善知識熏習種智，親自現觀阿賴耶識之第一能變性；隨後復從善知識受學，現觀阿賴耶識所生意根具有第二能變性，及現觀阿賴耶識所生之意識心等六識具有第三能變性，由此三種能變性而變生世間及出世間萬法；由是証知一切法皆是阿賴耶之自心現量，及現觀自心阿賴耶識之金剛不壞性—無始來不曾剎那暫斷，無有任何有情能壞滅之、能強奪之。由如是親証而現前觀察故，便於過去、現在、未來之三世阿賴耶體性不生執著，即離對於阿賴耶識之愛樂欣喜，獲得解脫果之修証，同時發起般若深妙慧。如是修証者，方名般若深妙禪。

「復次大慧！三和合緣，作方便計著，識相續無間生；方便計著，則有相續」：作方便計著者，謂於三和合緣所作之方便相不能了知，故生計著。此謂衆生之覺知心，不論其爲有念之覺知心，抑或離念之覺知心，皆是所作方便之法，非是從本即自己存在之法。云何謂爲所作方便之法？謂覺知心即是意識，要由三法和合爲緣，方能出生：所謂意根、法塵、觸。三法和合爲緣，而後始能由如來藏中流注意識種子，相續流注種子於意根法塵觸處已，覺知心方能現行運爲，故說覺知心意識乃是三和合緣而有之法。

今者全球佛教界顯密諸大師等，悉不能了知此覺知心爲三和合緣而出生之法，乃作種種方便言說而狡辯之，妄說爲不生不滅之有自體法，作是誤計與執著之說，開示與隨學之弟子及大衆，師徒俱墮我見與我執之中，名爲以妄想絲自纏纏他者。如是將所作法（意識覺知心）方便誤計及與執著，則令今世及未來世之六識相續無間而生；六識覺知心無間而生已，又復方便計著，則有相續相，永不能斷，是故多生多世修學佛法，始終不能証得解脫果，不能正解二乘菩提之正理，遑論大乘別教之般若正理？如是等人，佛說之爲：「三和合緣，作方便計著，識相續無間生；方便計著，則有相續。」

「識相續無間生」者，謂等流果也。由未得三乘法之見道智慧故，致令六識覺知心相續不斷而出生，便有六識種子自如來藏中等流而出，故有見聞覺知與諸分別性，所謂見性、聞性、嗅性、嚐性、觸覺性、了知性，即是錯悟者所言離念靈知心之「眞如心」也。此等六識心之體性，其自類種子由如來藏現起時，悉皆心心無間，等流相續，前後無有過越，他識種子不能穿插現行於此識種子現行流注中間，皆是自類種子前後無間而次第現行，自類相續不斷，故名等流。乃至眠熟後，亦無他識種子現行於該識應起之處，唯有自類種子現行於其所應現行之處。眠熟位中之六識心，雖暫無自識種現行，然仍無他識種子現行於自識所應現行之處所。次晨所現行之自識種子亦悉接續前夜眠熟之最後種子，不能穿插他識種子於其中間，必以前夜眠熟後之最後種子作爲次晨清醒時流注之第一種子之緣，必定自類識種無間而生，故名等無間緣（暫以半夜未曾作夢而言）；由有如是自類種子之等流相續不斷，故有見聞覺知等性，由此而受種種境界果報，故名等流果。由是故說「識相續無間生」，前六識悉是等流性故，悉是相續無間而生故。其餘關於等流所生現之種智正理，譬如等流習氣因、轉識熏習成種…等，限於篇幅，略而不述。

「三和合緣識斷，見三解脫，一切相續不生」：對於三和合緣之意識心常住不壞之身見斷已，則能親見三解脫門—如實了知解脫之道—十八界我空幻不實，覺知心及作主心無常空故無眞實相，無眞實相故心中無有願求，無有願求故實証無相涅槃，親見三解脫門。如是親見三解脫門，如實了知解脫之道者，則知應滅十八界我，不復於十八界我而有執著，我執隨斷；我執斷已，一切相續相不復生焉，是名「三和合緣識斷，見三解脫，一切相續不生。」

爾時世尊欲重宣此義，而說偈言：不眞實妄想，是說相續相。若知彼眞實，相續網則斷。於諸性無知，隨言說攝受；譬如彼蠶蟲，結網而自纏；愚夫妄想縛，相續不觀察。

疏：《爾時世尊欲重新宣示此眞正義理，而說偈言：

所謂不眞實之虛妄想，乃是說相續之相。

若能了知彼眞實相者，相續網即可斷除。

於諸法之體性無知者，隨於善知識所說之言語而攝受其義；

猶如彼食桑之蠶蟲一般，吐絲結網而纏繞自身，繫縛自己。

愚癡凡夫由於虛妄想所纏縛故，令相續相持續不斷而不善於觀察。》

解：「不眞實妄想，是說相續相。若知彼眞實，相續網則斷」：不眞實之妄想，即是說凡夫衆生不能了知意識心之虛妄不實，由誤計故，執著意識心爲常住不壞之法，便導致未來受生之相續相不能斷絕，由是故說：相續相者，即是誤計意識心常住不壞之虛妄想。若佛子有智，能証知彼如來藏眞實法，如是妄計而產生之纏縛衆生輪迴之相續網便可斷除。

「於諸性無知，隨言說攝受；譬如彼蠶蟲，結網而自纏；愚夫妄想縛，相續不觀察」：修學佛法者，若於諸法之法性不能了知——不知諸法悉由如來藏而生，不知諸法皆無自己常住不壞之法性，則將對於 世尊所說諸法之眞實義不能了知，必將隨於 世尊之言說表相而攝持其義，產生誤解與執著。

如是諸人，至今末法之時，隨處可見，悉如蠶蟲之吐絲結繭而自纏縛；纏縛自身已，又復廣造諸書而發行之，讀者閱已，因其大名聲故，信受其說，又復同於如是大師，遭致言說妄想絲所纏。如是愚人凡夫之所以被言說妄想絲所纏縛者，皆因對於相續相不能善於觀察了知故。如是類人，所在多有，不勝枚舉，余諸書中所列舉者，猶其少數爾。

彼等諸人墮相續相者，究其原因，多屬誤會如來藏體性，及不曉十八界法之本質所致。誤會如來藏體性者，謂凡夫每欲將六識心之見聞覺知性，與末那識思量之體性，強加於想像之如來藏上：以爲七轉識能離語言妄想、能不作主而隨緣安住，便是如來藏。如是錯誤知見，普遍存在今時之佛教界中。

不曉十八界法本質者，謂凡夫每每錯認覺知心爲常住法，以爲覺知心若能離念，即可轉變成眞心如來藏；如是不能曉了意識心性，墮於意識心之變相上，以變相之意識心作爲如來藏心，如是現象遍於今時之全球佛教界中。由有如是般若妄想，不能曉了實相般若，故生種種虛妄想像，不能斷除我見，因之導致相續相不斷；更以多年經營之大名聲而妄說諸法，以妄想絲自纏纏他，佛說之爲「愚夫妄想縛，相續不觀察」。

大慧復白佛言：「如世尊所說：『以彼彼妄想，妄想彼彼性；非有彼自性，但妄想自性耳。』世尊！若但妄想自性，非性自性相待者，非爲世尊如是說煩惱清淨無性過耶？一切法妄想自性非性故。」

佛告大慧：「如是！如是！如汝所說。大慧！非如愚夫性自性妄想眞實。此妄想自性，非有性自性相然。大慧！如聖智有性自性，聖知、聖見、聖慧眼，如是性自性知。」

大慧白佛言：「若使如聖，以聖知、聖見、聖慧眼，非天眼、非肉眼，性自性如是知，非如愚夫妄想，世尊！云何愚夫離是妄想？不覺聖性事故。世尊！彼亦非顚倒，非不顚倒。所以者何？謂不覺聖事性自性故，不見離有無相故。世尊！聖亦不如是見，如事妄想；不以自相境界爲境界故。世尊！彼亦性自性相，妄想自性如是現，不說因無因故，謂墮性相見故。異境界，非如彼等如是無窮過，世尊！不覺性自性相故。世尊！亦非妄想自性，因性自性相；彼云何妄想非妄想，如實知妄想？世尊！妄想異，自性相異。世尊！不相似因，妄想自性相。彼云何各各不妄想而愚夫不如實知？然爲衆生離妄想故，說『如妄想相不如實有』？世尊！何故遮衆生有無有見事自性計著，聖智所行境界計著，墮有見，說空法非性，而說聖智自性事？」

佛告大慧：「非我說空法非性，亦不墮有見說聖智自性事，然爲令衆生離恐怖句故。衆生無始以來計著性自性相，聖智事自性計著相見說空法。大慧！我不說性自性相，大慧！但我住自得如實空法，離惑亂相見，離自心現性非性見；得三解脫，如實印所印；於性自性，得緣自覺觀察住，離有無事見相。復次大慧！一切法不生者，菩薩摩訶薩不應立是宗。所以者何？謂宗一切性非性故，及彼因生相故；說一切法不生宗，彼宗則壞。彼宗一切法不生、彼宗壞者，以宗有待而生故。又彼宗不生，入一切法故；不壞相不生故，立一切法不生宗者，彼說則壞。大慧！有無不生宗，彼宗入一切性；有無相不可得。大慧！若使彼宗不生，一切性不生而立宗，如是彼宗壞；以有無性相不生故，不應立宗；五分論多過故，展轉因異相故，及爲作故，不應立宗分。謂一切法不生，**如是一切法空、如是一切法無自性，不應立宗**。大慧！然菩薩摩訶薩說一切法如幻夢，現不現相故，及見覺過故，當說一切法如幻夢性，除爲愚夫離恐怖句故；大慧！愚夫墮有無見，莫令彼恐怖，遠離摩訶衍。」爾時世尊欲重宣此義而說偈言：

無自性無說，無事無相續；彼愚夫妄想，如死屍惡覺。
一切法不生，非彼外道宗；至竟無所生，性緣所成就。
一切法不生，慧者不作想；彼宗因生故，覺者悉除滅。
譬如翳目視，妄見垂髮相；計著性亦然，愚夫邪妄想。
施設於三有，無有事自性；施設事自性，思惟起妄想。
相事設言教，意亂極震掉；佛子能超出，遠離諸妄想。
非水水想受，斯從渴愛生；愚夫如是惑，聖見則不然。
聖人見清淨，三脫三昧生，遠離於生滅，遊行無所有。

修行無所有，亦無性非性；性非性平等，從是生聖果。

云何性非性？云何爲平等？謂彼心不知，內外極漂動；

若能壞彼者，心則平等見。

疏：《大慧復白佛言：「如世尊所說：『以種種虛妄想之分別，來分別種種法之法性者，所說其實並沒有彼等諸法之法性，所說諸法只是虛妄想之自性而已。』世尊！所說諸法若只是虛妄想之自性，而沒有其法性相待於所說法而有者，豈非世尊如是說『煩惱是清淨而無法性』有過失了嗎？因爲對於一切法之妄想，其妄想自性並無眞實不壞之自體性故。」

佛告訴大慧：「如是！如是！我所說者如汝今之所說也。大慧！並非猶如那些愚癡凡夫對於諸法自性所生之妄想有其眞實之自體性。此等妄想之自性，並非有眞實法之自性相一般。大慧！譬如聖人所証智慧，確有眞實法之自性；聖人之智慧、聖人之所見、依於聖慧眼，如是對於諸法之自性親自証知。」

大慧白佛言：「假使眞是像諸位聖人那樣：以聖人之智慧、聖人之所見、依於聖慧眼，而非以天眼、肉眼，對於法之自性如是証知，非如愚癡凡夫妄想者，世尊！那些愚癡凡夫如何能捨離虛妄想？因爲那些愚夫都尚未覺悟發起聖性之事的緣故。世尊！那些愚夫既不是顚倒，亦不是不顚倒，所以者何？此謂愚夫等人不曾覺悟聖事法之自性故，亦未看見離有無之相故。世尊！聖人亦有所見，而不如是見，譬如於一切事相上仍有妄想（仍有分別）；因爲不以自相境界爲境界的緣故。世尊！彼諸聖人亦於諸法之自性相上，有妄想自性（有分別自性）如是顯現，只是不說有因與無因故，此謂凡夫說有因無因者亦墮於諸法性相見之中故。然而聖人與愚夫境界互異，聖人非如彼等愚夫所說之有無窮之過失，世尊！以諸愚夫不能覺悟諸法之自性相故。世尊！亦非妄想分別之自性，即是因性之自性相；彼諸愚癡凡夫如何妄想分別彼不妄想分別者？而能如實証知妄想之自性？世尊！妄想分別之自性異，諸法之自性相亦異；世尊！此二者之因並不相似，彼諸愚凡云何各各不妄想分別，而不能如實知？然而爲使衆生遠離妄想分別故，世尊卻說『猶如妄想之相，不是如實有』？世尊！何故遮止衆生對於諸法有自性、無自性等事相上之計著，世尊自己卻又於聖智所行境界上計著，墮於有見，而說空法非是眞實法，而說聖智自性之事？」

佛告訴大慧：「並非我宣說空法不是眞實法，我亦不曾墮於有見之中而說聖智自性之事，只是爲使得衆生遠離恐怖句的緣故。衆生自無始劫以來，一直誤計及執著諸法有自體性之法相，所以我今以衆生對於聖智事之自性誤計等法相知見而爲衆生演說空法。大慧！我不說諸法有自性相，大慧！但是我住於如實空之法中，遠離惑亂相之邪見，遠離自心所現一切法非眞實法之見解；証得三解脫，如實法之眞實理所印証；於諸法自性，可以緣於自覺之智慧而作觀察，如是安住，遠離諸法有無之事相上見解之戲論相。復次大慧！關於一切法不生這個理論，大菩薩們不應該建立這個宗旨。爲什麼呢？這是說：這種說法是依止於一切法皆無眞實體性的緣故，及依於一切法不生之理論而產生的法相之故；若有人說一切法不生的宗旨，他所建立的宗旨則會壞滅。他們依止一切法不生、而其宗旨會壞滅的緣故，是因爲這個宗旨是有待而生的緣故。而且他們所依止的一切法不生，這個宗旨也是在一切法之中的緣故；本來不生、眞實不壞相之眞實理，不能出生的緣故，建立一切法不生的宗旨者，彼等所說之法終歸會壞失。大慧！有無法皆不生之宗旨，他們那個宗旨也是含攝在一切法之中；在一切法不生之中，求証眞實有的法相，或求証空無之相皆不可得。大慧！假使他們建立一切法不生，以一切法不生的理論而建立宗旨，如此建立的宗旨一定會壞滅；因爲這個宗旨之中，一切三界有之法及空法皆不可能在一切法不生中出生的緣故，所以不應該建立這個宗旨；他們建立的五分論有許多過失的緣故，這個宗旨是展轉相因而有的理論，並且與一切法異相的緣故，而且是人爲所作之法故，所以不應建立此宗旨分際。這是說：一切法不生，類似這樣的一切法空、類似這樣的一切法無自性等說法，都不應該建立宗旨或門派。大慧！然而菩薩摩訶薩卻爲衆生說一切法猶如幻夢，因爲一切法其實是在事相上確實有出現，而非無出現，然而出現一切法時卻並非眞實出現一切法相故；也因爲看見諸法本質及覺悟諸法計著之過失的緣故，應當宣說一切法如夢如幻之體性，除非爲了使得愚癡無智之凡夫遠離恐怖句的緣故，方才不說一切法如夢如幻。大慧！愚癡凡夫墮於諸法實有實無之邪見中，不要讓他們產生恐怖而遠離了大乘法。」爾時世尊欲重新宣示此眞實理，而說偈言：

沒有一切法之自性，也沒有一切言說自性，

沒有任何事相上之自性，也沒有種種事相之相續不斷；

那些愚癡凡夫作這種虛妄想，猶如死屍身上所產生之邪惡覺知一樣。

一切法不生，非彼外道離於實相而作是說者可得成立宗旨，

彼說諸法畢竟不生者，所說仍然是依諸法爲緣所成就之說法。

一切法不生，有智慧者不作如是想；

彼等建立之此一宗旨，其實是從他法爲因所出生的緣故，

覺悟實相之佛子悉皆除滅此妄想。

譬如眼中有翳障的人觀看之時，

虛妄的看見了垂髮之相而以爲眼前有毛繩；

誤計而執著於法者，亦如彼翳者一般，正是愚人凡夫所作之偏邪虛妄想。

施設三界有之法相，本無事相上之眞實自性，

無知者便在事相上施設之自性上，作種種思惟而起虛妄之想。

於三界之法相上施設諸行無常……等言教，

衆生卻於事相言教上產生極嚴重之震撼與掉舉；

諸佛之法子則能超出此等施設，於眞實理遠離種種虛妄想。
陽焰非水，衆生卻作有水之想而信受之，
此乃從心中之渴愛而出生之妄想；
愚癡凡夫如是迷惑，聖人之見解則不如是。
聖人之知見乃清淨之知見，三解脫之三三昧已經出生；
遠離於生滅有爲之邪見，遊行於無所有之境界中。
雖然修行無所有之法，亦非無有眞實法性，亦不墮入錯誤之法見中；
親見諸法與非法悉皆平等，由此慧眼正見而出生了聖果。
如何是法與非法？如何是平等之正見？
是說愚癡凡夫不能了知實相正理，認爲內外一切法皆極漂動無常；
若能摧壞彼等邪見者，心則可以住於平等見中。》

解：大慧復白佛言：「如世尊所說：『以彼彼妄想，妄想彼彼性；非有彼自性，但妄想自性耳。』世尊！若但妄想自性，非性自性相待者，非爲世尊如是說煩惱清淨無性過耶？一切法妄想自性非性故。」

《大乘入楞伽經》譯作：《爾時大慧菩薩摩訶薩復白佛言：「世尊！如世尊說：『由種種心分別諸法，非諸法有自性，此但妄計耳。』世尊！若但妄計，無諸法者，染淨諸法將無悉壞？」》

世尊依實相心而說蘊處界無常故空，說十八界無常故空，衆生聞已，多不信受，堅執識蘊中之意識覺知心爲常；學地凡夫雖入佛門中，仍堅執離念靈知心爲常住不壞法，墮於常見外道見中。

然有一類人，聞 佛般若諸經中所說：「以種種虛妄想之分別，來爲衆生分別種種法之法性者，所說者其實並沒有彼等所說諸法之法性，彼等所說諸法只是虛妄想之自性而已。」聞 佛如是說已，誤會 佛意，便認定 佛所說法即是說**一切法緣起性空**；認定**緣起性空之法**爲有眞實法性，便執著此見，堅定不捨。乃至如印順師徒之堅執「**五蘊滅已，其滅相不滅，名爲眞如**（詳見《妙雲集》諸書所說）」，如是所說諸法，悉名妄想，謂如是言說但是妄想，絕無實性故。若必強言彼等所說**一切法空、緣起性空**等諸法，實有法性者，其實唯是妄想之自性，與 佛所說法界實相完全無關，非是法界實相不生不滅之實體法故。

爲破斥如是誤解佛法眞旨者，佛於般若經中處處說：「由種種心分別諸法，非諸法有自性，此等諸法自性只是妄計而已。」然而衆生未悟般若者，便墮文字相中，言 佛此語本意乃是說一切法空，乃撥無諸法之實性，便否定彼等所不能証得之第八識如來藏，妄謂 佛不曾說第八識如來藏，妄謂第八識如來藏同於外道神我梵我，妄謂四大部阿含一千五百餘經中 佛不曾說第七八識。此即是密宗應成派古今諸中觀師之邪見也，即是古天竺之月稱、寂天，即是西密之阿底峽、宗喀巴、歷代達賴、今之印順師徒等人也。

佛依如來藏而說不生不滅，而說蘊處界等一切法悉是緣起緣滅之法，其性無常故空，印順等一類人不知 佛依如來藏而說，便道 佛說一切皆空，無如來藏，無淨垢諸相，一切皆無皆空，以此而說一切法無有染淨差別……等理。乃至他人破斥邪說而顯正理時，亦斥他人之法義辨正爲執著實相、執著如來藏法；由是邪見而作是言：一切諸法尚無實體性，何況有染淨差別？便撥無事相上諸法之染淨差別相，令彼徒衆等人不起染淨分別，安住無念無想以爲証道。

大慧見有猶如今時印順等一類人作是妄想，故作如是請問，求 佛開示，爲當時及後世衆生而作因緣：「世尊！所說諸法若只是虛妄想之自性，而沒有其法性相待於所說法而有者，豈非 世尊等於說『煩惱是清淨而無法性』之有過失了嗎？因爲對於一切法之妄想，其妄想自性並無眞實不壞之自體性故。」

三界諸法其實並非沒有眞實法性，此謂三界一切法悉依如來藏而直接或間接出生故；若外於如來藏而言有諸法出現者，則墮虛相法中，墮於現象界之緣起緣滅法中，不能証得一切法所從來之根源——一切法界之眞實相——如來藏。由是故說：愚凡對一切法之妄想分別，若必言有其自性者，則唯是妄想自性；此妄想自性非有眞實自體性相待於其妄想分別而有，所以者何？謂衆生對一切法起於虛妄想而誤認爲有自體性者，其自體性非有眞實自體性，悉是因於蘊處界所生之顯境名言及表義名言而起虛妄想後，方能有彼妄想自性故，彼妄想自性依蘊處界之顯境名言而後始有故。是故大慧菩薩說：一切法妄想自性非性故。

佛告大慧：「如是！如是！如汝所說。大慧！非如愚夫性自性妄想眞實。此妄想自性，非有性自性相然。大慧！如聖智有性自性，聖知、聖見、聖慧眼，如是性自性知。」

《大乘入楞伽經》譯作：《佛言：「大慧！如是！如是！如汝所說：一切凡愚分別諸法，而諸法性非如是有。此但妄執，無有性相。然諸聖者以聖慧眼，如實知見有諸法自性。」》

佛聞大慧菩薩作是問已，便認可之。此謂彼等未悟實相般若之一切大師等人，對佛所說般若慧學作諸臆想揣度，然後加以言說分別；彼等所作分別諸法之言說，演說諸法之法性，而彼等所說諸法之法性非如彼等所說之如是有。此等言說所說法性者，唯是虛妄之執著，無有眞實法性之相。然諸聖以具有聖慧眼故，能如實知、如實見有諸法之自體性。

諸法之自體性者，謂諸法之實相，亦即諸法滅已又能復現，相續不斷之根本因。譬如吾人於此夜眠熟已，見聞知覺性悉滅已，次晨又能自然復起，則知見聞覺知性必定有其常住不壞之法性存焉；見聞等性昨夜滅已，成爲無法，無法不能於次晨無因自起，要待他法爲因爲緣而後始起；能令見聞覺知性等法滅已復現之法，即名法性，此法性者即是諸法常住之自體性，諸法非離如是法性而能滅已自行復起，如是法性即是第八識如來藏也。能現前觀察如是法性所在者，即是大乘別教之賢聖也。是故　佛說諸聖以聖慧眼，如實知見有諸法自性。謂如實知見者：非以臆想分別所得之相似般若慧也。

大慧白佛言：「若使如聖，以聖知、聖見、聖慧眼，非天眼、非肉眼，性自性如是知，非如愚夫妄想，世尊！云何愚夫離是妄想？不覺聖性事故。世尊！彼亦非顛倒，非不顛倒。所以者何？謂不覺聖事性自性故，不見離有無相故。」

《大乘入楞伽經》譯作：《大慧白言：「若諸聖人以聖慧眼見有諸法性，非天眼、肉眼，不同凡愚之所分別；云何凡愚得離分別？不能覺了諸聖法故。世尊！彼非顛倒，非不顛倒，何以故？不見聖人所見法故，聖見遠離有無相故。」》

佛云親見一切法之法性者，乃是以大乘聖者之聖慧眼，而非以天眼及肉眼能見。有諸凡愚便於此言生諸誤會，謂　佛此說有過：若唯聖慧眼能如實知見一切法之法性者，則諸愚凡便將永遠不能見之，以彼一切愚人凡夫悉皆不具聖慧眼故。是故大慧菩薩以此問於　佛：「假使眞是像諸位聖人那樣：以聖人之智慧、聖人之所見、依於聖慧眼，而非以天眼、肉眼，對於一切法之自體性如是証知，非如愚癡凡夫妄想者，世尊！那些愚癡凡夫如何能捨離虛妄想？因爲那些愚夫都尚未覺悟如何發起聖性之事的緣故。」

衆生之修得天眼或報得天眼者，若未証得般若智慧，於外道法中容可說之爲聖者，於密宗之秘密法中亦許稱之爲聖者（詳拙著《狂密與真密》第三輯舉例），然於佛教之中仍屬凡夫；此謂証得天眼者，仍不能了知解脫道之修証故。了知解脫道之修証者，於佛法中唯名二乘聖者，亦名大乘通教聖者；若在大乘別教法中，唯名賢位凡夫，尚不能入住初地故，尚在別教六住位內故。是故此諸二乘及大乘通教聖人，不能了知般若正理，猶名爲愚—雖不名凡。

此謂大乘般若正理，須以般若聖慧方能現觀故。此般若聖慧，非以二乘菩提智所能現觀，更非彼諸外道之已得天眼者所能臆想而知也。然而若須大乘別教聖人之聖慧眼方能証知者，則彼諸二乘無學位之愚人，及彼諸外道與佛門內之凡夫，縱得天眼者亦不能了知，豈非永遠皆無實証般若之時日耶？則彼諸二乘愚人及諸凡夫，便將不能遠離對於般若實相之臆想分別，謂彼等諸人從來未曾有般若聖慧故，從來不曾了知親証聖慧法性之事相故。

然而彼諸愚凡等人，非顚倒，非不顚倒。非顚倒者，謂二乘羅漢愚人心非顚倒，已証知蘊處界等一切法虛妄故，心得解脫故，然而仍不能了知大乘別教聖人所証知之諸法實性故。非不顚倒者，謂諸二乘羅漢愚人，與諸凡夫及外道，悉皆不能了知大乘別教中初地聖人所証知之離有無境界之眞實相故，由此緣故而對般若實相作諸妄想情解，違遠般若實相，故名顚倒。

「世尊！聖亦不如是見，如事妄想；不以自相境界爲境界故。世尊！彼亦性自性相，妄想自性如是現，不說因無因故，謂墮性相見故。異境界，非如彼等如是無窮過，世尊！不覺性自性相故。」

《大乘入楞伽經》譯作：《「彼亦見有諸法性相，如妄執性而顯現故，不說有因及無因故，墮於諸法性相見故。世尊！其餘境界既不同此，如是則成無窮之失，孰能於法了知性相？」

大乘別教一切聖人悉不作如是妄見，猶如彼等愚凡及諸外道，在種種事相上作諸妄想。此諸聖人悉不以蘊處界等自相境界作爲修証之境界故。云何說愚凡及諸外道以種種事相上之自相境界爲其修証之境界？譬如密宗以覺知心所處淫樂之樂空不二、樂空雙運境界爲「佛法」境界，此乃自相境界也；謂如是境界乃是覺知心我所處之自相境界故。亦如密宗之明光大手印，顯宗之錯悟者，悉以覺知心靜坐至一念不生時，隨即執定離念靈知心爲常住不斷不壞之眞如心；然如是心仍是意識，仍墮意識心之自相境界，乃是衆生我之境界故，仍墮識陰之意識境界故，不離自相。

亦如二乘聖人所証五蘊空相，仍是自相境界，不離五蘊自相故，方便說爲離五蘊自相故，所証空相悉依五蘊自相而有故。然而菩薩之修証，不以五蘊自相爲境界，乃是親証五蘊所依之如來藏；依此如來藏之修証而顯發之般若慧，不以五蘊自相爲境界故。菩薩如是修証般若慧已，更能深觀五蘊空相之細相，非聲聞羅漢之所能知，故說菩薩不以自相境界爲境界。

菩薩雖不以自相境界爲境界，然菩薩處於世間，彼亦如衆生之有諸法現前，而亦有諸法之自性相現前，亦有同於衆生之妄想自性如是現前；所以者何？謂菩薩於世間証悟般若實相已，既仍有五陰存在世間而不取滅度，則必仍有覺知心與思量心現前，與眾生無異，故說菩薩亦有妄想自性如是現。然菩薩異於眾生者，謂菩薩不說一切法有因及無因，除爲救護眾生遠離邪見。云何不說一切法有因？謂若如是說者，即是計著諸法有因，即成執著如來藏體者，即同眾生之愛樂欣喜阿賴耶識無異；若說一切法無因者，復成無因論外道，違佛菩提，成邪思妄想。由是正理，菩薩實証般若實相已，仍住世間而有五陰相，仍如眾生之有種種事相上之無量分別，而不以自相境界爲其所住境界，亦不說一切法有因無因；謂如是說者，悉皆不離諸法性相之境界故。

然菩薩異於二乘愚人境界，亦異於凡夫境界，菩薩非如彼等愚凡對於法性推理之有無窮盡過失，以諸愚凡悉不覺知諸法之自性相故。菩薩異於凡夫者，謂諸凡夫悉不能知曉解脫境界，便於解脫之道作諸無量妄想，而不能知自己已墮妄想性自性中。菩薩異於二乘愚人者，謂阿羅漢雖証解脫果，然於出三界後之無餘涅槃境界之本際不能了知，菩薩則於未入無餘涅槃時，已了知無餘涅槃境界中之本際，故所証解脫境界有異。

復次，阿羅漢以信佛語故，聞佛說：「十二因緣法至無明而止」，由是滅除我執。然於無明再作推求：無明依何而住而持？請佛開示已，則知無明緣第八識而立，不能外於第八識心而獨存，故推究至「無明支緣識而有」之後即止，**齊識而還，不能過彼識**，故無「無明支復緣別支，別支復有所緣別支，無窮無盡而不能証」之過失。外道不知此理者，則於無明支之後復行建立他法爲無明之所依法，此所依法則應復有他法爲所依法，如是則有無窮無盡之過失。何故說爲過失？謂十二因緣將成爲無量無數支因緣故，則永無人能証因緣法而得解脫故。

末法時之佛門比丘，則另建立「無明自在，非依心在」之邪說，故彼等不承認　佛所說之第八識阿賴耶爲執持無明及業種之識，否認有此識；此即密宗應成派中觀師月稱、宗喀巴、達賴喇嘛、印順及其徒衆等人所說者。亦有一分佛門外道建立虛空爲實有法，主張無明依虛空而存在。

佛於四阿含諸經中則說：無明及善惡業種悉依止於識，識是有情生死輪迴之根本，識亦是衆生解脫生死取証無餘涅槃之根本。佛意謂：識是三乘一切佛法立名之所依，舉凡般若、解脫、種智、涅槃、菩提、無爲、有爲、生死、輪轉……一切佛法所說衆生輪迴及諸聖解脫之境界，悉依此第八識所處境界相而立名，建立此等諸名而宣說之，令衆生得以解義，得趣解脫智及般若慧。然今末法比丘及諸居士不了佛語眞旨，妄作解釋及以宣演，悉墮外道見中；若不修正邪見，三乘見道俱無其份。

聲聞羅漢需依 佛語而信而修，菩薩依 佛所說如來藏法而修証已，即能自知一切法悉有其最後根源，自知一切法至此第八識止，悉皆不能過此第八識如來藏，故無諸法無窮無盡之過失。此即菩薩親証諸法之自性相所致者，彼諸愚凡不証一切法之自性相，故不能了知；若復不信 佛語，則於推求實相時，便生無窮無盡之過失，是故菩薩境界異於愚凡，故大慧菩薩說：異境界。

「世尊！亦非妄想自性，因性自性相；彼云何妄想非妄想，如實知妄想？世尊！妄想異，自性相異。世尊！不相似因，妄想自性相。彼云何各各不妄想而愚夫不如實知？然爲衆生離妄想故，說『如妄想相不如實有』？世尊！何故遮衆生有無有見事自性計著，聖智所行境界計著，墮有見，說空法非性，而說聖智自性事？」

《大乘入楞伽經》譯作：《「世尊！諸法性相不因分別，云何而言『以分別故而有諸法』？世尊！分別相異，諸法相異，因不相似，云何諸法而由分別？復以何故凡愚分別不如是有？而作是言：『爲令衆生捨分別故，說如分別所見法相，無如是法。』世尊何故令諸衆生離有無見所執著法，而復執著聖智境界？墮於有見？何以故不說寂靜空無之法？而說聖智自性事故？」》

「亦非妄想自性，因性自性相」，乃是天竺語法倒裝句，華語語法爲「妄想自性亦非因性自性相」。諸法之因性自性相，本無分別，亦不因分別而有自性相；諸法之因性自性相者，即是一切各自皆有之自心如來藏，此心從無始劫來不曾起念分別，一向如是，非是因修而後如是。末法學人及諸大師悉皆錯會般若正理，往往教人將本來即是分別性之意識覺知心強行按壓，令不分別，以此爲証得無分別心。

如是爲人說法者，皆是以妄想自性爲人說法，是人不解因性自性相，墮於妄想自性相中。所以者何？謂大慧菩薩說：「妄想分別之自性亦非是因性之自性相」故，是故若非親証因性之自性相者，以其妄想如來藏所得之知見而自以爲悟，然後爲人說法者，即墮大慧菩薩所說之妄想自性相中。

妄想分別之自性相，異於因性自性相；此謂妄想分別之自性相，乃是由熏聞大乘般若後，未曾証悟諸法實相之如來藏，故於般若產生妄想分別；如是妄想分別，既非眞實般若，故名妄想自性相。因性自性相，則謂一切法之因性，謂一切法悉從唯一之因，藉諸緣而出生，此因之自性法相，名爲因性自性相。

妄想分別之自性相，與因性自性相既異，彼諸愚癡凡夫如何能藉妄想分別，而証得本來已不妄想分別之因性自性相？若不証知因性自性相，則不能了知妄想並無本來常住不壞之自性相，不能証知妄想自性實依因性自性相而展轉出生。既不能了知妄想自性相之異於因性自性相所在，又如何証得因性自性相而能如實証知妄想之虛妄自性？

因性自性相，乃從本以來即是一切法之因，從本以來即是離妄想相；妄想自性相則是因於熏習後，從虛妄想而生，異於因性自性相；由是故說「不相似因，妄想自性相」（此句亦是倒裝句，中華語法爲：「妄想自性相，不相似因。」）既然妄想分別之體性，與諸法之因性自性相互異，則衆生修學佛法後，應當能了知之，然而眾生卻多誤會而不能了知之，是故大慧菩薩爲末法眾生作是問：「不相似因，妄想自性相。彼云何各各不妄想而愚夫不如實知？然爲眾生離妄想故，說『如妄想相不如實有』？」

末法眾生可悲者，厥爲受諸錯悟言悟之大師誤導，步步隨入歧途。妄想自性相異於因性自性相，若有眞善知識常爲眾生宣演其異相者，則眾生學習佛法時，便得了知其異相，則於般若之修証上即可漸次熏習乃至証悟實相般若。然今末法之季，學人受諸大師誤導已久，欲將意識轉變爲如來藏之錯誤知見熏習已久，根深柢固，難以移轉；復因墮於大師崇拜之表相故，於眞善知識之苦口婆心宣演正法、破邪顯正之舉，反生嫌惡之心，將法義辨正之舉，誣爲誹謗僧寶，墮入人身攻擊之迷思中，眞爲可憐憫者。

因性自性相，與妄想自性相，此二者之因並不相似，彼諸愚凡各各自云不墮妄想分別，各各自云正知正見，而竟不能如實知？爲使眾生遠離妄想分別而証實義故，世尊乃爲眾生說：彼諸凡夫所說法「猶如妄想之自性相，不是如實有其法性」。

世尊作如是法義辨正之行，外道不解 世尊所說正義，卻來誹謗 世尊：「云何汝已証解脫之人，卻一生之中不斷執著於聖智所行境界？卻一生不斷執著如來藏？墮於有見之中？而說一切法空非是眞實法？云何以此而破斥衆生對於諸法有自性、無自性之計著，而宣說聖智自性之種種修行事？」爲有如是不解 世尊所說諸法正義之外道衆生，作如是誹謗之言，進而影響佛教中諸學人產生疑惑，是故大慧菩薩爲諸衆生而向 佛提出此問。

如是現象，今亦有之。每有未悟學人，由於末法今時之大師故作如是言，混淆視聽，將余所作種種法義辨正誣爲誹謗僧寶；意謂：僧寶所說法縱使有誤，居士亦不得提出法義辨正。如是執著僧衣，不捨出家身分表相，初不在意法義之修証，亦不在意所說諸法是否誤導衆生；復又誣余爲執著如來藏者，誣余爲墮於外道神我梵我者，謂余所弘如來藏見即是外道之神我梵我思想。

彼等諸人每言余之誹謗僧寶，然余向來不對僧寶作人身攻擊，唯作法義辨正。彼諸大師不能於法義上提出反駁，便對余作人身攻擊，誣謂余爲誹謗僧寶者，欲令余停止法義辨正，停止挽救佛教將傾之一切行，以維護彼諸大師之名聞利養與眷屬。彼等亦謗余爲執著如來藏者，謗爲墮於有見者。今以大慧菩薩適有此問，學人即得據此辨正而探究之。古之外道亦如是謗 佛，謂 佛執著聖事自性相，謂 佛破斥一切法空之邪見爲墮於有見，是故大慧菩薩作此問，佛即得以此因緣而開示正見。

佛告大慧：「非我說空法非性，亦不墮有見說聖智自性事，然爲令衆生離恐怖句故。衆生無始以來計著性自性相，聖智事自性計著相見說空法。大慧！我不說性自性相，大慧！但我住自得如實空法，離惑亂相見，離自心現性非性見；得三解脫，如實印所印；於性自性，得緣自覺觀察住，離有無事見相」：

《大乘入楞伽經》譯作：《佛言：「大慧！我非不說寂靜空法，墮於有見，何以故？已說聖智自性事故。我爲衆生無始時來計著於有，於寂靜法以聖事說，令其聞已不生恐怖，能如實証寂靜空法，離惑亂相，入唯識理，知其所見無有外法；悟三脫門，獲如實印；見法自性，了聖境界，遠離有無一切諸著。」》

世尊如是開示大慧菩薩及末世衆生：「並非我宣說空法不是眞實法，我亦不曾墮於有見之中而說聖智自性之事，只是爲了能使衆生遠離恐怖句的緣故而如此爲衆生說法。因爲衆生自無始劫以來，一直誤計及執著如來藏外之諸法有自體性之法相，所以今天我以眾生對於聖智事自性之誤計等法相，作爲建立正知正見之因緣，而爲衆生演說眞正之空法。大慧！我不說從如來藏出生之諸法有自性相，因爲此等諸法皆是以如來藏爲其自性相故，此等諸法本身並無常住不壞之自性相故。大慧！但是我已住於如實空之法中，遠離一切惑亂相之邪見，遠離自心所現一切法非眞實法之見解；我實因於如來藏而証得空、無相、無願等三種解脫，此三解脫是以如實法之眞實理所印証者，並非依於一切法空之斷滅見而証得者；如是修証者，於諸法自性，可以緣於自覺之智慧而作觀察，如是安住，遠離愚人與凡夫對於諸法實有實無之事相上見解之戲論相。」

佛世尊所說第三法輪諸經中，從來不曾說空法非眞實法，卻常說衆生及未悟之佛教學人，對於阿含諸經正義誤會後所說之「外於如來藏之一切法空、外於如來藏之緣起性空」，爲非眞實法。爲令誤會佛法之衆生及教內學人回歸正見，故說第三法輪諸經如來藏法，宣演依如來藏而有蘊處界一切法空之正法，亦因是故而說大乘別教聖人所証之聖事自性種種法相；凡夫及諸外道誤解 佛意，便評論 世尊爲「於阿含諸經說一切法空，然後又於第三法輪諸唯識經說一切法空非眞實法」，又評論 世尊之宣說如來藏法爲「執著有法，墮於有見」，又評論 世尊宣說大乘別教聖事自性諸法之弘法等行，爲是「計著聖事自性事」，如是種種誤會而妄評 世尊：「初轉法輪至三轉法輪諸經，前後說法不同。」

此類誤會而妄作批評之現象，絕非古時獨有；今時亦有密宗應成派諸中觀師，譬如達賴喇嘛及其隨從者，以及台灣印順法師及其隨從者，悉皆因此誤會而生邪見，不肯承認自己不懂第三法輪諸經 佛意，欲推翻之，以免大衆說其未悟般若及未悟唯識正義，故作種種變相謗法之說而否定第七八識、否定第三法輪諸經。又恐衆人責其謗 佛，故不說 佛於第三法輪諸經所說法有誤，而將世尊所說第三法輪諸經，假藉考証之言，而誣說爲 佛滅後之學人長期結集創造者，斷爲非 佛所說。又言第三法輪諸經所說爲說「空法非性」——妄言佛於第三法輪經中說原始佛教之一切法緣起性空爲非正法。

由是邪見故，便將最究竟了義，勝妙於一二法輪之第三法輪一切種智唯識諸經，斷爲虛妄唯識法，悉不能知其中所說眞實唯識門之正義，便將眞實唯識門之最究竟法亦歸入虛妄唯識法中，便將最究竟之第三法輪諸經貶爲不了義教，貶爲方便說法；以此緣故，致令　佛說眞能令人成佛之究竟實義法門——一切種智增上慧學——成爲虛妄法，不再被佛子大衆之所信受，由此致令後世學人悉皆永絕於大乘別教勝法之見道因緣，亦復永絕於般若種智之最勝法緣。

由彼諸人緣故，今時佛子大衆普遍信受其邪說，誤以爲如來藏法門即是外道之神我梵我思想，誤以爲如來藏法即是常見外道見，誤以爲最究竟深妙之如來藏法非是　佛說；以是緣故，致令今時佛教教義日趨淺化及哲學化、學術化，佛子大衆若有信受其說者，悉皆同以斷見外道所倡之一切法空作爲究竟了義之佛法，然後再以虛妄建立之意識細心作爲連繫三世因果之法，墮於　佛所說之誹謗見與建立見中。

然而彼等所謂考証之言，非可信之。譬如彼等考証：「原始佛教四阿含諸經中，佛未曾宣說第七八識。」今余於諸書中，處處舉証：「世尊於四阿含諸經中多處說有第七、八識」，而彼諸人迄今不能就余所舉証者提出異議。是故彼等所謂考証之說，絕不可信，非是正確之考証故。

復次，佛於第三法輪諸唯識經中所說者，乃是說：外於自心如來藏而說一切法空者，即非佛法，即墮於斷見外道見中。絕非是說：阿含所說依第八識而言之一切法緣起性空非是佛法。是故 佛於初至三轉法輪諸經中，從來不曾說阿含諸經所說之蘊處界空法非是佛法，阿含諸經所說之蘊處界等一切法空，悉是依涅槃本際之第八識心而說蘊處界等一切法空故；第三法輪諸唯識經所說者爲：外於第八識心而說一切法空者非是佛法。此二者差異極大，應成派諸中觀師悉皆故意誤會，將之混爲一譚，名爲凡愚妄想所見，非是佛法之正說也。

第三轉法輪諸唯識經中 佛所說法，莫非如是，皆是破斥外道凡夫所說外於第八識之一切法空，初未曾說「空法非性」—未曾說依第八識而有之一切法空等法非是佛法。月稱、寂天、阿底峽、宗喀巴、達賴、印順師徒等人誤會 佛意，妄說第三法輪諸經爲說「空法非性」，皆是誤會 佛旨之凡夫也。

有諸衆生因聞印順等人所說一切法空—不許有第八識能去至後世，不許有第八識能安住涅槃，便以為佛法之修証必墮斷滅空；彼等不願與印順師徒等人同墮斷見，故生恐懼，以為佛法眞如印順師徒等人所說之一切法空—入涅槃後無有一法餘存，則恐入無餘涅槃之後墮於斷滅空中，故生恐懼。印順等人又復恐人責彼為斷滅見者，是故捨棄 佛所說可知可証之第八識，別行建立子虛烏有「不可知不可証之意識細心」，作為連繫三世生死因果之心，自謂如是建立已，有別於斷見外道。學人聞已，尚無智慧故，便信受之。

然有智之人有朝一日終將明白：捨棄 佛說可知可証之第八識心，別行建立不可知不可証之意識細心，絕非有智之舉；前者可知可証故，符合 佛說聖教量故；後者不可知不可証故，違背 佛說聖教量故。為有極多衆生恐畏斷滅故，又復不解眞正之解脫道故，是故 佛為彼諸衆生宣說聖智自性事，令諸衆生了知：無餘涅槃之修証絕非印順等人所說之斷滅空，所証之空法乃是眞正之空法—如實空，並以第三法輪諸多唯識系經典廣作開示；此諸開示，並非是佛對於聖智自性事有所計著而說者，乃因慈悲，不忍衆生之淪墮故說。外道凡夫不解 佛意，便謗 世尊為計著聖智自性事。

以說大乘別教諸聖智自性事故，令諸恐畏斷滅衆生，聽聞應成派中觀師所說外於如來藏之一切法空斷滅論、無因論已，不生恐畏，能入大乘法教中修証如實空法，將來成賢成聖，是故 佛非計著聖智自性事而說大乘空法，亦非墮於有見而說大乘如來藏之如實空法。

復次，衆生自無始以來，常計著有某一法具有自體常住不壞性，悉不願墮於斷滅；佛觀因緣，知以聖智自性之如來藏法爲其宣說者，必能速入佛道，是故以此爲因，而爲宣說大乘聖智自性之如來藏修証等事，此乃 佛之方便攝引，印順等人不應說之爲同於外道神我梵我也，一爲第八識如來藏法故，一爲外道所計著之第六識覺知心故，二法迥異故。

是故 世尊住於如實空之法中，遠離一切惑亂相之邪見，遠離自心所現一切法非眞實法之見解。然而欲住於如實空法者，必須親証如來藏法，方能了知何謂如實空法？若未親証如來藏者，終究不能稍知般若實相，則非住於如實空法者。 世尊實因証得如來藏而住於如實空法，故能現証空、無相、無願等三種解脫，此三解脫是以如實空法之眞實理所印証者，並非依於一切法空之斷滅見如是而証得者；如是修証者，方能緣於自覺之智慧，而對諸法自性如實觀察。如是安住如實空法之大乘別教賢聖，不墮一切法空之斷滅論中，亦不墮一切法有之常見論中，方能遠離愚人與凡夫對於諸法實有實無之事相上見解之戲論相。

「復次大慧！一切法不生者，菩薩摩訶薩不應立是宗。所以者何？謂宗一切性非性故，及彼因生相故；說一切法不生宗，彼宗則壞。彼宗一切法不生、彼宗壞者，以宗有待而生故。又彼宗不生，入一切法故；不壞相不生故，立一切法不生宗者，彼說則壞」：關於一切法不生這個理論，一切菩薩摩訶薩都不應該建立這個宗旨，若有人建立此一宗旨者，此人必非佛教中眞正之菩薩。

一切法不生之說法，乃是建立法，並非佛法中之眞實法；此謂如是言說，乃是依止於一切法皆無眞實體性之見解而建立之緣故；一切法不生，亦是依於一切法不生之理論而產生之法相觀念而有者。若有人主張一切法不生，建立爲其學說之宗旨，彼所建立如是宗旨必將壞滅。彼等依止於一切法不生之邪見，而建立之宗旨，必將壞滅之故，主因在於此宗旨是有待而生之故。何故名爲有待而生？謂一切法不生之理，相待於蘊處界等一切法而有故，若無蘊處界等一切法生，則必無一切法不生之理論出現人間天上，故說一切法不生之理乃是有待而生之法。復次，一切法不生者，相待於一切法而有；若無一切法之現前，則無一切法不生之法，是故一切法不生之法，乃是相待於一切法之現前而有者，以一切法爲因——故名因待之法、有待之法。有待之法即非眞實相。

復次，彼等所依止一切法不生之理，此宗旨建立已，所建立之宗旨仍然不能外於一切法；彼等所言「本來不生、眞實不壞相」之眞實理，不能外於一切法而出生故，亦不能外於一切法而單獨存在故；由是正理，說建立一切法不生之宗旨者，彼等所建立之此法終歸壞失，彼宗旨不能成立。何以故？此謂一切法不生之理，於一切法壞時，彼一切法不生之理亦將隨一切法之壞而滅失故。佛說眞相識——般若之主體心——則非如是，於一切法壞時（譬如定性聲聞羅漢捨壽入無餘涅槃時滅盡十八界法），其眞相識如來藏仍然獨存而不壞滅，得能單獨自存在於無餘涅槃境界中；於一切時地，亦復無有任何一法能壞之，永無壞時，是名永遠不滅之法；永無滅時，故言本來不生；本來不生故，亦必定永無滅時，如是証者，方名實証不生不滅之實相般若者。

「大慧！有無不生宗，彼宗入一切性；有無相不可得。大慧！若使彼宗不生，一切性不生而立宗，如是彼宗壞；以有無性相不生故，不應立宗；五分論多過故，展轉因異相故，及爲作故，不應立宗分。謂一切法不生，如是一切法空、如是一切法無自性，不應立宗」：若有學人建立有法不生，或建立無法不生之宗旨，彼等所建生之宗旨，仍然不能自外於一切法；謂彼等所建立有法無法不生之宗旨，仍屬一切法所含攝故，此有無法不生之法亦入於一切法中故。

於一切法不生之宗旨中，求証眞實不生不滅之法界實相，或求証空無之相皆不可得。何以故？謂一切法無常變異，終歸壞滅，求其有眞實相不壞者，悉不可得。若求一切法之無相者，亦不可得，謂一切法之無相者，乃是依於「一切法有」而相待建立之法，非本來自有一切法無之體性故。由是故說：「有無不生宗，彼宗入一切性；有無相不可得。」

假使有人建立一切法不生，以一切法不生之理論而建立宗旨，如是建立之宗旨，絕非正論，有朝一日必爲智者所破，宗旨即壞。此因如是宗旨既言一切法不生，則一切三界有法及如實空法，即無可能於一切法不生之際而出生故，自說一切法皆不生故；故說建立此宗旨者，有大過，不應以此理論立宗。

外道建立宗、因、義、喻破、結語等五分論，以此論法而破他宗，往往得勝，此是世間辯論之妙法。然此五分論，必定有其過失，不能避免；何以故？謂五分論之立論者，若未証般若實相之眞旨，則其立論之宗旨已先墮於不如理作意之中；如是而言其因，而宣其義，而作譬喻以破他宗，而作總結等，悉與實相相違，不符法界實相。既不符法界實相，則唯能以勝妙之辯論法而破他人，唯能似有正理而破斥錯悟者所說法，不能眞正破斥眞悟之人所說法，必於其後被証悟實相者所破斥故，必墮負處而自取其辱故，終非完善之理。此謂不如理作意即是外道五分論之最大過失也，由對般若實相之不如理作意故，其後所施設諸辯，悉成空言，皆墮戲論，無有實義。

復次，外道五分論之宗旨，本質乃是依於世間法所作之展轉相因而有之理論，或是外道依於對佛法之情解思惟所得之臆想理論，而以五分論所建立之宗旨；如是未証三乘菩提而建立之宗旨，既先已偏，則其所述之因由必定隨之偏邪；因由既偏，所舉譬喻即成非喻；以非喻之說而破他宗者，隨後所作之結語亦必非正，必定悖違法界實相之宗旨。

是故，外道五分論唯能於世間法之辯論中破立，以勝他宗；若於佛法中，面對眞悟之賢聖時，則必爲賢聖之所破斥—對其五分之論一一破斥。外道聞已，心有所瞋，口有所憒，然於正理辨正一事，終將無所能爲，其宗旨、因由、義理、譬喻及破立、總結等，悉非眞實法故。由是理故，說**一切法**不生宗，不應建立宗旨；雖以外道五分論之殊勝辯論法成立其理論，加以建立，仍有極多過失，不能與眞實之理應對，彼一切法不生宗乃是展轉以世間之一切法爲因故，復與**實相**異相故，亦與世間出世間**一切法**之因異相故，亦是所作法故，不應立宗。

云何一切法不生之理，與一切法異相？謂所云**一切法**者，必非不生之法，已生之法方名一切法故。若**一切法**不生，則是無一切法；既無一切法，尚無一**切法不生之法**，亦無**一切法**出生，云何可謂**一切法**不生之法爲一切法之根源？云何可謂**一切法不生之法**爲一切法之因？故**一切法**不生，不應立宗旨，**一切法**不生之宗旨與一切法之「**因相**」互違故，是名異相因。

云何名一切法不生宗爲所作法？謂一切法不生者，乃因蘊處界法爲緣，復依蘊處界法之顯境名言，加以表義名言之聞熏法義，然後始能有一切法不生之觀點與理論出生，故是所作法；既是所作法，則非本住法；若非本住法，必非一切法界之實相法，不應建立宗旨。唯有法界實相之第八識如來藏爲本住法，爲一切世間法之所依所緣，亦是一切出世間法及無爲法之所依，故得以之建立三乘涅槃之宗旨。

此謂一切法不生者，即是空無所有之法，同於斷滅空，無二無別，同於一切法空說；既是一切法空，則是無法，無法則無常住之自體性，無法則無出生一切有爲法、無爲法之實體性；如是無自性法，焉可立宗而弘傳之？無關解脫故，亦無關成佛之法道故。

一切法不生之宗旨，既與一切法之根本因異相，而且是人爲所作之法，是故不應建立此宗旨分際。此謂：一切法不生，以及類似此宗之一切法空、類似此宗之一切法無自性等說法，都不應該建立宗旨或門派，所以者何？謂如是建立宗旨者，於解脫道及佛菩提道之修証上，悉無關連故。

「大慧！然菩薩摩訶薩說一切法如幻夢，現不現相故，及見覺過故，當說一切法如幻夢性，除為愚夫離恐怖句故；大慧！愚夫墮有無見，莫令彼恐怖，遠離摩訶衍」：

然而眾生聞 佛如是說已，便墮於有中，以為：一切法不生、一切法空既為佛所破斥，則應有一法為一切法之根本。由此知見及誤會 佛所宣說之實相心故，便取三界中之一法作為一切法之所依——譬如取離念靈知心意識為十八界等一切法之所依，亦如取處處作主之思量心意根為十八界等一切法之所依，亦如印順等人之取意識細心為一切法之所依。如是墮於三界一切法中，不能觸証實相心，不離生死輪轉。

菩薩摩訶薩見眾生如是誤解 佛意，墮於有中，便為眾生演說：一切法猶如幻夢。欲令眾生了知一切法（譬如意識與意根）變異無常、暫時而有，或是實可壞滅，非是眞實不壞之常住法。以此為緣，令諸眾生了知蘊處界無常，遠離蘊處界執，別覓實相般若—眞實心如來藏。

菩薩不說一切法實無—不作撥無諸法之一切法空說，而說一切法假有—暫有非常；乃因一切法於事相上確實有—在三界有情身上出現，而非無出現；然因出現一切法時，卻並非眞實出現一切法相故。云何非無現相？謂一切法於世間有情身中確實出現故；云何非有現相？謂一切法在有情身中出現時，並非常住不壞不變法，時時變異，亦將壞滅，故說現不現相。

菩薩摩訶薩復因親見諸法變異無常之本質，及覺悟諸法計著之過失，故應爲諸衆生宣說一切法如夢如幻之體性，不應爲說一切法空、一切法不生，違背現象界有法現前之事實故，不能令衆生得証解脫與佛菩提智故。

復次，有諸衆生自無始劫來，一向恐畏斷滅，不肯面對靈知心虛妄及思量心意根虛妄之正理，而執著之；如是衆生，若於修學佛法時，初始即聞一切法如夢如幻，一切非眞，乃至聞覺知心自己及處處作主之意根自己亦復虛妄，無一非假，輒生恐怖，以爲修証佛法親証涅槃已，必墮斷滅空，由是緣故心生恐懼，不能信受修學。

對此愚癡無智之凡夫而言，彼諸宣演二乘空法之言句則成恐怖句。爲令彼等如是愚癡凡夫遠離恐怖句故，菩薩初見如是類人，絕不說一切法如夢如幻，更不可說覺知心假，不可說處處作主之意根非眞，唯可先爲彼等執有之衆生說如來藏法，令知自身十八界法悉滅已，猶有如來藏自心不滅，是故修學佛法取証無餘涅槃已，絕非斷滅空，實有如來藏常住於絕對寂靜之無餘涅槃「境界」中。執有之衆生聞已，不生恐怖，便樂修學佛法，從大乘別教之佛菩提智而入佛法中。

此是諸佛爲攝受一切執有執無之衆生，而施設之無量方便法門，如是咐囑菩薩。然有一類癡人，不解 佛意，便謂經中如是佛語爲「佛不說有如來藏，佛說如來藏者乃是方便說，實無如來藏。」此即月稱、宗喀巴、歷代達賴喇嘛、印順師徒等人之所說也。

此名誤會 佛意，何以故？謂 佛雖以是方便善巧而攝受執有之衆生，然不等於此法即是假名之方便說也。謂若有人心大，見彼羊車、鹿車，不生愛樂，長者隨爲開示：「門外有大白牛車，汝應往乘。」令生歡喜，如是方便攝引而出火宅，出已便得乘之，安樂自在。不知不見大白牛車之人，聞說此是長者之方便善巧，誤會說者之意，便道實無大白牛車。印順師徒等人亦復如是，聞道佛說如是誘導衆生之善巧方便法門，便謂 佛所說之大白牛車非是實有──謂無如來藏。如是錯解佛意已，更造《妙雲集、華雨集…》等謬論，謗 佛未說如來藏，誣 佛所說爲無如來藏。

亦如對諸畏懼生死輪迴之有情， 佛以蘊處界等一切無常、悉皆緣起性空，令知意識無常變異、易起易滅，令知意根之執著見聞覺知性即是生死之根本，以如是方便善巧而說二乘解脫生死之道。然印順等人不得以此方便善巧故，便言 佛所說之二乘解脫道爲方便說，爲非眞正解脫之道。以此例彼，爲令畏墮斷滅之執有衆生，宣說有如來藏，令証如來藏，証已即知：滅盡十八界而入無餘涅槃已，非是斷滅。如是說法者，乃是 佛之方便善巧。然凡夫菩薩如是聞已，不得以此 佛之善巧方便接引，而說爲如來藏法非有。否則 佛以二乘菩提之方便善巧而接引畏墮三有之衆生者，亦可解釋爲二乘菩提非是正理也；此理既如是，彼理亦當如是故。

由是緣故， 佛大慈悲，眼見愚癡凡夫墮於諸法實有實無之邪見中，不欲彼諸有情心生恐怖、畏墮斷滅空，遠離大乘深妙正法，故咐囑菩薩：應有方便善巧，於此類有情，應先為說如來藏法，令其修証；証已了知如來藏實有，確實可証，方為宣演十八界法之意識覺知心無常變異、易起易斷，方為宣說意根思量心之可斷可壞，非是實相法，令斷我執，成大乘阿羅漢。此乃 佛之慈悲方便施設，然不得踵隨印順師徒之邪見，將 佛此一度衆之善巧方便，曲解為如來藏法非實有，曲解為 佛未說如來藏法實有也。

「爾時世尊欲重宣此義而說偈言：無自性無說，無事無相續；彼愚夫妄想，如死屍惡覺。」《大乘入楞伽經》譯作：「無自性無說，無事無依處；凡愚妄分別，惡覺如死屍。」

衆生所有之三界一切法，皆無自己常在不滅之體性；而一切言說亦皆無自己常在不滅之體性，一切事相所見之一切法，亦悉無有常在不壞之自體性，悉依如來藏而現起暫有故。一切諸法在事相上之連續不斷者，實亦依止如來藏而直接間接現有，方能連續現行，並非自己有常在不壞而永恆相續現行之體性。然衆生不解，執為實有，不能暫捨如是邪見，執我不斷，因此緣故流轉生死。衆生以為覺知心之自我實有不壞，以為覺知心可以來往三世，可以去至永遠之無量世；然而此見虛妄，非是正見；如是邪見，猶如有人妄言：死屍能起邪惡覺觀。如是妄見，其實非有眞實法義。

菩提流支譯爲：「無自體無識，無阿梨耶識；愚癡妄分別，邪見如死屍。」謂親証涅槃諸聖，現觀十八界等法皆無自在之體性，現觀三乘諸聖入涅槃已，悉滅十八界法，我尚不存，何曾有我覺知自心阿賴耶識存在？如是親証涅槃者，其自心如來藏中所藏之一切分段生死種子悉已滅盡，阿賴耶性（分段生死種子之集藏性）悉已滅盡，是名捨阿賴耶識，其第八識已轉變內含種子而改名第九異熟識，說爲阿賴耶性已捨，故說此際已無阿賴耶識。

「一切法不生，非彼外道宗；至竟無所生，性緣所成就。」《大乘入楞伽經》譯作：「一切法不生，外道所成立；以彼所有生，非緣所成故。」

彼諸外道及佛門之諸凡夫所建立之一切法不生，皆是離於佛法而作是說；如是建立宗旨者，違背實相般若正義，違背世間與出世間法之正理，不應建立爲實相之宗旨。彼等所說諸法畢竟不生者，如是言說建立，仍然不能外於三界諸法，其實仍以三界諸法爲緣，方能成就其一切法不生之理論。是故彼等所說諸法畢竟不生者，所說理論不能觸及法界之眞實體性，仍然是依諸法爲緣所成就之說法。一切証悟而有般若智慧者，絕不作如是一切法不生之妄想；彼等應成派古今諸中觀師，建立一切法不生及一切法空之宗旨，其實皆是從於他法爲緣而出生，因蘊處界有而建立一切法空、一切法不生之理；若離蘊處界法，則無一切法空、一切法不生之理，故一切法空、一切法不生，純是想像建立之法，是依他起性之緣起法，所言永遠不能觸及第一義諦—不能言及法界實相之如來藏心體；一切覺悟實相之大乘賢聖，悉皆除滅此種妄想。

「一切法不生，慧者不作想；彼宗因生故，覺者悉除滅。」《大乘入楞伽經》譯作：「一切法不生，智者不分別；彼宗因生故，此覺則便壞。」

一切法空，一切法不生，有智慧者絕不作如是妄想；唯有誤會佛法而自以爲有智慧者，方作如是妄想。譬如印順法師言：《…又如「大乘佛法」以勝義諦爲先，尤其是『般若經』的發揚空義。空是無二無別的，一切法平等，所以空中無善無惡，無業無報，無修無証，無凡無聖。在「**一切法空**」的普遍發揚中，不免引起副作用，如吳支謙所譯『慧印三昧經』說：「住在有中，言一切空；亦不曉空，何所是空。內意不除，所行非法。口但說空，住在有中。」西晉竺法護譯的『濟諸方等學經』也說：「所可宣講，但論空法，言無罪福，輕蔑諸行。」談空而輕毀善行，是佛教界的時代病，難怪原始的『寶積經』要大聲疾呼：「寧起我見若須彌，非以空見起增上慢。所以者何？一切諸見依空得脫，若起空見，則不可除。」「大乘佛法」興起，「佛法」與「大乘佛法」的相互抗拒，談空而蔑視人間善行，龍樹的時代，已相當的嚴重了！》（《印度佛教思想史》頁128。印順此處所謂佛法，係指四阿含諸經所說法；所謂大乘佛法係指般若系及唯識系等二三轉法輪諸經所說法。）

然而印順自身正是 佛所斥「住在有中，言一切空」者，正是 佛所斥「亦不曉空、何所是空？」者，正是 佛所斥「內意不除，所行非法」者，正是佛所斥「口但說空，住在有中」者，彼所造諸書，今已在大陸佛教界諸佛學院師生間，造成多起「言無罪福，輕蔑諸行」之嚴重後果。

云何言印順「住在有中，言一切空」？謂印順建立意識細心爲常住不壞法，以之連繫三世因果業力故。既以意識心爲常不壞法，即是墮在三界有中，佛說**一切粗細意識皆意法為緣生**故，說**一切粗細意識皆是三界有**故。如是，印順既執意識細心為常住不壞法，則是住在有中，而其一切著作中悉言一切法空，故說印順法師即是 佛所斥「住在有中，言一切空」者。

云何言印順是 佛所斥「亦不曉空、何所是空」者？謂印順一向以一切法空為般若之理，不曉 佛說般若空性之理乃是非心之心、無心相之心—第八識如來藏之體性，不知 佛以此**空性理**而說蘊處界及衍生之一切法無常變異空，是故錯以外於如來藏之一切法空之斷滅空，作為般若正理，是故判教時斷定般若經旨為性空唯名，令般若實相正義淪為唯名無實之虛相法戲論中。

云何言印順是 佛所斥「內意不除，所行非法」者？謂印順數年以來，閱余諸書已，應已了知自法之虛妄非眞，然而多年以來，未見其作更正邪謬、導正學人之言論，坐令隨學諸人繼續誤導衆生、破壞 佛之阿含諸經正法眞義，如是緣故名為內意不除者；如是行其不作修正之行，故名印順為所行非法者。

云何言印順是 佛所斥「口但說空，行在有中」者？謂印順一向說一切法空，余數年來以書公開諫之、破之，而彼自知法謬，是故都無出面辯駁之行；

既知法謬，當出之以修正之行，然數年來未見其作公開修正邪思之正行，如此不作為之心行，乃是貪著名聲及眷屬恭敬之心行，亦復坐令隨學法師居士召開印順思想「研討會」（其實是印順思想表揚會，非是研討故），如是坐令徒衆大作闡揚一切法空邪法之行，不加制止，以護名聞，冀垂青史，是名「口但說空，行在有中」者。以如是邪見而著作之《印度佛教思想史》，與印度之佛教思想之歷史事實出入極大，其書中所言諸事，可信受乎？有智之人，盍共思之！

復次，印順所言：《「大乘佛法」興起，「佛法」與「大乘佛法」的相互抗拒，談空而蔑視人間善行，……》等語，絕非事實。所以者何？謂阿含諸經並因般若諸經之中道觀及唯識諸經之一切種智等「大乘佛法」之勝妙，而建立「佛法」所說，與「大乘佛法」之般若諸經所說者，並無絲毫相互抗拒之事，阿含諸經之法義，令阿含正義永遠立於不敗之地，令一切人天及諸外道永遠不能破之；是故大乘佛法乃是護持阿含「佛法」，而非與阿含「佛法」相互抗拒。印順依應成派中觀之邪見，而錯解般若及唯識經義，復又錯解阿含經義，故生矛盾之感，生起相互抗拒之想，故作如是違背印度佛教思想歷史事實之言。如是，其印度佛教思想史前後所說，悉皆違背印度佛教思想之歷史事實，絕非眞實語。

由是前後三乘諸經所顯法義並未演變之事實，及余諸書所舉印順、宗喀巴等人誤會三乘諸經法義之事實觀之，可証印順等人所說「一切法空、性空唯名、一切法不生」等說，皆是妄想思惟所得，絕非眞正之佛法；非唯違教，亦且悖理。而彼等建立「一切法空、一切法不生、性空唯名」等宗旨，作是言說者，悉屬從於他法爲因所出生之理論，絕非眞正佛法，同於外道見故。一切眞正証悟二乘菩提之大乘通教菩薩絕不作是言論，已於大乘別教菩提覺悟實相之佛子，亦皆除滅如是妄想，乃至出而破邪顯正，不令佛教正法受彼等外道見者破壞，不令今時後世學人受彼等外道見所誤導。

印順又言：《緣起與空性，不是對立的，緣起就是空性，空性就是緣起。從依緣而起說，名爲緣起；從現起而**本性空**說，名爲空性。出發於緣起或空性的經典，所說各有所重，而實際是同一的；說得不同，只是應機的方便。》

（正聞出版社《印度佛教思想史》頁 129）

由此可見，印順所說之空性，與密宗應成派中觀邪見所說者，完全相同，悉以緣起性空作爲　佛所說之般若空性。然而　佛於三乘諸經中說法時，所說之空有二種法：一謂諸法空相，二謂萬法本源之空性—第八識如來藏。佛於三乘諸經中，悉以第八識空性心而說一切法緣起性空，彼印順與宗喀巴等密宗應成派中觀師，悉皆誤解　佛意，未曾親見三乘道之其一，便作種種誤導衆生之說，妄謂「**空性即是緣起，緣起即是空性**」，若是，則佛法同於斷滅見外道法，**同以緣起性空爲空性故**；若否，則印順與宗喀巴等人所說，即是悖違　佛旨，非是佛法，有智之人鑑之。

「譬如翳目視，妄見垂髮相；計著性亦然，愚夫邪妄想。」《大乘入楞伽經》譯作：「譬如目有翳，妄想見毛輪；諸法亦如是，凡愚妄分別。」

譬如眼中有翳障者，觀看色塵時，妄見垂髮之相，而自不能了知彼是垂髮之相，誤以爲眼前有毛繩遮障。彼諸誤計解脫、誤計般若實相，而執著於法之佛門凡夫與諸外道，亦如彼翳者一般，不能親見法界體性之眞實相，妄作種種臆想揣測之辭，籠罩學人，所說諸法、所造諸書，皆是愚人凡夫所作之偏邪虛妄想。

「施設於三有，無有事自性；施設事自性，思惟起妄想。」《大乘入楞伽經》譯作：「三有唯假名，無有實法體；由此假施設，分別妄計度。」印順判斷般若諸經之中心思想爲性空唯名，然實大謬；若必欲言性空唯名者，阿含諸經所說之蘊處界緣起性空，蘊處界萬法等一切法悉無自性，斯可名爲性空唯名，而仍非完全正確；謂此等一切法緣起性空者，唯是名色之名之作用故，而名（受想行蘊及六識與意根）乃緣起法，其性本空故，非是自在法故；仍非完全正確者，謂　佛於四阿含諸經中所說之蘊等萬法緣起性空，乃是依涅槃本際之如來藏而說故，絕非猶如印順師徒與宗喀巴等人外於如來藏而言萬法緣起性空故。

佛爲令諸衆生得以親証涅槃而出分段生死，乃施設三界有之法相，本無事相上之眞實自性，謂三界有悉皆暫時假有，受想行識亦是名之施設，是因緣所生法故，假有唯名故，非有常住不壞之自在體性故。衆生之無知者，聞　佛說已，不解　佛意，乃踵隨印順法師之隨言取義，於五蘊事相上施設之自性，作種種思惟而起虛妄之想，非智者也。

「相事設言教，意亂極震掉；佛子能超出，遠離諸妄想。」《大乘入楞伽經》譯作：「假名諸事相，動亂於心識；佛子悉超過，遊行無分別。」

世尊出現於人間，爲令衆生得益，故於三界有之法相上，施設五蘊、六入、十二處、十八界等法，爲衆生宣說此等諸法之緣起性空，亦爲衆生宣演諸行無常等法，復爲衆生宣說涅槃本際離一切法：無眼耳…身意，無色聲…觸法，無眼識…乃至無意識界，無無明乃至無老死等，亦悉滅盡，故名涅槃寂靜。作如是種種言教，而爲衆生說法。然衆生之執著蘊處界法，不捨我見者，便於 佛說此諸現象界中種種事相之虛妄相不能領納，意亂情迷，不知 佛旨所趣，便於 佛所宣說之一切言教上，產生極嚴重之震撼與掉舉，不能信受 佛所說法，便生抗拒之心，別別施設意識之變相境界，以之作爲 佛所說之眞如心，不肯死卻意識覺知心我見及執著。譬如密宗應成派中觀之印順法師等人，建立意識細心爲 佛所說之眞如，不肯死卻意識我見，不肯依 佛所說求証第八識如來藏，即是現成事例也。諸佛之法子——諸地菩薩——則能超出此等施設，於眞實理之修証上，能遠離如是種種虛妄想。

「非水水想受，斯從渴愛生；愚夫如是惑，聖見則不然。」《大乘入楞伽經》譯作：「無水取水相，斯由渴愛起；凡愚見法爾，諸聖則不然。」凡夫衆生愚迷無智，不知解脫之要道，故於識蘊之六識心—能見聞覺知者，生諸不如理作意之妄想，自謂眞實無訛，自謂彼意識心爲常住不壞法，爲生命之眞實體；猶如夏日遠處熱沙地上之陽焰，其實非水，傍生衆生於大渴時，卻將所見遠處陽焰，作有水之想而信受之，追逐不捨終至渴死。世間愚人同諸外道，不解 佛所宣演解脫道與佛菩提道之眞實義，執著意識之粗心與細心不捨，至死不能轉易，永淪生死有大海，不能出離。

如是認定意識之粗細心不捨者，乃是從彼心中之渴愛而出生之妄想，渴求覺知心常住不壞，渴求覺知心能受一切境界，永遠不捨，不樂涅槃之寂滅境界；若有眞悟之人，如實爲說無餘涅槃滅盡十八界之境界者，彼等諸人悉皆不能信受，反生瞋恚而誹謗之；猶如今時余以無餘涅槃正理，於拙著《邪見與佛法》中爲大衆宣說蘊處界如實空之正理，令知無餘涅槃中唯有如來藏不滅，普令衆生不墮意識粗細心之種種變相中，而愚迷之人執著覺知心我不捨，反於我所說正法，起誹謗之身口意行；愚癡凡夫如是迷惑，聖人之見解則不如是。

「聖人見清淨，三脫三昧生，遠離於生滅，遊行無所有。」《大乘入楞伽經》譯作：「聖人見清淨，生於三解脫；遠離於生滅，常行無相境。」

聖人之知見，乃是清淨之知見，不墮十八界法中，絕不以十八界法中之意識心或意識之變相爲眞實法，亦絕不以意根可滅之法爲眞實法，了知意根即是生死輪迴之最大執著者。由具此十八界法之眞實現觀智慧故，空、無相、無願三解脫門之三三昧已經出生，是故能遠離生死法，後世可以不再輪迴生死，而起受生願，不畏隔陰之迷，再受生死；此是親証二乘菩提而住大乘法中，發起受生願，修行菩薩行。

然菩薩所修証者，非唯二乘菩提，故離生滅有爲之邪見，非二乘聖人所知。此謂二乘聖人所証者，乃是依現象界之蘊處界空相而言之、而修之、而証之，未証法界之眞實體性，不生實相般若智慧，所依止而修証之法，乃是五蘊生滅之法；雖然能離有爲生滅之五蘊法，而於捨壽時能取無餘涅槃，然此涅槃之修証，實依生滅有爲之蘊處界法而修証者。

菩薩不然，除親証蘊處界諸法之空相以外，尙須親証蘊處界所依之法界實相心—如來藏心—由親証實相心故，親証不生不滅之實相法，是故遠離二乘愚人依生滅有爲之蘊處界法所証之不究竟解脫見；亦遠離外道凡夫所墮之覺知心常住不壞等我見，現觀如來藏之從來無所得，亦現觀蘊處界於萬法中所得諸法悉皆暫有實無，由是深妙正見故，菩薩常遊行於無所有之境界中。

「修行無所有，亦無性非性；性非性平等，從是生聖果。」《大乘入楞伽經》譯作：「修行無相境，亦復無有無；有無悉平等，是故生聖果。」

菩薩所修証之法，雖屬無所有、無境界法，然非凡夫臆想之無所有空，亦非無法之空相，所証確有眞實法性；此謂菩薩所証之如來藏空性，並非印順與宗喀巴等人所說之緣起性空—空無之空，而是緣起性空所依，能生緣起諸法之一切法根源—如來藏，由此藏識於三界六塵萬法中悉無所得，故名空性；由此識迴無覺知心與思量心之心性而不取六塵萬法，故名空性；由此心之恆住不滅，非任何有情所能破壞，故名空性。菩薩如是親証般若實相空性，故不墮入錯誤之法見中，永不隨於外道言語，永不隨於錯悟大師言語，自有見地，能廣益衆生。

菩薩由如是修証故，親見正法與非法悉皆平等，同皆由自心如來藏出生故；現見自無始來所現行受用運作之一切法，無有一法非由自心如來藏出生故。菩薩由此証悟故，出生慧眼，具諸正見，由此而出生了聖果。

「云何性非性？云何爲平等？謂彼心不知，內外極漂動；若能壞彼者，心則平等見。」《大乘入楞伽經》譯作：「云何法有無？云何成平等？若心不了法，內外斯動亂；了已則平等，亂相爾時滅。」

法與非法之見，唯是二乘聖人所有，菩薩親見一切**正法與非法**皆從自心如來藏直接或間接出生，同是自身之平等心如來藏所生，本質並無**正法非法**差別。然爲令衆生於佛菩提之修証不入歧途故，乃爲衆生方便宣說**法與非法**，自心則無**法與非法**之見，已親証彼**法與非法**皆是如來藏所出生之法性故。

然諸愚癡二乘聖者，不能了知如是**法與非法**皆是自心如來藏種子所生，誤作「**有法眞實，有法非眞**」，便生二見；二乘聖人由是緣故，唯証解脫，能出三界分段生死，而不能了知般若實相之不二正理，是故便有**正法**與**非法**之差別心相，乃至爲人演說**正法**與**非法**諸相。菩薩雖亦爲人演說正法與非法諸相差別，然已遠離**正法非法**之分別心，由慈愍衆生愚癡故，欲救衆生迴歸正道故，乃起心而爲衆生宣說**法**與**非法**差別，愚痴而復貪求名聞利養之大師等人，往往便謗菩薩爲執著法與非法之相。

此等大師凡夫，由於不能了知實相正理，以爲實有外法爲自心意識見聞覺知所觸；復因不斷我見，執意識心爲常住不壞法，以致不能了知意識虛妄，故墮意識相應境界，不能遠離意識相應境界，則必隨於意識相應之六塵境界而轉，如是等人必生誤解：認爲內外一切法皆極漂動無常。以彼等大師凡夫未悟般若正理，不知意識虛妄，或不知意識本質，墮於意識心中而自謂非是意識；由是妄見而自以爲已離意識境界，是故於意識相應境界隨轉不已；既於意識相應境界隨轉不已，則必覺知內外一切法皆極漂動，是故心不能安。

菩薩現見內外一切法皆是自心如來藏之現量，亦見一切正法與非法悉是直接或間接由如來藏中出生，本是自心如來藏之現量，無有內外之分。凡夫不知此理，是故生諸妄見，心生內法外法之分，住於不平等見中而自謂已得平等見，是故初聞正確法義時，發覺與己所知之法差異極大，心極震掉。佛子若能依於正見，依善知識之所教導，不依表相大師依文解義之旨、不依錯解經義之旨而修証者，則能摧壞彼等邪見；摧壞邪見已，心則可以住於平等見中。

爾時大慧菩薩復白佛言：「世尊！如世尊說：『如攀緣事智慧，不得是施設量，建立施設；所攝受非性，攝受亦非性；以無攝故，智則不生，唯施設名耳』；云何世尊！為不覺性自相共相異不異故，智不得耶？為自相共相種種性自性相隱蔽故，智不得耶？為山巖石壁、地水火風障故，智不得耶？為極遠極近故，智不得耶？為老小盲冥、諸根不具故，智不得耶？世尊！若不覺自共相異不異、智不得者，不應說智，應說無智，以有事不得故。若復種種自共相性自性相隱蔽故智不得者，彼亦無智，非是智。世尊！有爾燄，故智生，非無性會爾燄故名為智。若山巖石壁、地水火風、極遠極近、老小盲冥、諸根不具，智不得者，此亦非智，應是無智；以有事不可得故。」

佛告大慧：「不如是無智，應是智，非非智；我不如是隱覆說。攀緣事智慧不得，是施設量建立；覺自心現量，有無有外性非性，知而事不得；不得故，智於爾燄不生；順三解脫，智亦不得。非妄想者無始性非性，虛偽習智作如是知。是知彼不知，故於外事處所相性無性，妄想不斷。自心現量建立，說我我所相，攝受計著。不覺自心現量，於智爾燄而起妄想；妄想故，外性非性，觀察不得，依於斷見。」爾時世尊欲重宣此義，而說偈言：

有諸攀緣事，智慧不觀察；此無智非智，是妄想者說。
於不異相性，智慧不觀察；障礙及遠近，是名爲邪智。
老小諸根冥，而智慧不生；而實有爾燄，是亦說邪智。

疏：《爾時大慧菩薩復白佛言：「世尊！猶如世尊所說：『譬如有人於覺知心所攀緣諸事相上之智慧，不能証得皆是施設之事實，不知皆是建立施設；不能証知所攝受諸法非眞實法，能攝受之性亦非眞實法；以於此智慧不曾攝取故，智慧則不出生，所知諸法則唯是施設之名相爾』；云何世尊！彼等諸人爲是不覺悟法之自相共相有異及有不異故，智慧不能証得耶？爲是法之自相共相上種種法之自性相隱蔽故，令智慧不能証得耶？爲是山巖石壁、地水火風障礙故，令智慧不能証得耶？爲是年紀太老太小、眼盲不見、諸根不具足故，令智慧不能証得耶？世尊！若是因爲不覺悟自共相之有異與不異，而說智慧不能証得者，不應該說是智慧，應該說是無智，因爲有事相上之智慧不曾証得故。如果是因爲種種事相上之自共相法之自性相隱蔽故，使得智慧不能証得者，彼亦不得言是智慧，應非是智慧。世尊！衆生因爲常有不令見聞知覺性消滅之執著爾燄，所以分別種種法之智慧才可出生，並非沒有此一爾燄而能使智慧出生而可名爲智慧。如果是因爲山巖石壁、地水火風、極遠極近、老小盲冥、諸根不具，而使得智慧不能証得者，此亦非是智慧，應是無智；因爲有事相上之智慧不曾証得故。」

佛告訴大慧菩薩：「不是如你所說之無有智慧，應是智慧，不是非智慧；我不是如你所說一般隱覆而說。攀緣於事相上之智慧不曾証得者，是施設現量之假名建立；覺悟一切法皆是自心示現之事實，法有與法無等心外所現一切法，皆非眞實有之法，能如是了知而証知事相上之一切法皆非實有——皆不可得；如是証知心外一切法皆不可得故，因此智慧而使爾燄不再出生；便能隨順三解脫，隨順三解脫已，智慧亦不可得——智慧亦不現前。並非猶如彼諸虛妄想者自無始劫來所熏習之「一切法非法」等虛僞熏習之智慧之所知者。由是故知彼等凡夫不能了知，故於心外所現事相諸法之處所法相上，產生一切法緣起性空、無一眞實之邪見，導致虛妄想不能斷絕而恆常存在。我釋迦牟尼對於一切法皆是自心所現之事實而作之建立，目的乃是說明：衆生對於我相與我所相不知其幻，故攝受不捨，計著爲實有。不能覺悟一切法皆是自心所現之事實，於解脫智及般若智起諸虛妄想；由諸妄想故，對於心外一切法非是眞實法之義理，雖努力觀察而不能証得，所以便依止於斷見。」爾時世尊欲重新宣示此眞實理，而說偈言：

若有人說：於種種覺知心所攀緣之法上，其智慧不能觀察；
如是而說爲無智慧者，以此能觀世法而說智慧者，
非是眞正之智慧，乃是虛妄想者所說之智慧。
若於諸法即是自心之體性與法相，並無相異，於此不能觀察，

而說：不能觀察事相上諸法故名無智，說能觀察事相諸法者爲有智，而說：因爲障礙及遠近…等，故不能証得智慧，如是說法者所說之智慧，名爲偏邪之智。

若有人說：因爲老小及六根暗鈍，所以觀察事相諸法之智慧不能出生；然而如是了境之智慧其實仍有不願令見聞覺知性消滅之爾燄存在，如是所說之智慧，亦是偏邪之智慧。》

解：爾時大慧菩薩復白佛言：「世尊！如世尊說：『如攀緣事智慧，不得是施設量，建立施設；所攝受非性，攝受亦非性；以無攝故，智則不生，唯施設名耳』；云何世尊！爲不覺性自相共相異不異故，智不得耶？爲自相共相種種性自性相隱蔽故，智不得耶？爲山巖石壁、地水火風障故，智不得耶？爲極遠極近故，智不得耶？爲老小盲冥、諸根不具故，智不得耶？世尊！若不覺自共相異不異、智不得者，不應說智，應說無智，以有事不得故」：

佛法傳至今時末法，已經世俗化及淺化，大衆悉以世俗化及淺化後之所謂佛法作爲眞正之佛法，故令末法時期之正法益發不能彰顯，微妙正法幾已失傳。此類事相，在佛世已有，而未如今時之嚴重也。以有此事故，大慧菩薩故意以此問 佛，藉 佛口親說，而令衆生信受之。然因佛法本已深奧微妙，加以佛經語句艱深難解，是故今時一切學人幾已不能眞實了知大慧菩薩此段問語之意義；今以演繹此經故，令大慧菩薩與 佛問答之眞旨，得眞實呈現於末法之今時學人眼前，令大衆悉知大慧菩薩與 佛之意旨。

末法之今時，諸多大師與學人，悉依事相上所作之觀察而開示佛法，誤解佛意，是故彼諸弟子勤修久修佛法，而皆不能親証之，咎在學人受諸末法大師邪見誤導，將世俗化、淺化之世間法上智慧，作爲 佛所說之菩提智。

猶如 世尊所說：「譬如有人於覺知心所攀緣之種種事相上而作觀察，如是智慧，不能証得『事相法上所說之緣起性空等理皆是施設』之事實，不知此等蘊處界緣起性空之法皆是依世間有而建立施設；不能証知所攝受諸法非眞實法，亦不能証知能攝取領受六塵諸法之心性亦非眞實法；以於此二乘解脫之智慧不曾攝取故，智慧則不出生，所知諸法則唯是施設之名相爾。」

世尊如是開示二乘菩提智已，彼等古今大師諸人仍不能知 世尊之意，以爲世尊所說之智慧即是觀察世間有之智慧，是故主張：一切法空即是般若智慧。墮於世間有中，不離現象界。

古時學人所墮之世間有，異於今時大師學人所墮之世間有；所以者何？謂古時大乘學人誤會佛法之狀況，異於今時大師學人之誤會佛法。古時大乘學人聞熏聲聞法已，能知 佛說蘊處界空之理，而不能如阿羅漢之眞知：「蘊處界空已，非是斷滅空」，是故彼時諸方大乘學人不誤執覺知心（離念靈知心）爲常住不壞法，而認爲 佛所說之般若即是：六根六塵六識悉皆虛妄不實，無一眞實法。由是不解 佛意故，誤認 佛所說之般若意旨爲一切法空，墮於斷見中；以畏斷滅空故，我執不能斷除，雖在當時身是大師，卻仍處在凡夫位。

今時之諸方大師與學人，則皆同認覺知心（離念靈知心）爲常住不壞法，不能現觀覺知心之虛妄，墮於常見外道之常見見中，悉是不能証知五蘊空者；而復私下異口同聲反對余所說法，認爲離念靈知心即是 佛所說之如來藏，認爲即是 佛所說本來無念之如來藏，迥異古時大慧菩薩所說之誤會佛法者。

然古時與今時同有一類誤會佛法者，彼等諸人爲衆生所宣說之佛法智慧，初無二致，悉皆同以覺知心所能觀察之世間法，作爲所觀察對象，悉言應於世間法之貪瞋慢疑等法中觀察，以返觀覺知心自身是否於世間法上曾起貪瞋慢疑等心行？以如是觀行作爲佛法之正修，是名誤會佛法意旨之凡夫也。古今同有如是類人，同屬誤會佛法、淺化佛法之誤會　佛說智慧者。如是觀行悉皆外於自心如來藏而作觀行，不能了知　佛說般若空性之正理，是名淺化、世俗化後所誤會之佛法也。

佛說大乘般若正理者，謂一切法非即自心如來藏，亦非異自心如來藏；由非即故，菩薩於世間不生諸法之執著；由非異故，菩薩不厭世間諸法，故能勇發菩薩大悲大願，世世受生人間救護衆生，而不畏懼生死輪迴。

世尊有時爲諸貪欲執著深重之衆生求証解脫道故，爲說貪瞋慢疑之應斷應除，此乃二乘初果人所應進修解脫之正理，名爲斷除三界愛，然非大乘般若之正理；彼諸古今大師不知其間異同，便將二乘解脫道正法與大乘佛菩提道正法互相混淆，不能了知其分際。

復又錯解佛意，妄對學人開示：「觀察貪瞋慢疑等心行，盡力修除之，即是佛法之正修。」而不能了知二乘菩提之主要在於：修斷我見與我執——斷除對於覺知心我之執著，斷除對於處處作主之意根自我執著。是故唯教弟子斷除貪瞋慢疑等心行，而不教弟子斷除我見與我執；如是教令徒衆依之修行，悉皆不能斷除我見與我執，皆不在斷除覺知心我常住不壞之我見上用心，亦皆不在斷除思量心意根是眞實法之我執上用心，故說今時之大師與學人誤會佛法，異於古時進修大乘般若之二乘愚人。

如此今時誤會二乘菩提與般若正理之大師，非唯今時有之，古已有之，是故大慧菩薩有如是問：「爲是不覺悟諸法之自相共相有異及有不異，故佛法之智慧不能証得？或者是於諸法之自相共相上，因爲種種法之自性相隱蔽故，而令智慧不能証得？或者是因爲山巖石壁、地水火風障礙，故令智慧不能証得？或者是年紀太老太小、眼盲不見、諸根不具足所障礙，故令智慧不能証得？」

末法之今時，多有法師居士開示：「汝諸學人愚癡無智，因爲年歲太大而昏昧，或因年歲太小而無知，或因其餘種種原因之障礙，而不能觀察貪瞋癡慢之虛妄不實，是故不能証得解脫。」如是諸人，異於 佛說之應斷我見我執，專在我所用心，云何能証二乘解脫之道？貪瞋癡慢等法乃是覺知心我與思量心我之心所有法故，不離我所。若人不能直接從斷除我見我執上用心觀行而斷除之，專在我所上用心，所作觀行皆與斷除我見我執無關，則永不能証得解脫果，永不能分証解脫乃至滿証。如是所言修行之理，即是今時淺化後之修學佛法理論也。

彼諸外道亦復如是令人修除貪瞋慢疑等法，佛教諸大師亦復如是教人修除貪瞋慢疑等法，則佛教法義及修行法門無異外道法教，同於外道墮於三界有之世俗法，有何可取之殊勝處？外道不曉覺知心虛妄，今時之佛教僧寶亦不曉覺知心虛妄，同皆教人以覺知心遠離我所等法，悉皆不欲令「覺知心我思量心我爲常」之常見斷除，則佛教法義與外道應同，應無勝妙處；如是，則佛教倡言可令人証得解脫者，外道所言亦應可令人証得解脫，所說、所修、所証無異故。如是佛法則與世俗化之外道法無異，則不可言佛教超勝一切世間宗教也。

是故，般若慧與解脫慧之証得，非在世間智慧上修証，非在我與我所之功能上修証，非在貪瞋慢疑等我所上修証，而應在現觀覺知心我與思量心我虛妄不眞上修証，如是而証解脫果。應在現觀自心如來藏上修証，應在現觀一切法與非法皆是如來藏所顯現，一切外法非有實性，如是而証佛菩提智。不應在貪瞋慢疑上用心，佛道之修証非在世間智上用心故，當在斷除我見與我執上用心而証解脫果故，當在取証如來藏而發起般若慧之現觀故。若人不在此二正道上用心者，則彼智乃是世間人之智慧，非是佛法所說二乘菩提智，亦非大乘佛菩提智，於佛法中應名非智。

若言能於世間法之貪瞋慢疑等法現觀，即可言是佛法智慧者，此非佛法眞正智慧；此謂貪瞋等法之現象極多，復有自身及他人之煩惱障種子無量無數，非諸阿羅漢所能具知，不能具足現觀；若不能具足現觀，即非覺悟自共相之有異與不異者，如是而言智慧未曾証得者，即應名爲無智，不應言証得智慧，尚有蘊處界之事相上智慧不曾証得故，是故不應以觀察貪瞋等法爲佛法之智慧。

「若復種種自共相性自性相隱蔽故智不得者，彼亦無智，非是智。世尊！有爾燄，故智生，非無性會爾燄故名爲智。若山巖石壁、地水火風、極遠極近、老小盲冥、諸根不具，智不得者，此亦非智，應是無智；以有事不可得故」：末法時之佛門行者，大多誤會三乘智慧之旨，以爲能常保一念不生而見聞了了分明，不貪不厭諸法者，即是有智慧之人。觀乎徐恒志居士《般若花》書中所說者，莫非此意。然此乃是世俗智，與二乘菩提智及大乘佛菩提智無關，不可以之作爲佛法也，外道亦作如是觀行故，佛終不說如是觀行爲佛法正修故。

如果是因爲種種事相上之自共相法之**自性相**隱蔽故，使得智慧不能証得者，彼亦不得言是智慧，應非是智慧。譬如有人觀察微細貪、微細瞋……等，以之作爲佛法智慧，如是從自相觀察已，復觀察他人如是微細貪…等共相，以之爲佛法正修者，必於共相上有所缺失，不能具知；由不能具知故，則不能証得解脫果；如是應名非智，不得名之爲智。然世尊所說解脫果，非於如是事相上之自相與共相現觀，而在斷除六七識之我見與我執上現觀；如是現觀已，不必具觀共相（他人之貪等）是否已斷，但觀他人之我見與我執斷與未斷，即知彼人是否已解脫，是否已証解脫果。

於佛菩提道亦復如是，但証自心如來藏已，便得同時觀見共相他人之如來藏；聞其人所說，即知其人是否已証如來藏。由現觀自心如來藏已，即知他人之如來藏亦復同具如是種種性自性，不須由他人共相而知。如是証者，方名佛法所說之解脫智與佛菩提智。

然而衆生聞 佛所說：「譬如有人於覺知心所攀緣之種種事相上而作觀察，如是智慧，不能証得『事相法上所說之緣起性空等理皆是施設』之事實，不知此等蘊處界緣起性空之法皆是依世間有而建立施設；不能証知所攝受諸法非眞實法，亦不能証知能攝取領受六塵諸法之心性亦非眞實法；以於此二乘解脫之智慧不曾攝取故，智慧則不出生，所知諸法則唯是施設之名相爾。」今時多諸法師居士聞 佛開示如是義已，不能解義，滋生誤解，便欲如徐恒志及上平居士之以離念靈知心了然於六塵法，以之作爲智慧，悉名錯解佛法者也。

若如徐恒志及上平居士之所謂智慧者，則有過失：謂衆生因爲常有不令見聞知覺性消滅之執著爾燄，所以分別六塵種種法之智慧才可出生，並非沒有此一爾燄而能使分別六塵法之智慧出生，而可名之爲智慧。若以如是知見，主張「一念不生、了然於境即是智慧」者，則若有人因爲山巖石壁、地水火風、極遠極近、老小盲冥、諸根不具，令其離念而能了別六塵之見聞知覺性，不能於六塵作觀者，應言彼人為不能証得智慧者。由是緣故，說彼諸人所說智慧，實非智慧，應是無智慧者；何以故？謂如是智慧尚有極多事相上之智慧，不曾証知與不能証知故。

然我 世尊所說智慧，乃言斷除我見與我執之解脫道智慧；乃是否定覺知心常住不壞，及否定思量心我為衆生本體，因此而斷我見我執，故於捨壽時得証無餘涅槃，是名二乘菩提解脫智；乃是証得一切法界根源之如來藏，因此了知法界實相而發起般若之智慧，名為大乘佛菩提智；而非彼諸凡夫之欲令覺知心永不壞滅、一念不生，常於六塵萬法中見聞了了者，所說証得能觀六塵萬法而不起妄念之覺觀智慧。因有如是愚人不解 佛所說義，以為能處於離念境界中而對境了了分明，即是智慧，是故大慧菩薩為當時及後世衆生，而作此問。

佛告大慧：「不如是無智，應是智，非非智；我不如是隱覆說。攀緣事智慧不得，是施設量建立；覺自心現量，有無有外性非性，知而事不得；不得故，智於爾燄不生；順三解脫，智亦不得。非妄想者無始性非性，虛偽習智作如是知。是知彼不知，故於外事處所相性無性，妄想不斷。自心現量建立，說我我所相，攝受計著。不覺自心現量，於智爾燄而起妄想；妄想故，外性非性，觀察不得，依於斷見」：

佛所說之無所得智慧、無分別智慧，並非如彼錯會佛意之衆生所想：以令覺知心不能了別境界之「無世俗智慧」作爲無所得智，而是眞實不虛之智慧。乃是開示：以覺知心証知自身本有之如來藏，並現觀此與覺知心同時同處之如來藏，於六塵一切境界皆無分別；由於六塵不分別故無所得。如是証知如來藏於六塵一切境界皆無分別者，方名証得無分別智，而非彼諸大師學人所說之令覺知心不分別一切諸法也。佛所說法，皆言眞正解脫之智慧；所言佛菩提智，亦是眞實法界實相之智慧；証得無分別智已，非無了別種種境界之智慧，非無現觀如來藏本來無分別之智慧。於親証者而言，佛於諸經中所說法，其實早已明說，並非彼諸未悟及錯悟大師所認爲之隱覆而說。

衆生所言之智慧，皆是於事相上而言，皆是屬於覺知心所攀緣之法，凡此所謂之智慧，皆是於事相上之分別智慧。佛所說衆生不曾証得智慧者，是依如來藏之施設現量而假名建立；如是智慧者，乃是覺悟：一切法皆是自心如來藏所示現之事實，法實有與法實無……等心外所現一切法，皆非眞實有之法，皆從如來藏出生，能如是了知而証知事相上之一切法皆非實有—皆不可得；如是証知心外一切法皆不可得故，因此智慧而使爾燄不再出生，便能隨順三解脫；隨順三解脫已，捨壽入無餘涅槃，智慧亦不可得—智慧亦不現前。

如是所親証法，現前觀察蘊處界…等一切法皆無常空，無常故無眞實所得，故言無所得；然菩薩復依如來藏之自體性，現觀如來藏之從無始劫來恆離見聞覺知，現觀如來藏之從來遠離思量作主等心所法；由如是現觀故，說菩薩七識心於一切法中雖然現有所得，卻親証如來藏於一切法從來無所得—從不領納六塵故，故菩薩之七識心生起無所得智慧，非無智慧。是故菩薩非以「無親証之智慧」而言爲無所得慧，故非以一念不生、不作分別爲証得無分別智也。

如是菩薩所証智慧，並非彼諸虛妄想者自無始劫來所熏習之「一切法非法」等虛僞熏習之智慧所能知之，非彼印順師徒等妄想一切法空者之虛妄熏習者所能了知。由是故知彼等凡夫不能了知，故於自心如來藏之外所見事相諸法之法相上，產生「一切法緣起性空、無一眞實，如來藏亦無」之邪見，導致虛妄想及爾燄不能斷絕而恆常存在。

世尊所傳一切法皆是自心所現之事實，以此而作種種佛法名相之建立，說蘊處界等一切法空，皆無常住不壞不變之實質，欲令大衆遠離蘊處界之執著，入証般若正理—親証如來藏，現觀一切法皆是自心如來藏所現之事實；然彼等諸人不能了知 佛意，滋生誤解，由是而誤導衆生同入歧途—同墮外於如來藏之一切法空斷見之中。然而 佛作種種佛法名相之方便建立之目的，乃是說明：衆生對於我相與我所相不知其幻，故攝受不捨，計著爲實有。由於不能覺悟十八界…等一切法皆是自心所現之事實，於解脫智及般若智起諸虛妄想；由諸虛妄想故，對於心外一切法非是眞實法之義理，對於一切法不異如來藏之正理，雖努力觀察而不能証得，所以便依止於斷見。

所說依止斷見之人，即是應成派中觀之天竺月稱、寂天、阿底峽，西藏宗喀巴、克主杰、歷代達賴喇嘛，今時達賴喇嘛及台灣印順法師與其徒衆等一類人也。此諸人等，悉皆不知不見一切法皆是自心藏識所現之事實，隨順斷見外道知見，藉詞佛教思想史考証，妄言：「世尊於原始佛教之四阿含諸經中，不曾說第七八識，不曾說如來藏。如來藏是與外道梵我神我思想合流之外道思想。」如是等人，即是 佛所說誤會佛法之人，不解 佛所說意，不知 佛說蘊處界空者實依如來藏而說，是故彼等悉皆妄認一切法空之斷見即是般若經意。

然而 佛說二乘菩提者，實依自心現量而說：依自心現量而說蘊處界空相，依此自心現量之建立，而說衆生所墮之我我所相，而說衆生對於我與我所之誤計與攝取執著，令離我與我所計著；非是外於自心現量而言一切法空也，是故佛說：「自心現量建立，說我我所相，攝受計著。」

云何謂外於如來藏而言一切法空者即是斷見？此謂印順等人外於如來藏而說之一切法空之法，實依蘊等十八界法而有，非可外於蘊等十八界法而獨有一切法空之法存在。蘊等十八界法既非實有，斷除我見我執已，捨壽時即取無餘涅槃，滅盡十八界法，故名一切法空；印順等人若如是滅盡十八界法已，則其「所証」無餘涅槃即成斷滅，一切法悉空故，墮於空無故。然我 世尊於四阿含諸經中不如是說，而依自心現量之第八識如來藏，說無餘涅槃有其本際，說無餘涅槃之中即是第八識離見聞覺知獨存，完全寂靜，而非斷滅空。

印順師徒等人不解佛意，否定第八識如來藏而妄說一切法空，墮於斷見。謂彼等主張唯有六識故，一向否定第七八識故。如是等人悉是不覺自心現量者，是故於世間智而起爾燄—執有不可知不可証之意識細心永存不壞—墮於我見我執爾燄中。由此爾燄故，復生種種虛妄之想；由妄想故，對於 佛所說之如來藏外一切法皆非眞實法，皆是妄想法之開示，雖努力觀察而不能得証，又不肯信受眞善知識所說，不肯如說修行以求親証，最終唯能依於斷見。又恐他人責其爲斷見，故又建立不可知不可証之細意識爲常住不壞法，復墮意識常見；如是雙具斷常二見，而以一切法空之斷見爲其主要思想，便有種種對佛智臆想而生之爾燄出生，遂有《妙雲集、華雨集、如來藏研究…》等邪見書籍之出版。由古時已有印順法師等一類邪見者，是故 佛說：「不覺自心現量，於智爾燄而起妄想；妄想故，外性非性，觀察不得，依於斷見。」

「有諸攀緣事，智慧不觀察；此無智非智，是妄想者說。」若有人說：於覺知心所攀緣等事相上，其智慧不能善於觀察者，此人即是無智，即非是智慧。如是說者，乃是妄想者之所說也。

末法之季，有諸學人未知未解佛法，於余所說眞心如來藏恆離見聞覺知之語，往往誤解，不能信受，便生瞋恚於我，誹謗余說爲魔說，或言余所弘法爲非法；乃至台灣四大道場之大師，亦皆不能免之，每於私下作是誹謗之言，唯是誹謗之情節輕重有別爾。然而彼等大師每欲將覺知心修除分別性，以之作爲無分別心，便言余之廣作法義辨正爲有分別心，非是住於無分別境界。如是大師悉皆錯解 佛旨。

復有一類附佛法外道（義雲高及釋性圓、喜饒根登⋯⋯），聞余書中作是說已，便以外道之身，反謗余爲外道，更來爭執意識覺知心之恆常不滅，更謂：若無意識，**云何修証佛法⋯⋯**等等。不知 佛說余說無異，悉皆令人以意識覺知心尋覓從來不墮見聞覺知之第八識如來藏；覓得如來藏已，即証 佛所說之無分別智；非謂以意識恆處於無分別之境界中也。

彼諸大師及諸外道，閱讀拙著而不能解義，故作如是曲解誣蔑之語以謗於我，而主張應將意識覺知心處於無念之中，於中了境分明而不起語言文字，作爲証得無分別之智慧，妄以意識心作爲如來藏，如是錯會 佛意；或如義雲高等人之主張意識爲常住法，主張見聞知覺性即是佛性，皆屬妄想者所說也。

「於不異相性，智慧不觀察；障礙及遠近，是名爲邪智」：若於「諸法即是自心之體性與法相，二者有其無異之相性」，於此不能觀察，而說：不能觀察事相上諸法故名無智，主張能觀察事相諸法者爲有智，而說：因爲障礙及遠近、老小盲冥……等，故不能觀察諸法，即是不能証得智慧。如是說法者所說之智慧，名爲偏邪之智。故說義雲高及釋性圓等人所說之智，名爲邪智。

一切法皆是自心如來藏所生所顯，此一事實，唯有地上菩薩能親証知，非諸賢位菩薩及凡夫與二乘愚人所能親証。大乘別教中之七住不退以上之賢者，未至初地滿心位前，亦唯能依眞善知識之宣演，及自身親証如來藏之現量，而作思維觀察，獲得少分之証知，非能親自具足証知也，此即初地滿心位所証之猶如鏡像及二地滿心位之猶如光影現觀也；由是猶如鏡像與猶如光影之現觀，而親証一切法皆是自心現量智慧，滿足二地無生法忍。

然別教七住位以上之賢位菩薩，由已親証如來藏故，能生般若慧，故能信受菩薩所說而隨之修學，隨其福德多寡而多分或少分証之，要待二地滿心方得具足。然諸末法凡夫知見，於此二地所証自心現量境界，相距遙遠，百思不解；復因如是妙法，至法末之季時聞所未聞，往往不能信受，輒便誹謗，謂爲邪說。由是諸人根器之低劣故，說此時世爲末法也。

「老小諸根冥，而智慧不生；而實有爾燄，是亦說邪智」：於世間智而言，往往因爲年齡太老太小及六根暗鈍，所以觀察事相諸法之智慧不能出生；此乃世間俗人之智慧，與佛法所言智慧無關。然而卻有許多大師學人，誤會佛旨，以此了境之慧作爲佛法所言之智慧。以如是世俗知見之智慧而言「老小及諸根盲冥故智慧不生」，其實皆是誤會佛法之言。

如是智慧者，非是佛法中所言之眞實慧；此謂佛法中所言之智慧者，乃是解脫分段生死之智慧，及修証一切有情法界實相之智慧。離念靈知之了境慧，仍是分別之心，乃是意識心之別境心所法，如是靈知必與爾燄相應，亦必不肯令我見與我執消滅—恆欲保持靈知心常在不滅，永不能取証二乘聲聞之解脫果，何況大乘佛菩提果？焉得說爲佛法中所說之智慧？若如是了境慧亦可說爲佛法中之智慧者，則一切世間俗人所學之花道、劍道、謀殺、茶道……等法悉可名之爲智慧也；何以故？謂彼諸人當作如是等業時，皆是一心不亂而了境分明也，皆知自心應如何造作如是事故；既然一心不亂而了境分明，即同彼諸大師所說、即同徐恆志居士所說，亦應名爲智慧也。然此唯名邪智，非是 佛法所說智慧。

若言彼等世人造作花道…等業時，非如學佛者之有**色身無常**、**五陰無常**…等知見與觀察，故非佛法中之智慧者，則彼等諸人作是無常觀時，亦應是智慧。然此等觀察悉非佛法智慧，乃至佛門諸大師學人作是無常觀時，仍非佛法智慧也；此謂佛法所言解脫道智慧者，乃是現觀覺知心及意根等自我虛妄，以此而証解脫；然今諸方大師學人悉皆同以覺知心爲常住不壞法，則成執著意識之**我見**者，不能觀察識陰我（離念靈知之意識心與處處作主之意根）之虛妄，故皆執**我**不捨，不能滅除離念靈知心常住不壞之邪見，永違三乘佛法解脫之道也，焉得名爲智慧？

彼諸大師學人所說**離念靈知心常住不壞，即是如來藏**…等語，名爲誤會佛法者所說；彼等所說見聞知覺性常而不壞之言，名爲誤會佛法者所說；彼等所言一念不生而能了境分明，即是智慧，如是說法名爲誤會佛法者所說。謂如是離念而了境分明之智慧，非是佛法所言之智慧，必因老小及六根暗鈍、地水火風…等隔障而致不能觀察了了分明故，佛說如是智慧必有爾燄存在其中故。如是了別境界之智慧既因老小及六根暗鈍，所以觀察事相諸法之智慧不能出生，則不應名爲智慧，有所不能觀者故，因障礙即不能具有觀察之智故。既有不願令見聞覺知性消滅之爾燄存在，而言一念不生之了境慧即是佛法智慧者，如是所說之智慧，亦是偏邪之智慧，非是佛法所說之智慧也。

「復次大慧！愚癡凡夫，無始虛偽惡邪妄想之所迴轉；迴轉時，自宗通及說通，不善了知。著自心現外性相故，著方便說，於自宗四句清淨通相，不善分別。」

大慧白佛言：「誠如尊教，惟願世尊爲我分別『說通及宗通』，我及餘菩薩摩訶薩善於二通，來世凡夫聲聞緣覺不得其短。」佛告大慧：「善哉！善哉！諦聽！諦聽！善思念之，當為汝說。」大慧白佛言：「唯然受教。」

佛告大慧：「三世如來有二種法通，謂說通及自宗通。說通者，謂隨衆生心之所應，為說種種衆具契經，是名說通；自宗通者，謂修行者離自心現種種妄想，謂不墮一異、俱不俱品，超度一切心意意識，自覺聖境界，離因成見相。一切外道聲聞緣覺墮二邊者，所不能知，我說是名自宗通法。大慧！是名自宗通及說通相，汝及餘菩薩摩訶薩應當修學。」

爾時世尊欲重宣此義而說偈言：

我謂二種通，宗通及言說；說者授童蒙，宗為修行者。

疏：《「復次大慧！愚癡無智之凡夫，被無始來之虛僞邪惡妄想所迴轉；於心被妄想所迴轉時，對於自宗通以及說通，則不能善於了知。彼等諸人執著自心如來藏所現之法，以為如來藏以外之法實有自體性之法相故；如是諸人執著二乘菩提等方便說，對於自宗通達者所說之四句清淨通相，不善於分別。」

大慧白佛言：「誠如世尊所教導者，惟願世尊為我分別『說通及宗通』，分別已，我及其餘菩薩摩訶薩，便可善於宗通說通之相，於未來世重新受生修學佛法及弘傳佛法時，彼諸凡夫大師，及一切聲聞緣覺聖人，皆不得尋覓我等之短處而破斥吾法。」

佛告大慧：「善哉！善哉！諦聽！諦聽！善思念之，當爲汝說。」大慧白佛言：「唯然受教。」

世尊告訴大慧菩薩：「一切已成之佛、現在佛、未來成就之佛，悉皆同有二種法通，這二種法通，即是說通與自宗通。所謂說通者，乃是說：隨衆生心之所應了知者，能爲衆生說種種諸法具足之契經，這就是說通。自宗通的意思是說：修行者能遠離對於自心所現正理而生之種種虛妄想；也就是說：不墮於一異、俱不俱等法中，超越而度過一切凡夫對於心、意、識之妄想，証得自覺之聖人境界，離開因成見之妄想相。一切外道、聲聞、緣覺等墮於二邊之人所不能知，我說這是名爲自宗通之法。大慧！這就是自宗通及說通之法相，汝及其餘大菩薩們都應當修學。」爾時世尊欲重新宣示此眞實義，而說偈言：

我所說二種法之通達，乃是自宗通達及言說通達；言說之通達者，乃是爲初學之童蒙而說者；

自宗之通達者，則是爲已入佛法中眞正在修行者而說。》

解：「復次大慧！愚癡凡夫，無始虛僞惡邪妄想之所迴轉；迴轉時，自宗通及說通，不善了知。著自心現外性相故，著方便說，於自宗四句清淨通相，不善分別」：末法時，學佛之人無量無數，而悉於三乘見道之門外迴轉不已，常與三乘法之見道相違，欲求証悟三乘菩提，殊不可得。由不能親証三乘菩提之一故，便生自怨自艾之想。

末法之今時，每有大師學人禱求諸佛諸大菩薩：求佛菩薩廣設方便，令得親遇眞善知識。亦常夜深之際，禱求諸佛諸大菩薩，願修解脫之道、願証解脫之道，願修大菩提道、願証大菩提道。然此諸人無智，猶如有人四方追尋而覓眞金，智者令其向大富長者覓之。大富長者便將眞金送與彼人，彼人卻反誣長者眞金爲非金，以長者所贈金塊未曾打磨，非如鍍金之光彩故；此愚人乃轉向他人再覓銅所鍍金，認爲眞金；卻又觀察所得之鍍金不得眞金之性用，以此而苦惱，便又怪罪智者不肯指示眞金所在。

今時諸方大師與諸學人亦復如是，每於夜深無人觀見之際，禱求佛菩薩安排眞正之善知識相遇，以求正法之証悟而入見道位中，乃至求入修道位中；諸佛及諸大菩薩應願安排眞善知識示現於人間時，彼諸大師及與學人，卻又因於名聞利養所障，或因大師崇拜所障，於眞善知識出世弘法時，見善知識之身相表相非是世間大名聲之大師相，便又不肯信受，私心排拒眞善知識，不肯受學。如是口說欲求眞正解脫之道及大菩提道，卻又排斥弘傳眞正解脫道及大菩提道之眞正善知識，並否定其正法，認爲非正法。凡此皆是愚癡顚倒之凡夫，因於無始惡邪虛僞妄想熏習故，爲諸虛妄想之所迴轉。如是口言與身行自違，而悉不知自違，卻來怨怪諸佛諸大菩薩不肯安排眞善知識令其証道，同彼棄金取銅之人無異。

如是等人，由因無始惡邪虛妄想所障故，迴轉於種種虛妄想之中，如是便於自宗通及說通，不能善於了知。不能善於了知故，執著自心如來藏所現之六塵等法，以爲眞實是外法，而不知是自心如來藏之所顯現。由如是執著自心所現於外之諸法性相故，便執著於世尊所作之種種方便說，故於自宗通所說之四句清淨通達之法相，不能善於分別。

大慧白佛言：「誠如尊教，惟願世尊爲我分別『說通及宗通』，我及餘菩薩摩訶薩善於二通，來世凡夫聲聞緣覺不得其短。」

說通與宗通之種種法相，乃是菩薩証悟如來藏而發起般若慧之後，所應進修者；未証悟如來藏者，不能發起般若慧；未發起般若慧者，不能進修說通及宗通等相。故說此二通乃是一切菩薩摩訶薩所應修學者。今時諸方大師及與學人，欲修學此二通者，當先求悟自心藏識；悟得自心藏識已，便得進修說通及宗通二法。

云何已經証悟之菩薩摩訶薩尙應修學此二通耶？謂菩薩若唯証般若之總相智，而未進修般若之別相智，以之作爲基礎而進修証得道種智者，則於來世自參自悟之後，便不能住持正法，不能荷擔如來家業。何以故？必將爲世智辯聰之凡夫，依於五分論（猶如今之邏輯辯証法）而摧伏故；亦將爲聲聞緣覺聖人，依其解脫智，而於涅槃等法義上之辯論所摧伏故。若菩薩摩訶薩悟後，能善修証說通與宗通者，則能摧伏諸多善辯之凡夫，以及摧伏聲聞緣覺聖僧等人未証大菩提之二乘智慧小果小智；由是緣故，大慧菩薩提醒諸多已悟般若總相智及別相智之摩訶薩：「應當修學說通與宗通，修學二通已，自心如來藏中即有此智種子，來世自悟自通已，便得漸漸發起此二通之智，便能不被聰明善辯之凡夫，及二乘聖人之二乘智慧所駁斥，以此緣故便能眞實住持佛法，不爲凡愚之所遮障。」

如是二通之相，余於往世親從克勤圜悟大師，依 佛所說諸經修學，故於今世得能住持正法，成爲佛子—荷擔如來家業，非諸凡夫與二乘愚人所能破之。如是二通之相，非不能証，今時一切大師學人悉應捨棄表相執著，深切發願，以求証悟大乘菩提，而後進修之。不應先行否定眞善知識，而後怨怪諸佛菩薩不安排菩薩受生人間弘傳正法，不應如彼愚人捨棄眞金而取光燦之鍍金，卻來怨怪智者不肯指示眞金。

「三世如來有二種法通，謂說通及自宗通。說通者，謂隨眾生心之所應，爲說種種眾具契經，是名說通；自宗通者，謂修行者離自心現種種妄想，謂不墮一異、俱不俱品，超度一切心意意識，自覺聖境界，離因成見相。一切外道聲聞緣覺墮二邊者，所不能知，我說是名自宗通法。大慧！是名自宗通及說通相，汝及餘菩薩摩訶薩應當修學。」

說通者，隨各人悟之深淺，以及往世熏習種智之早晚差別，而有種種別異。此世初悟之人，其說通粗淺；往世已曾証悟，今世復又自參自悟者，悟後之說通勝於一般証悟者；是故，同是悟者之間，悟後所出生之說通相，悉有種種差別相，非皆一致也。

過去如來必有說通之滿足相，今時現在之佛，以及未來有菩薩成佛時，其說通相悉皆同一，必定具足說通之相；然說通之証得，要因宗通方能發起；說通之圓滿具足，要因宗通之修証圓滿具足方得。三世如來既已成佛，則必悉皆具足如是二種通相，故說：「三世如來有二種法通，謂說通及自宗通。」

所謂說通者，乃謂能隨衆生覺知心當時所能領納之量，隨其所應而爲其演說諸法。所可演說者，函蓋衆法具足之契經——二乘菩提道及大乘佛菩提道，如是名爲說通之相。換言之：能觀衆生之心量廣狹，而爲衆生宣演所應令証之法，即是說通之相；若所言之法不能契應衆生心量者，則非說通者；若所言之法唯能宣示二乘菩提，或唯能宣示大乘見道，或宣示大乘見道之法而不能知佛法三乘內涵，不能貫通者，則不名說通之相。此是 佛所言之說通相。

所謂自宗通者謂：佛法之修行者，因於親証如來藏故，現觀一切法悉由如來藏生，現觀如來藏之本來自性清淨涅槃，故能遠離一般凡愚對於自心所現正理而生之種種虛妄想。此謂菩薩若親証自心藏識已，既已現觀一切法悉皆從如來藏生，則已現見一切法與如來藏非一亦非異，非俱亦非不俱；則已現見五蘊十二處十八界等法悉與如來藏非一亦非異，非俱亦非不俱。由如是現觀故，不墮於一異、俱不俱等法中；一切凡夫對於增上慧學之唯識種智所說心、意、識，因不能証得而生之妄想，此菩薩悉已超越而度過之。

菩薩由親証如來藏故，發起般若慧，是故証得自覺之聖人境界。如是智慧令菩薩証得一切法之根本因，對於一切外道、凡夫、二乘愚人所揣測之法界因，菩薩已經了然。由是緣故，菩薩現見彼諸凡夫、外道、二乘愚人對於一切法之根本因所作之揣測，悉屬因成見；菩薩由般若慧故，能遠離如是諸人所墮之因成見妄想相。

此謂菩薩現觀一切法非自作、非他作、非自他作，現觀一切法悉從自心藏識而起，了知自心藏識是一切法之根本因。由是現觀故，便知所謂涅槃、虛空無為、非擇滅無為、眞如無為、……四聖諦、八正道、三十七菩提分法等，悉是從自心藏識所處不同狀況而立名，非可外於自心藏識而有如是法、如是名也。外道所言之常不思議法，印順等人所揣測之涅槃、空性，二乘有學無學愚人所言涅槃之本際，悉屬未曾親証者之妄想言說，於根本因未曾了知、未曾親証故，悉屬因成見之妄想也。

一切外道對於一切法之根本因，作諸妄想，皆屬依於想像之法而言者，其性無常，與一切法之因異相，非依自心藏識而言常；或墮於作與所作法中，但是言說妄想，非是眞實可証之法，乃是妄想建立見。

佛門斷見外道如印順法師者，亦墮於建立見中，非唯墮於斷見中也；彼否定 佛於四阿含中所說之第八識因已，則令其所說之涅槃墮於斷見本質之中；由此緣故，印順乃又別行建立不可知不可証之意識細心為常住法、為不壞法。如是建立，乃是不明根本因之建立見，乃是子虛烏有之臆想法，墮於「非有因之建立見」中，三界一切世間實無此一根本因故，故說印順等人如是建立者，同於外道之非有因建立見，是名凡夫之因成見相。

聲聞與緣覺聖人，雖聞　佛說無餘涅槃有其本際，故知滅盡十八界法而成無餘涅槃已，非是斷滅；然如是見解，唯是信　佛語故，不生斷滅見，並非親証中道觀之眞實般若智慧，未曾証得涅槃本際之如來藏故。菩薩則不如是，依佛所說而親証如來藏，隨後即由修學第三法輪之唯識種智故，現前証知與觀察：無餘涅槃之本際即是第八識獨存，永不受生於三界中。由是緣故，菩薩証知：一切法與如來藏非一亦非異、非俱亦非不俱，一切法悉依如來藏而立名，一切法不能外於如來藏而有。如是智慧乃是如實空之智慧，乃是世間與出世間之智慧，彼諸聲聞、緣覺聖人等，由未親証涅槃本際之如來藏故，悉墮於二邊，皆不能知。菩薩所証如是智慧，乃由親証自心藏識而生，非由外法而得，故說是法名爲自宗通之勝法。

如是所言自宗通及說通之法相，一切親証自心藏識之証悟者，爲欲住持正法，爲欲荷擔如來家業者，悉應修學，此乃一切菩薩摩訶薩悉應修學之法故，若不修此二通之相，即無勝妙於一切人之智慧，則難於末法時強力住持　佛所弘傳之正法故，則不能復興佛法，則不能令 佛之正法住世無憂故。

「爾時世尊欲重宣此義而說偈言：我謂二種通，宗通及言說；說者授童蒙，宗為修行者」： 世尊為諸已悟菩薩所說二種法之通達，乃是自宗通達及言說通達。勸喻諸菩薩悟後應當修學言說之通達，而能為大眾廣說諸法，令大眾隨其根器而於菩薩所說法中，能獲得三乘菩提之証悟；是故 佛對已悟之菩薩作是說通之言，其旨意乃是為令初學佛法之童蒙獲益，而對已悟之菩薩作如是說；目的既在初學佛法之童蒙，故言「說者為童蒙」。

至於自宗之通達，則是為已入佛法中眞正在修行者而說。此謂一般人所謂之佛教徒，大多只是口中偶然唱唸佛號，有時上寺院燒香禮佛，只是因見大名聲之大師表相而生崇拜心，前去護持與信仰，兼種善根、修集福德，並非眞實修學佛法者。為此諸人， 佛令菩薩悟後修學說通，於諸初學者而作啓蒙之說。彼諸初機學人若因証悟菩薩之啓蒙，而得發起善根，便可漸入佛門之中修學佛法—欲求親証三乘菩提果而修學三乘菩提種種法道。如是人則是已入佛法中眞修行者。 佛為如是等人，則以宣說自宗通之法相，令彼等了知所謂自宗通者即是証悟自心如來藏，令彼等証悟之後修學種智，然後得能現前觀察：一切諸法悉是自心藏識所現之事實。由是緣故，佛言：「宗爲修行者。」

爾時大慧菩薩白佛言：「世尊！如世尊一時說言：『世間諸論種種辯說，愼勿習近。若習近者，攝受貪欲，不攝受法。』世尊何故作如是說？」

佛告大慧：「世間言論種種句味，因緣譬喻，採集莊嚴，誘引誑惑愚癡凡夫；不入眞實自通，不覺一切法，妄想顚倒，墮於二邊。凡愚癡惑而自破壞，諸趣相續不得解脫；不能覺知自心現量，不離外性自性，妄想計著；是故世間言論種種辯說，不脫生老病死憂悲苦惱，誑惑迷亂。大慧！釋提桓因廣解衆論，自造聲論；彼世論者有一弟子，持龍形像，詣釋天宮建立論宗，要壞帝釋千幅之輪：『隨我不如，斷一一頭，以謝所屈。』作是要已，即以釋法，摧伏帝釋；釋墮負處，即壞其車，還來人間。如是大慧！世間言論，因譬莊嚴；乃至畜生，亦能以種種句味，惑彼諸天及阿修羅著生滅見，而況於人？是故大慧！世間言論應當遠離，以能招致苦生因故，愼勿習近。大慧！世論者，唯說身覺境界而已。大慧！彼世論者乃有百千，但於後時，後五百年，當破壞結集。惡覺因見盛故，惡弟子受。如是大慧！世論破壞結集；種種句味，因譬莊嚴，說外道事；著自因緣，無有自通。大慧！彼諸外道，無自通論，於餘世論，廣說無量百千事門；無有自通，亦不自知愚癡世論。」

爾時大慧白佛言：「世尊！若外道世論，種種句味因譬莊嚴，無有自通，自事計著者，世尊亦說世論，爲種種異方諸來會衆天、人、阿修羅，廣說無量種種句味，亦非自通耶？亦入一切外道智慧言說數耶？」

佛告大慧：「我不說世論，亦無來去，唯說不來不去。大慧！來者，趣聚會生；去者，散壞；不來不去者，是不生不滅。我所說義，不墮世論妄想數中；所以者何？謂不計著外性非性；自心現處，二邊妄想所不能轉。相境非性，覺自心現，則自心現妄想不生；妄想不生者，空無相無作，入三脫門，名爲解脫。」

「大慧！我念一時於一處住；有世論婆羅門來詣我所，不請空閒，便問我言：『瞿曇！一切所作耶？』我時答言：『婆羅門！一切所作，是初世論。』

彼復問言：『一切非所作耶？』我復報言：『一切非所作，是第二世論。』彼復問言：『一切常耶？一切無常耶？一切生耶？一切不生耶？』我時報言：『是六世論。』大慧！彼復問我言：『一切一耶？一切異耶？一切俱耶？一切不俱耶？一切因種種受生現耶？』我時報言：『是十一世論。』大慧！彼復問言：『一切無記耶？一切有記耶？有我耶？無我耶？有此世耶？無此世耶？有他世耶？無他世耶？有解脫耶？無解脫耶？一切刹那耶？一切不刹那耶？虛空耶？非數滅耶？涅槃耶？瞿曇！作耶？非作耶？有中陰耶？無中陰耶？』大慧！我時報言：『婆羅門！如是說者，悉是世論，非我所說，是汝世論。我唯說無始虛偽妄想習氣種種諸惡三有之因，不能覺知自心現量而生妄想，攀緣外性。如外道法《我》諸根義，三合知生；我不如是，婆羅門！我不說因，不說無因，惟說妄想攝所攝性，施設緣起。非汝及餘墮受《我》相續者，所能覺知。』大慧！涅槃、虛空、滅，非有三種，但數有三耳。復次大慧！爾時世論婆羅門復問我言：『癡愛業因故，有三有耶？為無因耶？』我時報言：『此二者，亦是世論耳。』彼復問言：『一切性皆入自共相耶？』我復報言：『此亦世論，婆羅門！乃至意流妄計外塵，皆是世論。』復次大慧！爾時世論婆羅門復問我言：『頗有非世論者不？我是一切外道之宗，說種種句味、因緣、譬喻莊嚴。』我復報言：『婆羅門！有非汝有者。非為、非宗、非說、非不說種種句味，非不因譬莊嚴。』婆羅門言：『何等為非世論？非非宗？非非說？』我時報言：『婆羅門！有非世論，汝諸外道所不能知，以於外性，不實妄想虛偽計著故。謂妄想不生，覺了《有無自心現量》，妄想不生，不受外塵，妄想永息，是名非世論；此是我法，非汝有也。婆羅門！略說彼識若來若去、若死若生、若樂若苦、若溺若見、若觸若著種種相；若和合相續、若愛、若因計著，婆羅門！如是等比，皆是汝等世論，非是我有。』大慧！世論婆羅門，作如是問，我如是答；彼即默然，不辭而退，思自通處，作是念言：『沙門釋子，出於通外，說無生無相無因，覺自妄想現，妄想不生。』大慧！此即是汝向所問我：『何故說習近世論種種辯說，攝受貪欲，不攝受法？』」

大慧白佛言：「世尊！攝受貪欲及法，有何句義？」佛告大慧：「善哉！善哉！汝乃能為未來眾生思惟諮問如是句義。諦聽！諦聽！善思念之，當為汝說。」大慧白佛言：「唯然受教。」

佛告大慧：「所謂貪者：若取、若捨，若觸、若味，繫著外塵，墮二邊見；復生苦陰，生老病死憂悲苦惱。如是諸患皆從愛起，斯由習近世論及世論者，我及諸佛說名爲貪；是名攝受貪欲，不攝受法。大慧！云何攝受法？謂善覺知自心現量。見人無我及法無我相，妄想不生；善知上上地，離心意識，一切諸佛智慧灌頂，具足攝受十無盡句，於一切法無開發自在，是名爲法；所謂不墮一切見、一切虛僞、一切妄想、一切性、一切二邊。大慧！多有外道癡人墮於二邊：若常若斷，非黠慧者。受無因論，則起常見；外因壞，因緣非性，則起斷見。大慧！我不見生住滅故，說名爲法。大慧！是名貪欲及法，汝及餘菩薩摩訶薩應當修學。」爾時世尊欲重宣此義而說偈言：

一切世間論，外道虛妄說，妄見作所作，彼則無自宗。
惟我一自宗，離於作所作，爲諸弟子說，遠離諸世論。
心量不可見，不觀察二心，攝所攝非性，斷常二俱離。
乃至心流轉，是則爲世論，妄想不轉者，是人見自心。

來者謂事生，去者事不現，明了知去來，妄想不復生。有常及無常，所作無所作，此世他世等，斯皆世論通。

疏：《爾時大慧菩薩白佛言：「世尊！猶如世尊曾於一時說：『對於世間諸論的種種辯論言說，應當謹慎而勿學習親近。如果學習及親近世間言論，將會只是攝受貪欲，而不能攝受正法。』世尊是爲何緣故而作是說？」

佛告訴大慧菩薩：「世間言論的種種語句中所顯示之韻味，是以各種因緣譬喻之方法，採集種種美妙語句而莊嚴之，藉以誑惑引誘愚癡人與凡夫；都不能進入眞實自宗通的智慧中，也不能覺了一切法之自性，心中作虛妄想而生顚倒見，墮於斷常等二邊。凡夫及二乘愚人由癡惑故，不能辨別世論之虛妄，而於聽聞世論之後，對自己所修學之正法破壞了信心、退失正道，由是緣故輪迴六道，相續受生而不能証得解脫；不能覺知一切法皆是自心如來藏所現之事實，不能捨離外法之虛妄自性，作虛妄想而生誤計，執著外法實有；由此緣故，世間言論種種辯論與言說，不能使人脫離生老病死憂悲苦惱，唯能誑惑迷亂衆生。」

「大慧！忉利天主釋提桓因，廣能知解種種言論，自己創造聲論；彼人間之世論者有一弟子，變現爲千頭龍之身相，持此龍身往帝釋天宮建立辯論之宗旨，欲藉此宗旨之辯論，而毀壞天帝釋提桓因之千幅輪寶車：『隨於我論辯之每一次不如汝，斷我千頭中之一一頭，以報謝我之所屈。』作如是邀約已，即以天帝釋提桓因之聲論法，摧伏帝釋；帝釋一一辯論皆墮負處，故千幅輪寶車之一一幅，皆爲世論弟子所壞；寶車壞已，帝釋因此還墮於人間，失去天主之位。如是，大慧！世間言論，藉宗因譬喻等辯論法而莊嚴之。乃至畜生之天龍等，亦能以種種語句之韻味，迷惑彼等諸天天人及阿修羅，使之執著於生滅見，何況對於人類？是故大慧！世間言論應當遠離，以世論能招致諸苦出生之因故，應當謹慎而勿熏習及親近。大慧！世論者所說諸法，只能述說色身上所覺知之境界而已。大慧！彼世論者有百千種類，但是他們在佛法流傳之最後五百年中，將會破壞三乘佛法結集之一切經典。由於邪惡覺觀爲因，導致邪見強盛之故，佛門中將有諸多邪惡弟子信受如是邪見。如是，大慧！將來世論外道破壞三乘佛法之結集；他們蒐集種種語句之韻味，藉用宗因譬喻等辯論法作爲莊嚴，而廣說種種外道所修之事相法門；都執著於色身及意識自心之因緣上，對於自心如來藏之現量，都沒有自宗通之修証。大慧！彼等諸多外道，無有自宗通之言論，而於其餘世間言論中，廣說無量百千事相上之行門；其實無有自宗通，亦不能了知自己所說皆是愚癡之世間言論。」

爾時大慧菩薩白佛言：「世尊！若外道世論是種種言句韻味而藉宗因喻等辯論法，以莊嚴自說，無有親証自宗通之証量，而於自己色身及意識自心上誤計與執著者，則世尊所說者亦是世論；世尊為種種十方國土來此之天人阿修羅，廣說無量種種語句韻味，豈非亦是無有自宗通耶？亦是入於一切外道智慧言說之數中耶？」

佛告訴大慧：「我從來不說世論，我亦從來不曾有來去，我唯說不來不去之法。大慧！我所謂之來，是說趣向有情之相聚與會集，因此而受生；我所謂之去，是有散壞之法；不來與不去者，即是不生與不滅。我所說之正義，不墮於世論者所墮之妄想等法中；所以者何？此謂我所說法為：既不誤計、亦不執著自心外法等非法；了知自心如來藏之顯現一切法，及了知如來藏所在之處，斷常二邊等虛妄想皆不能移轉自心現量之見地。由如是親証故，了知種種法相及境界皆非有其眞實不壞之自性，覺悟一切法皆是自心所現，永不出生彼諸凡愚對於諸法皆是自心現量不能証解而生之妄想。如是虛妄想不再出生之人，則能証知空、無相、無作三三昧，進入三解脫之門，名之爲解脫。」

「大慧！我憶念曾有一時，住在某處；有世論婆羅門來到我所在之處，不先請問我有無空閒，便直接問我說：『瞿曇！一切法皆是所作而有嗎？』我當時答說：『婆羅門！汝說一切法皆是所作之法者，此是第一種世論。』彼世論婆羅門又問：『一切法不是所作之法嗎？』我又回報說：『一切法非是所作，這是第二種世論。』彼世論外道又問說：『一切法常嗎？一切法無常嗎？一切法皆是有生嗎？一切法皆是無生嗎？』我當時回報說：『這是第六種世間言論。』大慧！彼婆羅門又問我說：『一切都是同一法嗎？一切都不是同一法嗎？一切法都是同一處嗎？一切法都是不同一處嗎？一切法皆因種種不同有情之受生而出現嗎？』我當時回報說：『這是十一種世間言論。』大慧！彼外道又問說：『一切都是無記嗎？一切都是有記嗎？有我呢？還是無我呢？有此世呢？還是無此世呢？有他世呢？還是無他世呢？有解脫嗎？還是無解脫呢？一切法都是剎那現呢？或是非剎那現呢？虛空實有嗎？非擇滅實有嗎？涅槃實有嗎？瞿曇！這一切法是所作法呢？或是非所作法呢？有中陰境界呢？或是無中陰境界呢？』大慧！我當時回報說：『婆羅門！汝如是所說者，全部是世間言論，並非我所說之法，皆是汝之世間言論。我只說：衆生無始以來所有之虛偽妄想習氣等種種惡見與三有之原因，不能覺知一切法皆是自心所現之事實而產生虛妄想，攀緣於自心如來藏以外之種種法。譬如外道法說我所依諸根之道理，說三法和合而有覺知心我出生；我不如是說，婆羅門！我不說有因出生覺知性，也不說無因出生覺知性，我只宣說：衆生因虛妄想而墮於能取與所取中。為說覺知性虛妄之緣故，我施設緣起法──說覺知性是由根塵觸三法為緣而現起。如是而說衆生因虛妄想故墮於能取與所取境界之法，非是汝及其餘墮於覺受之我而相續不斷受生者，所能覺知。』大慧！涅槃、虛空、非擇滅，並非有三種，只是數目有三種而已。復次，大慧！當時世論婆羅門又問我說：『是因為愚癡與貪愛、業因的緣故，而有三有呢？或是無因而有三有呢？』我當時回報說：『這兩個問題也是世間言論而已。』彼外道又問說：『一切法之體性皆入自相與共相中嗎？』我又回報說：『這也是世間言論，婆羅門！乃至意識流注而虛妄計著心外六塵一切法，皆是世間言論。』復次大慧！當時世論婆羅門又問我說：『此外還有非是世論之法否？我是一切外道之宗長，我能宣說種種言句之意味、因緣、譬喻等莊嚴。』我又回報說：『婆羅門！別有非汝所有之勝法者。彼勝法非有為、非宗旨、非言說、非不宣說種種言句之意味，亦非無宗因與譬喻莊嚴。』婆羅門言：『何等法為非世間言論？非不是宗旨？亦非不藉言說？』我當時回報說：『婆羅門！有勝法非是世間言論，汝等諸多外道所不能知；因為汝等對於外法之自體性，作不真實之妄想而虛偽誤計與執著的緣故。這意思是說：虛妄想不再出生，覺察及了知世間一切有法及無法都是自心如來藏所現之事實，虛妄想不再出生，不貪受外六塵，虛妄想永遠息滅，這個法就名為非世論；這是我所親証的法，不是你所有的法也。婆羅門！汝等諸人大略而言彼六識心之來與去、死與生、樂與苦、沈溺與親見、接觸與貪著等種種事相；而說和合相續、或說貪愛、或對某一因之誤計與執著，婆羅門！如是等等說法，皆是汝等之世間言論，非是我釋迦牟尼所有之法。』大慧！世論婆羅門作如是種種詢問，我作如是種種答覆；彼世論婆羅門即默無言說，未向我告辭便退走而去，思維自己所通達之處，作如是念，而誣蔑我：『沙門釋子，出於自宗通之外，而說無生、無相、無因，覺察一切法皆是自己妄想分別所出現，說如是証知已，妄想不復出生。』大慧！這就是你剛才所問於我的：『是何種緣故而說：習近世論種種辯說，則攝受貪欲，不攝受正法』。」

大慧白佛言：「世尊！攝受貪欲及攝受正法，有何種法句之正義？」佛告訴大慧：「善哉！善哉！汝乃能為未來世之衆生，思惟及諮問如是法句之正義。諦聽！諦聽！善思念之，當為汝說。」大慧白佛言：「唯然！受教！」

佛告訴大慧菩薩：「所謂貪著者：譬如取、譬如捨、譬如觸、譬如體會其韻味，繫縛貪著自心如來藏以外之六塵，墮於二邊之邪見中；然後因此而又出生了來世受苦之五陰，便有來世之生老病死憂悲苦惱；如是種種憂患，都是從貪愛而生起，這都是由熏習親近世論，及親近世論外道所致，我釋迦牟尼及諸佛說這就是貪愛；如此者即名攝受貪欲，不攝受正法。大慧！如何是攝受正法？此是說：善於覺知一切法皆是自心如來藏所現之事實。親見人無我相及法無我相，虛妄想不再出生；由此而善於了知上上地之証量法相，遠離對於自心如來藏、意根、六識之執著，次第至於第十地，一切諸佛以智慧而灌其頂，具足攝受初地所發十無盡願之願句，從此於一切法都不需要另行開發，而得自在於一切法，此即是名為攝受正法；也就是所謂：不墮於一切見解、一切虛偽、一切虛妄想、一切法性、一切二邊之中。大慧！有許多外道愚癡之人墮於二邊：譬如墮於常見、或是墮於斷見，都不是聰明有智慧的人。若信受無因論，則生起常見；若觀察覺知心外之一切因都是會壞之法，現見因緣非是有自體性之法，則生起斷見。大慧！我則宣說：不見生住滅之法，而見不生住滅之法的緣故，如是說為攝受正法。大慧！這就是名為攝受貪欲及攝受正法，汝及其餘大菩薩們都應當修學。」爾時世尊欲重新宣示此正義，而說偈言：

一切不能觸及第一義之世間言論，皆是外道虛妄之言說；
虛妄觀見種種能作與所作之法而誤計為眞實法，
彼等如是妄見，則無眞實不壞之自宗通。

只有我這一個自宗通之正法，能捨離能作與所作等虛妄法；

如是爲諸弟子演說，令大衆捨離種種不能觸及第一義諦之世間言論。

一切法皆是如來藏所攝，求見覺知心恆常不壞之現量，是不可能親見的；

不應觀察能取所取二種心轉變爲眞實法，

因爲能取與所取等法皆無眞常不壞之自體性，

如是現觀者，斷見與常見二邊都將可以捨離。

乃至彼諸外道認定爲常而不壞之覺知心，流轉於世間一切六塵法相上，

依此境界而作之一切言說都是世間言論；

虛妄想之分別若不再運轉者，此人即是親見自心如來藏者。

所謂有來者是說在事相上有出生者，

所謂有去者是說事相上出現之後又消失了；

清楚明了地現前了知去相與來相之根源，

虛妄想便不再出生了。

所謂有常及無常，所謂有所作與無所作，所謂有此世與有他世…等，

這些都是通達世論者所說之法，並非我釋迦牟尼所說之第一義諦。》

解：爾時大慧菩薩白佛言：「世尊！如世尊一時說言：『世間諸論種種辯說，愼勿習近。若習近者，攝受貪欲，不攝受法。』世尊何故作如是說？」外道及諸佛門中錯悟與未悟弟子，往往於 佛所說正理滋生誤會，然後振振有詞誣責 佛所說法有矛盾，或認定 佛所說法有所偏頗，是故大慧菩薩爲衆生故，而作此問，請 佛以此開示衆生。

譬如應成派中觀之密宗達賴喇嘛，否定第三轉法輪諸經，謂 佛於第二三法輪所說經旨互相違背，妄謂第三法輪諸經爲不了義說。由有如是類人，故大慧菩薩作如是問，由 佛開示而導正衆生之誤會與邪見。

佛告大慧：「世間言論種種句味，因緣譬喻，採集莊嚴，誘引誑惑愚癡凡夫；不入眞實自通，不覺一切法，妄想顚倒，墮於二邊。凡愚癡惑而自破壞，諸趣相續不得解脫；不能覺知自心現量，不離外性自性，妄想計著；是故世間言論種種辯說，不脫生老病死憂悲苦惱，誑惑迷亂。」此段經文起，乃是世尊以外道世論者爲例，敎令弟子勿親近世論外道，以免受彼外道巧妙言論所矇騙，隨墮外道言論邪見中。（要：同於邀字。邀請之意也，此處讀作邀。）

世間言論廣有多種，邏輯學之辯証法等，即屬世間言論。彼等不信佛法而研究佛法正理，故與佛法稍有關連者，亦是哲學，此亦世間言論。謂哲學家一向認爲宗教乃是迷信之說，不願他人認爲彼等迷信，故不信受佛法，不願親入佛門中修學佛法，故示清高有智之相，欲從哲學理論而探究生命之實相，由哲學理論之探討而欲了知一切法界之實相，故有種種哲學理論之言說出現於人間。然此皆是世間言論，永不能觸及生命實相，永絕於宇宙實相之外，皆是意識思惟臆度所得故，皆從不如理作意之思惟研究而得故。

哲學所說，其實不離外道宗教及佛教之啓蒙，而彼哲學家不肯投入佛教中正修實証，終不能了知實相之眞義。宗教層次高低有別、邪正異趣，種種知見法道悉皆不一，不可一概而論，是故彼等哲學家若欲入宗教界求証實相者，不可不愼也。

世間宗教參差不齊，有以人間境界作爲所証目標者，有以欲界六天境界作爲所証目標者，有以色界十八天境界作爲所証目標者，有以無色界天境界作爲所証目標者；有以出離三界境界作爲所証目標，而誤將三界有爲生滅境界，作爲已証出三界果者；乃至如密宗之將三界中最低層次之欲界貪著境界，作爲証得報身佛地之出離三界境界者，以種種不如理作意之妄想邪說，謂爲更勝於顯教之法，其實皆是世論言說，將佛法名相作爲包裝，誑惑初機學人。

世間多有種種世論外道，自稱其法勝妙於釋迦牟尼佛所說法；彼等作種種言說，以種種語句中所顯示之韻味，加以各種不如理作意之因緣譬喻等法，採集種種美妙語句而莊嚴之，藉以誑惑引誘愚癡淺智之人，與佛門中諸凡夫，入其法中受學，自謂爲已得已証佛法；如是附佛法外道，遍於今時之佛教界中，卻不肯檢討自身所說所行所修是否違反諸經佛語，不肯檢討自身之法是否違背三乘正法，卻以大名聲、大道場、及僧寶身相，否定眞善知識所說正法，乃至謂人曰：「汝若隨平實居士學法者，必入魔道，將來必墮地獄。」殊不知自己作此說已，地獄罪已立即成就，而自矜於法師身份與大道場、大名聲，爲一世之名聞利養而作維護，非是有智菩薩之所願行之者也。

今時末法，佛門之中，多有愚人爲求一世之名聞與眷屬，廣說違背三乘教理之說，廣作違背正法之行，效法世論外道，作種種言說莊嚴，以遂所求；如是等人，悉皆不能進入眞實自宗通之智慧中，亦不能覺了一切法之自性，心中妄生種種虛妄想，而生顛倒見，墮於斷常等二邊，而不能自知已墮斷常二邊，猶對人言已離二邊，皆因不能証知自心如來藏所致。

末法之今時，佛門中多諸愚癡無智法師，信受西洋學府中研究佛學之基督徒對佛法所作之歪曲結論，而自破壞對於佛法之正信，隨諸西洋佛學研究者謬論，食其邪見涎唾，共作否定佛教微妙正法之大惡業──否定如來藏，謂 佛不曾說有如來藏；對諸經中 佛所親口宣說之第八識如來藏，謂爲方便說，妄謂佛意爲非眞有如來藏，此即印順法師等師徒衆生是也。

十餘年來，更有法鼓山等大道場，派遣出家弟子前往日本美國留學，隨諸不信佛法之佛學研究者修學「佛法」，習學彼諸外國人對於佛法之謬見，然後回國教授佛弟子，共同成就誤導學人之共業。凡此諸人皆係 佛於此段經文中所說之愚癡凡夫也。何以故？謂彼諸外國人多屬基督徒，或屬不信佛法而研究佛學爲職業之世俗人，對我佛教本具成見，更不屑於修証佛法，而以研究佛學爲務，乃是以佛學作爲謀生正具；彼等不事修証，而以自意妄想，破斥深妙之佛理，令人信受其言而淺化佛法，絕非實証佛法之人。

復次，彼等多屬專作佛學研究考証之人，對於四阿含尚且嚴重誤會，對四阿含經中早已宣說第八識如來藏之事實，尚且考証不出，而倡言原始佛法中未曾宣說第八識如來藏；誤會初轉法輪之四阿含經旨如是嚴重，何況能教授第二三轉法輪無上深妙之大乘佛菩提道？而諸大師愚盲無智，派遣出家弟子隨學外道凡夫之研究結果，作爲返國後弘揚佛法之理論基礎，何等荒唐愚癡？然而今時佛門弟子多不知此，乃竟隨於諸方大法師依止外道凡夫學者所學邪說，而欲修証眞正之佛法，愚迷何太甚也！是等諸人墮於外道凡夫境界中，不能斷除我見，更無法斷除我執；於弘法時復隨佛學研究之外道，作否定三乘正法根本所依如來藏之謬論，因此則必令其捨壽後淪墮三途，非是智者之所應爲也。

修學二乘法之凡夫，由癡惑故，不能辨別世論之虛妄，而於聽聞世論之後，自己對所修正法破壞了信心、退失正道，由是緣故輪迴六道，相續受生而不能証得解脫。佛世亦有慧解脫阿羅漢，初証四果時，因於外道之言佛教涅槃同其所修之斷滅見，心生疑惑，即將退轉返墮凡夫位中；然因 佛尚在人間，乃前往請示； 佛遂為彼比丘開示：無餘涅槃有其本際，非同斷滅。彼阿羅漢聞已，心得安住，清涼無惱，終不退轉。今時諸師信受所謂之阿含專家印順法師，依印順密宗應成派中觀之邪見，否定如來藏正法，認定阿羅漢入無餘涅槃已，一切悉滅，無第八識如來藏獨存，以斷滅空為眞如；如是誤導佛教學人，令諸學人誤以為佛教聖者所証之無餘涅槃同於斷滅論，故說印順是世論者。

如是誤會小乘大乘佛法之印順法師等人，本質皆是破壞佛教正法者，非唯永絕於大乘之見道，亦乃永絕於二乘菩提之見道，捨壽後之來世果報難可思議也。彼等師徒諸人，不能覺知**一切法皆是自心如來藏所現之事實**，不能捨離外法之虛妄自性，廣讀諸經而不能解義，於佛語滋生誤解，作種種虛妄想而生誤計，執著外法實有──執著蘊處界緣起性空之法實有；由此緣故，遠離 佛說三乘菩提正道，自絕於佛法之外。如是，印順法師及其徒衆，與諸方大師同皆習於世論，為彼諸西洋學府外道所作佛法研究之世論所迷，亦為密宗應成派中觀邪見世論所迷，信受彼諸研究佛學之世間言論，及信密宗應成派中觀等世間言論，而作種種辯論與言說；如是自學及敎他已，悉皆不能使人脫離生老病死憂悲苦惱，唯能誑惑後學之迷亂衆生。

「大慧！釋提桓因廣解衆論，自造聲論；彼世論者有一弟子，持龍形像，詣釋天宮建立論宗，要壞帝釋千幅之輪：『隨我不如，斷一一頭，以謝所屈。』作是要已，即以釋法，摧伏帝釋；釋墮負處，即壞其車，還來人間。如是大慧！世間言論，因譬莊嚴；乃至畜生，亦能以種種句味，惑彼諸天及阿修羅著生滅見，而況於人？是故大慧！世間言論應當遠離，以能招致苦生因故，愼勿習近」：釋提桓因者，即是中國民間信仰之道敎所說玉皇大帝也，此經文中所說之帝釋，乃是以前之忉利天天主，非是現在之忉利天主玉皇大帝。

現在之釋提桓因一向護持佛法，亦是請 佛住世弘法之天主也。前任釋提桓因，廣解衆論，故造聲論，謂世間一切法悉皆來自法界某一音聲，爲法界之根源。然而此說有其謬思，彼釋提桓因自不能知，將此聲論弘傳於人間；彼越南女人清海無上師所弘者，即是此聲論外道法也。

古時有一世論外道之弟子，修得神通，亦復妙解五分之論，善以種種譬喻及言語莊嚴等因緣而廣論辯。此世論外道弟子聞說聲論之法已，自知輕易能破，乃變現自身爲千頭龍，以己性命相邀，欲藉五分論之論辯方法，破壞帝釋之聲論，乃上升忉利天，向帝釋作如是之要：「我以千頭龍之龍頭，比於天主之千輻輪車；若我論辯時，有一法不如天主，即斷一頭；若千頭悉皆斷已，即殞命焉。然天主論辯時，若有一法不如我，即當將千輻輪寶車壞其一輻；千輻俱壞已，將因此喪失天主之位。如是以謝自己之所屈。」

以如是說，與帝釋相要已，即以帝釋所說聲論之法，摧伏帝釋；帝釋千輻輪寶車之一一輻，悉爲世論外道弟子之龍身所壞；寶車既壞已，帝釋即不能再住忉利天宮，乃還墮人間爲人。

佛以此事爲鑑，告誡諸弟子等：世間言論及與咒術等，以種種宗旨建立，以種種因建立，加以種種譬喻，以及種種語句莊嚴，而弘傳於人間，迷惑衆生。乃至如是龍形畜生，亦能以種種語句韻味，迷惑彼等諸天之天主天人及阿修羅，令彼天主等人執著於生滅見中，何況是人？而能不受其惑？是故佛令大慧等人，應當遠離世間言論；如是宣示者，皆由親見世論必能招致輪迴衆苦產生之因緣，故令佛門弟子衆等，應當謹愼，不可熏習及親近世間言論。

「大慧！世論者，唯說身覺境界而已。大慧！彼世論者乃有百千，但於後時，後五百年，當破壞結集。惡覺因見盛故，惡弟子受。如是大慧！世論破壞結集；種種句味，因譬莊嚴，說外道事；著自因緣，無有自通。大慧！彼諸外道，無自通論，於餘世論，廣說無量百千事門；無有自通，亦不自知愚癡世論」：世論所說一切諸法，悉皆不離身覺境界。

譬如元音老人所說諸法，悉皆墮於見聞知覺性中，徐恒志居士亦復如是，不離見聞覺知性，悉墮六識性中；人間之六識見聞知覺性乃依他而起之法，不能離於五色根而獨自現起，是故人死即無知覺性；五色根功能受阻時，即不能現起，故於悶絕位不能現行，故說意識等六心之心所法不離身覺境界，要依五色根及意根末那識，方能從如來藏中現起。

月溪法師所說，向覺知心中深觀之法，亦是身覺境界；色身五根若壞，此等深觀之心及其所觀境界，必定悉皆壞滅不現故，皆是依於身覺而有之境界法故。密宗所說之雙身合修淫樂法門，所証之樂空不二、樂空雙運，以及靜坐所得之明光大手印境界，皆墮身覺境界，不離身覺故，悉是依他起性之法故，不離見聞覺知故。如是所弘、所傳、所修、所証，悉是身覺境界，與諸世論無二，唯是加以佛法名相及証果名相包裝，故能迷惑佛教初機行人，故能迷惑佛教未悟之大法師等；更因彼等大法師之迷惑信受，攀緣於密宗上師法王，而造成風潮，導致更多佛教初機學人信受其法，同墮世論外道邪見中。

佛說如是世論外道，廣有百千種之多；並預記萬年之後，於佛法弘傳之最後五百年時，彼諸世論外道將會破壞三乘佛法之結集；亦將因彼時佛弟子之惡知惡覺故，有諸惡弟子信受彼世論外道邪法，引入佛門中大行其道。

然而如是世論外道，極爲倡狂，不待最後之五百年，今時已廣蒐集外道法，引入佛門中，自稱是眞正之佛法，並自稱是勝妙於顯教之最高層次佛法，即是西藏密宗也。

西藏密宗以二法破壞佛教三乘法義之結集：一者應成派中觀見，否定第二三轉法輪之般若諸經及唯識諸經所說第八識法，亦否定四阿含中廣說之意根第七識；二者索隱行怪，廣蒐外道所修各種怪異邪淫之行門，及與佛法修証完全無關之外道怪異行門，納入佛教中，高推為 佛所未曾宣說之一世成就佛地報身之行門，迷惑台灣顯教各大道場之大法師及其徒眾。

彼等西藏密宗外道，以應成派中觀邪見，破壞佛教三乘法之結集，謂三乘法諸經中 佛所說之第八識為非有，否定 佛所說之第八識，扭曲諸經中之佛語，謂為佛不曾說第八識。復誣蔑第二三法輪諸經佛語，謂 佛所說之第二三法輪諸經，皆非 佛說，謂為 佛滅度後之弟子長期結集而成者；如是破壞結集，將勝妙於四阿含諸經之第二轉法輪般若經，說為非 佛所說；將最勝妙之第三轉法輪諸唯識經典，說為非 佛所說，說為後世弟子長期結集所成者；將第三轉法輪究竟勝妙、能令佛弟子修至究竟佛地之最勝妙唯識一切種智經典，貶為不了義法。密宗應成派中觀見者作如是說，正是 佛所說之破壞結集者，將 佛所說結集而成之最勝妙法，加以破壞，欲令今時後世一切佛教學人悉不信受，何況修學？

如是本應最後五百年方出現於佛教中，方破壞三乘法結集之密宗，卻已提前出現於今時佛教之中。凡此作為，皆是破壞正法結集者。然若佛弟子眾，具備正知正見者，則如是破壞結集之事，必不能成功；皆因此時教中大師將佛法淺化與世俗化，誤導佛教弟子大衆，致令教衆普皆缺乏正知正見，故多不能了知其妄；非唯不能了知其妄，乃更因於惡知惡覺之因，故求身覺境界，故有如是密宗等惡弟子信受惡邪知見而大力廣弘密宗邪見；由是緣故，乃有印順師徒與達賴喇嘛師徒等人，依密宗應成派中觀邪見，而對般若與唯識諸經之正法結集，大作破壞之事。

破壞正法結集之如來藏法已，則密宗之常見外道見即可合理化，而爲佛教學人及諸大師所共認同；意識境界合理化已，則令密宗完全墮於身覺境界，成就破法及破戒重罪之雙身修法，得以取得生存之空間與資源，加速佛教之外道化。此即印順師徒等人，及達賴師徒等人之所爲者——將佛教教義外道化與世俗化。如是等人，名之爲破壞佛教正法者，實無過當之處。而諸大道場各大法師，云何心存鄉愿？爲密宗辯解？而於吾人所作護法正行，誣說爲誹謗僧寶？豈眞欲與密宗應成派中觀之印順法師，同其行而共其業耶？豈眞欲與密宗諸破壞正法者，同其行而共其業耶？

今時有諸法師，私下常作是言：「汝等佛門弟子，不應親近彼平實居士，不應受學其法；法師們都罵死平實居士了，你們還要親近他？」如是勸令與其有關之佛門學人應離余所弘傳正法，謂余法爲非。都不檢取 佛說諸經，一一比對之：「究有何處違 佛所說？是否完全同於 佛說？」只因名聞利養及面子攸關，便對正法之師作此誹謗，如是諸人，得無同彼世論外道之破壞結集心行耶？乃至罪加一等：身是佛教法師，而竟否定正法。彼等諸師不能証明余所傳法爲非，唯能檢証經論証明余所傳法爲正，而竟繼續嫌謗余法，同造破壞結集之地獄重罪，來世果報不可思議，非是有智之人也。

如是等人，迷於世論，不知世論外道滲入佛門之中破壞結集，反因世論外道之身披佛教法服—現出家相，便夥同弟子無條件支持彼等身披佛教法衣之外道，此即 佛說「惡覺因見盛故，惡弟子受」者。如是法師居士，於今時佛門之中，所在多有，不勝枚舉；如是等人，同於世論外道，以種種句味，因譬莊嚴，藉用佛法名相而說外道事，而傳外道法；悉是執著自己身覺境界而生之因緣法，根本未曾經歷自宗通之証悟，完全不懂自宗通之大乘宗旨。

佛說末法時：「彼諸外道，無自通論，於餘世論，廣說無量百千事門；無有自通，亦不自知愚癡世論」，正是今時西藏密宗之寫照也。何以故？此謂密宗蒐羅外道所說所修之種種邪謬法門，納入佛教之中，廣說無量百千事相上之行門，悉與佛法無關（詳拙著《狂密與真密》）。

譬如西藏密宗初入門時所修之供養，以曼達而作供養時，亦作觀想之供養，宣說供養時所作廣大無量供養之觀想成就時，即是眞實成就廣大無量之供養，如是故說供養時之觀想細相等無量百千事門（詳拙著《狂密與真密》第一輯）；亦如觀想而修天瑜伽，謂觀想本尊成就廣大天身時，即是眞已成就自己之廣大天身；謂觀想自身本尊天身成就佛所具有之三十二大人相及八十種隨形好時，即是自身已經成就究竟佛果…等。非唯如是，尚有其他無量百千法門，悉皆圍繞事相上之種種妄想而修，與佛法中之解脫道及佛菩提道，完全無關；如是密宗所說、所修、所証、所成之佛，悉是事相門上所作妄想，所說之法雖然無量無數，致令密續汗牛充棟；然若推究其實，悉是事門上之妄想，非是佛法，違背 世尊所說之解脫道與佛菩提道正理。

若人証悟已，欲與密宗諸法王等大修行者議論佛法時，則彼密宗諸大修行者，悉皆完全不知佛法，悉皆錯以外道法而施設佛法名相，以彼外道法之修証作爲佛法修証—以外道法之修証而取代佛法之修証。若問彼等所証之如來藏何在者，彼等則謂中脈內之明點即是如來藏；復作種種妄說，皆是「於餘世論，廣說無量百千事門」，若問其宗門意旨，則以外道雙身法之修証，作爲成佛之道。若詢其修密法之前所証之顯教修証時，則全部法王悉皆「無自通論，無有自通」，於彼等倡言已經修証完成之顯教解脫道及佛菩提道，悉無自通，完全未有修証，乃至知見亦復邪謬粗淺無比；如是密宗諸大法王及大修行者，「亦不自知愚癡世論」，妄說已具諸地証量，以凡夫見而自稱聖，自稱成佛，完全不知自身已墮世間言論妄法之中。如是虛妄知見，不知自謬之密宗上師法王，卻來崇密抑顯，而自高推，可笑已極。

爾時大慧白佛言：「世尊！若外道世論，種種句味因譬莊嚴，無有自通，自事計著者；世尊亦說世論，爲種種異方諸來會眾天、人、阿修羅，廣說無量種種句味，亦非自通耶？亦入一切外道智慧言說數耶？」密宗外道亦復如是，將外道世論，以種種句味因譬莊嚴，於密續中作種種誇大其詞之說，令不知其底細者，閱已不禁神往，欲入其中修學之。

然而若有智者，將之一一條分縷析，而令密續之破綻顯現，則知其實唯是種種句味之因譬莊嚴而已，並無佛法修証之實質可言也。菩薩親見如是事已，乃爲慈愍衆生故，一一評破，條分縷析，普令大衆悉知。又復爲諸大衆宣示佛菩提道之見道與修道宗旨，然彼密宗外道不知菩薩所說，便以自身對菩薩所說諸法之誤會所得知見，妄論菩薩所說爲非佛法。

佛世時亦復如是，有諸外道聞 佛破斥彼等外道：說外道輩唯說一異來去生滅常無常……等，悉與解脫正道及成佛之大菩提道無涉，所說皆是世論。彼等外道如是聞已，後聞 佛爲諸方世界來此之菩薩、天人、阿修羅……等，說一異、來去、生滅、常無常……等，便謗 世尊亦說世論，而不知 世尊之依自心現量宣說諸法之一異常無常…等。爲有外道衆生不知不解 佛意，作諸妄謗之言，是故大慧菩薩有此伸問，以爲因緣，請 佛答示。

佛告大慧：「我不說世論，亦無來去，唯說不來不去。大慧！來者，趣聚會生；去者，散壞；不來不去者，是不生不滅。我所說義，不墮世論妄想數中；所以者何？謂不計著外性非性；自心現處，二邊妄想所不能轉。相境非性，覺自心現，則自心現妄想不生；妄想不生者，空、無相、無作，入三脫門，名爲解脫。」佛所說法，不說世間言論；此謂 佛所說法，不說與解脫道無關之法；亦不說與佛菩提道無關之法；雖然有時亦說世間悉檀，然是爲令弟子大衆了知世間無常，發生死心，懇切求出生死而斷我見與我執；或求大菩提果，本質仍是依自心現量而說也，未曾離自心現量而言諸法也。

佛所說者，乃是宣演不來不去之法。所謂來者，是說衆生不知不証蘊處界無常空，每認蘊處界內之某一界爲常住不壞之法，墮於蘊處界法中，則必再受後有，成有來之法；既是有來之法，則將來必定有去；有來有去，則是生滅之法，不能出生般若慧，亦不能了脫生死。如是錯誤知見，今時彼諸大師學人同皆犯之，而不自知。

譬如聖嚴法師之以放下一切、皆不執著之覺知心，作爲實法；亦如惟覺法師之以意識心及作主心（清楚明白處處作主之覺知心）爲眞如，皆墮五陰之識蘊中；

如是等法乃是有來之法，有來之法則非實相；謂彼等大師既認定如是心爲實際者，必定不肯令如是妄心否定自我，則必定堅執如是心爲常、爲不壞法；如是心行，口說不再喜樂生死，其實正是喜樂生死者，所以者何？謂如是等人，必定不願令如是有來之心滅失故；由是緣故，必定趣向衆生聚會之處而受生，而後再現起如是心也，由此故名「趣聚會生」。此與菩薩捨壽後之能滅卻如是妄心，不墮五陰之中，是故不來；而依十無盡願、發起受生願，再來人間者，迥異其趣也。

所謂去者，謂能散壞之法也。能散壞之法，則非常住不壞之法，則非諸法之實相也。云何名爲散壞之法？譬如聖嚴、惟覺二師之所墮者，即是散壞之法，名爲有去之法。何以故？此謂：一切都不執著之心，一切放下之心，即是意識故；此謂清清楚楚明明白白之心即是意識故，同於密宗明空大手印所証之意識心故。意識心乃是易起易滅之法，復又依意根末那識及法塵與觸等三法爲緣而起，每夜眠熟必斷，次晨復依根塵觸三法而起，故是有滅之法；復次，此意識雖藉如來藏中意識種子流注之等無間緣，而得連繫前夜意識心行，而得連繫死前之意識心行，然受生入胎之後永斷，不能與前世意識心連結—前世意識心已永斷故不能復現故，故有隔陰之迷，此是學佛者之常識。既是有斷、有滅之法，則是有去之法，則不得謂爲不來不去之法也。

復次，惟覺法師所執之處處作主之心，乃是清醒位之意根；而清醒位之意根仍有極多之微細運作，非惟覺法師之所知也；復有悶絕位意根及眠熟位意根、正死位意根、住胎位意根之運行等，皆非惟覺法師之所知也；如是意根亦是可斷之法，譬如定性聲聞之阿羅漢，捨壽必入無餘涅槃，彼時十八界永滅，不復現行，永無意根復現於三界中。既是可斷之法，則非無去之法，不得謂爲不來不去之法也。如是台灣佛教界禪宗二大名師，悉墮於有來有去之法中，所說與彼世論外道所說之離念靈知心無異，亦同於外道五現見涅槃之初者無異，同以欲界中之意識覺知心爲不壞法故。若如是而可名爲証道聖者，則彼諸多順世外道等人，亦皆可說爲佛門中之証悟聖者也。

復次，印順法師雖言意識心無常，然於否定第七及第八識已，唯恐他人譏彼爲斷見外道，遂別建立不可知不可証之意識細心，創造此子虛烏有之法，作爲連結三世因果者，作爲因果報應之主體識。然 佛於阿含諸經中說「**一切粗細意識皆意法爲緣生**」，如是佛語具載於四阿含諸經中，今猶可稽，既然一切粗細意識，皆是依意根及法塵相觸爲緣而生，三界中豈有不可知不証之細意識耶？故知印順所說不應正理：不但悖理，抑且違教。所以者何？謂三界中最細意識，莫過於非非想定中之最微細意識心—似有覺知、似無覺知；然此定中意識仍未能離三界境界，故知絕非不來不去之心。

若強謂此心眞是不來不去之心者，則是意指此心可出三界而入住無餘涅槃中；然我 世尊終不作是說，始終皆言入無餘涅槃時十八界法俱皆滅盡，無有一法得存；十八界中，意識所緣所依止之意根尚且滅盡，何況依意根而有之意識細心可不滅耶？故知細意識亦是可滅之法，不可謂爲不來不去之法也。

復次，**不可知不可証之語**，即是戲論。此意謂：主張有某一法是一切人皆不可知不可証者，即謂說此語者未能証知如是法。未能証知，而復確有此法者，則未証知之前，不得謂爲已經見道，何況可言成佛耶？如是而言能授人以《成佛之道》者，寧有斯理？由是故說印順所言諸法，皆是自意妄想所得，非是眞參實証之法，悉屬戲論，與諸外道妄想者無異也。

如是，三位台灣最有証量之大師名師，所言悉墮世論之中，所說不異世間言論故，與世間哲學家及研究佛學之外國基督徒等人無異故，純是世間言論；雖是海內外聞名之大師，所說有何可信之處？如是大師皆墮來去之法中，墮來去之法者，捨壽後必定趣生—復生人間繼續輪迴。彼諸大師若以應成派中觀邪見而誹謗如來藏正法，或謗大乘賢聖，以及爲謗人故轉謗正法，則捨壽後必趣三途；如是大名聲，有何可羨者？宛如今時已被判處多劫之地獄刑罰，只待數年或數十年捨壽後即將執行一般，名爲可憐憫者，後世遠不如不識字之老比丘及老比丘尼也。

佛所說者，乃是不生不滅之法，不說有來有去之法。乃是說：一切法皆是自心現量。亦不墮世論妄想數中；所以者何？謂不計著外性非性；既已証知一切法悉是自心如來藏所現，則不誤計心外「有」等一切法，則不著一切心外之法，由不計著心外「有」之一切法故，則不計著心外有非法。如是証知者，現見一切法悉是「自心現處」，由如是証知故，斷常、生滅、有爲無爲……等

「二邊妄想所不能轉」。

佛子如是親証已，現見一切相分境界悉非有其眞實不壞之自體性，悉是自心如來藏所現行故，是故 佛說相境非性，覺自心現。如是現見已，則於一切法不生妄想，亦不因聞善知識所言「一切法皆自心現」等言，而作種種虛妄之想，是故 佛說「則自心現妄想不生」。虛妄之想不生者，則是親証空性空相者，是親証無相法者，既親証空、無相法，則不墮於有爲有作之心法中，則入三解脫門，如是証者，名爲証得三解脫者。

「大慧！我念一時於一處住；有世論婆羅門來詣我所，不請空閒，便問我言：『瞿曇！一切所作耶？』我時答言：『婆羅門！一切所作，是初世論。』彼復問言：『一切非所作耶？』我復報言：『一切非所作，是第二世論。』彼復問言：『一切常耶？一切無常耶？一切生耶？一切不生耶？』我時報言：『是六世論。』大慧！彼復問我言：『一切一耶？一切異耶？一切俱耶？一切不俱耶？一切因種種受生現耶？』我時報言：『是十一世論。』大慧！彼復問言：『一切無記耶？一切有記耶？有我耶？無我耶？有此世耶？無此世耶？有他世耶？無他世耶？有解脫耶？無解脫耶？一切刹那耶？一切不刹那耶？虛空耶？非數滅耶？涅槃耶？瞿曇！作耶？非作耶？有中陰耶？無中陰耶？』大慧！我時報言：『婆羅門！如是說者，悉是世論，非我所說，是汝世論。我唯說無始虛僞妄想習氣種種諸惡三有之因，不能覺知自心現量而生妄想，攀緣外性。如外道法我諸根義，三合知生；我不如是，婆羅門！我不說因，不說無因，惟說妄想攝所攝性，施設緣起。非汝及餘墮受我相續者，所能覺知。』大慧！涅槃、虛空、滅，非有三種，但數有三耳。」：凡見善知識，欲請法者，皆應先請空閒：先意問訊，請示善知識彼時有無空閒。得其首肯已，方得提出問題請問，此是學人見善知識請法時之基本禮儀。

今時佛門之中，多諸大師居士，同此婆羅門外道之外於自心現量而宣說一異、非一非異；亦復有人外於自心現量而說一切法緣起性空，說一切法皆是所作；說一切法滅已，滅相不滅故名爲如，名爲非所作，以此斷滅空作爲不生不滅之空性；如是說者，悉是世論，誤解 佛說空性正理故，此即宗喀巴與印順法師等一類人也。

印順師徒等人，悉皆外於如來藏而說無記、有記，有我、無我，有此世、無此世，有他世、無他世，有解脫、無解脫，一切剎那、一切不剎那，虛空、非數滅、涅槃，作與非作、有中陰身、無中陰身等。觀乎印順法師之著作，其中所說者，莫非如是。外道亦復如是，外於自心藏識而作如是無量無數言論，悉名世論；印順法師所言既不外於世論外道所說者，則亦墮在世論外道數中，雖披僧服，本質仍是外道，所弘之法純是外道法故。

如是等人，悉皆外於自心如來藏而言蘊處界空，而言緣起性空；又復誤會蘊處界等法，執蘊處界中之某一法為非蘊處界所攝之法。我 佛世尊則不如是，凡為衆生說蘊處界空相時，必有所本，謂以第八識、以名色所緣之識為本也。以自心藏識而開示衆生：「無始虛偽妄想習氣是受生於三有中之生因，造作種種諸惡而引起必生於三有之因，不能覺知一切法皆是自心所現之事實，因此而生妄想，以為外法實有，攀緣於外法而造種種輪迴三有之因。」

外道法認為覺知心我是由諸根等三法和合而出生；世尊說法則不如是，乃是依如來藏之自心現量而說三法和合故有覺知心意識出生；佛於四阿含諸經中說法時，不說有因、不說無因，唯是依自心現量而說虛妄想所引生之能取與所取二法虛妄不眞，爲令衆生理解如是正理而不誤計及貪著名色自己，以証解脫，故依自心現量而爲衆生施設緣起法，說十二因緣法；十二因緣法說已，復說**名色緣識**（名色七識緣第八識）、（第八）**識緣名色**故令二法互相增長廣大之理；復說十二因緣法流轉門中識緣名色之六識身所緣無明支，唯能推溯至第八識而止，不能超過第八識而推尋無窮，故說**齊識而還，不過彼識**。

如是，諸菩薩依 佛所說而証悟大乘法已，復依 佛意、以自心藏識而說緣起法者，不墮斷常二見之邪見中，不墮外道之世間言論中。如是依於 佛旨所說諸法，非諸外道所能知之，非印順師徒等應成派中觀師墮於斷見常見者所能知之，非惟覺、聖嚴法師墮於意識常見境界者所能知之，彼等悉墮於《受、我》相續之我見中故。

涅槃、虛空無爲、非擇滅無爲，非有三法，而彼等諸人及諸外道，悉皆不能知之。譬如印順師徒等人對於涅槃作種種妄想，謂涅槃不可說、不可知……等，皆是虛妄之想所作言說，唯是世間言論，非有實義。彼等師徒不知涅槃與虛空無為、非擇滅無為，實無差異，唯在對機對境之異而作異說爾，本非三法，唯是自心如來藏之現量；而彼等不知，以諸書作種種言說戲論，說之為三，只益眾生之紛亂，無益眾生之佛法知見建立。

所以者何？謂涅槃者，實依自心藏識立名，非可外於自心藏識而言涅槃之修証與境界也：無餘涅槃者，謂眾生之七轉識已修除分段生死之煩惱種子，令煩惱種子不再現行，故於捨壽時，能令意根我滅除，故令如來藏不再出生中陰身；或者於中陰身滅後，不再受生，而將中陰身與中陰階段之十八界法滅除，唯餘如來藏無形無色，離一切覺觀，亦無思量，不復出現於三界中，永無一切三界行苦；依如來藏所處如是境界，說名無餘涅槃，故說一切聖者捨壽所入無餘涅槃，不得外於如來藏而有。

有餘涅槃亦復如是，依如來藏中分段生死煩惱現行之斷除，未捨壽而入無餘涅槃之前，施設有餘涅槃之名，非可外於自心如來藏而說涅槃也。

大乘別教諸菩薩所証之本來自性清淨涅槃亦復如是，依第八識於生死流轉中，恆常顯現其性：體恆常住、隨緣任運、不貪不厭、不生不滅、不來不去之境界。大乘別教之佛子若能現前觀察証知者，佛即爲如是菩薩施設本來自性清淨涅槃之名，非可外自心如來藏而言有此涅槃也。

佛地之無住處涅槃亦復如是，悉依自心藏識而言；謂佛地之第八識已斷盡分段生死之現行，並斷盡煩惱障之種子隨眠，永離變易生死；亦斷盡無始無明一切隨眠，智慧究竟圓明，故改名無垢識，亦名眞如；於一切境界，於一切法，於一切有情，悉皆眞實如。如是佛地眞如，由斷盡分段生死及變易生死之証量故，永不住生死；由斷盡無始無明隨眠故，現觀一切法唯是自心眞如所顯，現觀一切無爲法亦是自心眞如所顯，涅槃即是眞如，故亦永不入住無餘涅槃；如是不住變易生死亦不住無餘涅槃，故名無住處涅槃；此亦依佛地之第八識眞如而作此無住處涅槃之施設，非可外於第八識眞如而言無住處涅槃也。

如是，四種涅槃既皆依於第八識之所處不同狀態而施設其名，焉得外於第八識而有涅槃之可言者？是故涅槃實依第八識而立名，涅槃即是第八識。印順師徒等人不知不証涅槃，復又不知不証涅槃之體—如來藏，是故妄作「涅槃不可知、不可說，說者即非涅槃……」等言語，悉是戲論，唯是世間言論，絕無實義，故名印順師徒等人爲世論者。所以者何？謂涅槃甚深正理，余今言說分明，令大衆悉得知解，然後求証有望；若人猶如印順師徒之言涅槃不可知、不可說，說者即非涅槃……者，焉得名爲已知佛法者？焉得名爲已証涅槃者？是知印順師徒皆是凡夫，未証涅槃；是故彼等所言涅槃，不能眞實述及涅槃正義，所說即是世論。

虛空亦復如是。虛空者，乃是虛空無爲之簡稱也。虛空無爲者，謂因地衆生之第八識如來藏，體性猶如虛空：體恆常住、隨緣任運、不貪不厭、不生不滅，性如虛空之於一切法無爲，故名虛空無爲。虛空無爲旣依衆生之自心如來藏體性而立如是名，是知虛空無爲一法，唯是名相施設，其體即是衆生之自心如來藏，非可外於自心如來藏而有虛空無爲一法也。由是故說虛空無爲即是如來藏，不可說爲二法也。

非擇滅亦復如是。非擇滅者，乃是非擇滅無爲之簡稱也。非擇滅無爲者，謂佛子修學佛法，了知蘊處界等法悉是有爲有作之法，悉是生滅無常之法，凡於蘊處界法不知其妄者，則因墮於蘊處界法眞實不虛之妄想中故，便於蘊處界法相應之六塵諸法起貪厭等心行，故造無量世間輪轉之業因種子，導致受生輪迴不已。

凡夫衆生不知如是道理，不斷我見與我執，永墮輪迴業因，不能脫離；外道眞修行者，努力斷除對於世間六塵境界之貪著，而不知應斷「覺知心我常住不壞、思量心我常住不壞」等邪見，故以修証四禪八定之法，強行壓抑六塵貪著等，最終則是証得非非想定；生非非想天已，不過八萬劫，仍將下墮人間或三途，不能超出三界生死。佛弟子隨 佛修學三乘菩提，或後末世隨諸菩薩修學三乘菩提，親証二乘菩提而斷我見與我執；或親証大乘菩提而証自心藏識、而斷我見與我執，並因悟後之漸修種智，而了知一切法皆是自心所現之事實，則覺知心與思量心皆轉依第八識如來藏之本來自性清淨涅槃體性，依如是涅槃性而安住其心，即是金剛經所說之應無所住而生其心也。

三乘賢聖依三乘菩提而見道後，依之漸修，漸除煩惱障之現行乃至種子隨眠，成就四果有餘依涅槃之修証後，其覺知心與思量心悉能依清淨性而自安住，不須如末悟三乘菩提之佛門凡夫，或如外道之以意識心觀察而壓抑其現行，故名三乘諸聖爲自性清淨者，即是非擇滅之無爲法。

三果以下聖者，則仍須多分或少分以意識心壓抑，而令分段生死之煩惱不現行，有時亦仍有部份現行；如是壓抑而令不現行者，即名擇滅無爲——尚須有所檢擇，方滅三界有爲法故。外道及未悟得三乘菩提之一切佛門凡夫，則至多唯能不起身之惡業，不能制止口意惡業，皆未能與擇滅無爲相應故；証得四禪以上定境者，唯能與不動無爲相應，終不能與擇滅無爲相應也。

凡此所說者，已顯示証得非擇滅無爲者，乃是証悟三乘菩提後之修行進斷煩惱障，已能令身口意之惡業自然不復現行，已使其七轉識心之現行能得清淨，非如有學聖人之由意識心之檢擇而後能滅輪迴之身口意因，故名非擇滅無爲。如是非擇滅無爲，實依三乘賢聖修証解脫道後，令其如來藏所含七轉識之種子清淨，非由意識之檢擇，便能令六七識自行安住無爲性中，故說之爲非擇滅無爲，亦是依如來藏而安立。若不依如來藏，則是單依六七識之現行而安立擇滅無爲，則不能安立非擇滅無爲，非擇滅無爲乃是藏識中之六七識種子已經清淨，令六七識心永無染污心行現起故。由是故說：非擇滅無爲實依自心如來藏而施設其名，其體即是自心如來藏也，不可外於自心如來藏而立非擇滅無爲一法也。由是正理，說非擇滅無爲，其體即是如來藏。

　　如是，涅槃無爲、虛空無爲、非擇滅無爲，此三法皆依如來藏體而立名，皆是顯示如來藏在佛弟子進修三乘菩提過程中之境界；既是依如來藏所住之狀態而立三名，故說此三法皆是如來藏所顯，皆依如來藏體而有三名，則知此三名實非三法，唯是一法，即是如來藏也。由是緣故，佛說：「涅槃、虛空、滅，非有三種，但數有三爾。」

「復次大慧！爾時世論婆羅門復問我言：『癡愛業因故，有三有耶？爲無因耶？』我時報言：『此二者，亦是世論耳。』」猶如今時佛教界諸大名師悉言：「由癡愛業因故，致有來世三界有。」如是言論，世論外道早已宣講，不必待我佛教大師再說也，何以故？謂此是世間言論故。所以者何？此謂佛教大師及世論外道所說者，唯於輪迴之表相言之，不能觸及輪迴之眞正原因故。

　　輪迴之眞正原因，在於我見與我執，不在癡愛業因也，癡愛業因多在六塵法中起諸貪厭故。此謂修行者若能斷除我見及我執，則了知五蘊十二處十八界悉皆無常、空、無我，則其愚癡已除；愚癡除已，則不復貪著世間六塵萬法；如是愛因已除，則不復造作種種業因。是故，癡愛業因之根本在我見與我執之餘存未斷，而不在外法之貪著。佛世尊所說者，意在於此，而諸世論外道悉墮我見與我執中，今時佛門諸大法師居士則堅執離念靈知心爲常住不壞法，亦墮我見我執中，同皆不知 佛說此理，每在去除貪瞋癡愛等業因上多所著墨，而不在斷除我見與我執上用心，同此世論婆羅門所墮，佛說此是世論。

「彼復問言：『一切性皆入自共相耶？』我復報言：『此亦世論，婆羅門！乃至意流妄計外塵，皆是世論。』」世論婆羅門又以爲「一切法之自性悉皆入於自共相中」，以爲自共相即是一切法之根源。

此如今時佛門之中，每有諸多專研佛法唯識學之專家，廣論唯識增上慧學所說諸法之自共相，以之爲修學增上慧學者；其實悉墮世間言論中，並無實質修証之可言者。此謂唯識增上慧學所述之一切種智，必須親証如來藏已，方能眞解第一能變識（如來藏能生萬法、體即涅槃）之體性；証解第一能變識之體性已，再依唯識一切種智所說，現前觀察第二能變識（末那識）之依如來藏而有，之依如來藏而現起種種心行，之依如來藏而變生自己所相應之種種法；証知此二種能變識已，方能依唯識一切種智所說，現前觀察第三能變識（意識）之依第一第二能變識而有，之依如來藏與末那識而變現自所相應之一切法；由此三能變故，令世間及出世間之一切法展轉出生，而令凡愚及諸賢聖可以受用親証。

是故唯識增上慧學中，雖亦說諸法之自相與共相，然實唯在說明此三種能變識之體性異同，及其本末，目的非在宣說諸法自相共相之法相，目的實欲令已經親証自心藏識之菩薩摩訶薩，能現前觀察第二第三能變識之虛妄也。然諸凡愚衆生聞之不解，便誤認諸法之自相共相即是一切法之本源，便在此自相共相上而作言說。如是所說者，即是未悟自心藏識者所說之唯識學也；彼等**未悟藏識者所說之唯識學，悉皆不能觸及第一義諦，故名世論**。凡我佛門弟子欲証實相第一義者，莫如世論外道之於諸法自共相上廣作文章，莫學彼等研究唯識學而不事親証如來藏之佛學研究者唯作研究；如是所說、所行、所研，唯能虛耗光陰而無益自他故，如是所爲同於世論外道所作之世間言論故。

佛說：「乃至意流妄計外塵，皆是世論。」此如今時印順法師之妄計第三轉法輪諸經所說唯識增上慧學爲虛妄唯識門，即是 佛所斥責之人也。何以故？謂印順等人妄執應成派中觀見已，則必須否定第八識如來藏，亦須否定第七識意根——末那識；否定已，則唯餘六識，則其根塵法界唯餘五根六識六塵等十七界，而非 佛說之六根六識六塵等十八界。既無七八識，則無眞識可言，是故彼等唯能於唯識學之虛妄六識心及其心所法上分別思維，由是邪見，故將唯識增上慧學諸經定義爲虛妄唯識門；彼等唯能知解虛妄唯識門之少分，不能具足了知；更不能了知眞實唯識門所說之第一能變識及其種種自性法等，是故彼印順法師等師徒輩，唯能在意流妄計之外塵（唯識學諸名與相）上用心，不能觸及第一義正理。由是緣故，彼等所說唯識諸法，悉墮世論之中，同於斷見外道所說之緣起性空，同是世論，不及第一義諦故。

「復次大慧！爾時世論婆羅門復問我言：『頗有非世論者不？我是一切外道之宗，說種種句味、因緣、譬喻莊嚴。』我復報言：『婆羅門！有非汝有者。非爲、非宗、非說、非不說種種句味，非不因譬莊嚴。』」世尊說法時，爲令學人能眞解知 佛所說義，是故有時亦以譬喻而作說明，非不作譬喻說明也。

佛所說喻，廣有多種，隨衆生心應所知量，而爲衆生宣演，令得悟入佛法之眞實義味。世尊於般若系諸經中，固說凡有所說即是非法，然又廣說般若系諸經，乃至大般若經之達六百卷之鉅，非無言說也；如是鉅量言說，實在表顯從來離言說之自心如來藏，亦在表顯一切法皆自心現量之正義。

今時每有法師居士未悟謂悟，未証言証，而不能忍於余之破邪顯正、建立宗門正義，乃作是說：「佛曾說：凡有所說皆是虛妄，皆如夢幻泡影。汝平實云何作是廣說？心中起如是諸念，皆是妄想也。是故汝平實作是廣說者，即非無念，即非証悟。是故汝平實今後不應再有說法諸事，宜可默然不語。」或有私下以言語如是評余者，或有當面相告者，或有化名隱址來函而作是說者。

然 世尊曾說：「若言我有所說法，是人謗我，不解我所說法。」彼等諸師卻不思維：「若言 佛有所說法，即是謗 佛；然 佛明明廣說般若系諸經，種種宗因譬喻而作破立及與結語，非無說法；當云何言，方符 佛意？」

若言 佛無所說，明明諸經悉是 佛說；若言 佛有所說法，卻又成謗 佛去。諸方大師何不就此商量商量：究竟 佛世尊有無說法？同理亦然，平實作是諸書廣說三乘佛法正理，非無宗因譬喻及與破立，然所說法，句句指向從來離於言說之如來藏，書書皆廣說離言之如來藏本體。諸方大師當作研考：「平實如是言說，與世論外道婆羅門等人所說，與佛門中之世間言論者所說，究竟有何差異？究竟有無違 佛所說？」當依 佛所說諸經，作如是考據已，方可語於平實也；否則徒作種種言說，豈眞欲效世論婆羅門之作世間言論哉！

「婆羅門言：『何等爲非世論？非非宗？非非說？』我時報言：『婆羅門！有非世論，汝諸外道所不能知，以於外性，不實妄想虛僞計著故。謂妄想不生，覺了《有無自心現量》，妄想不生，不受外塵，妄想永息，是名非世論；此是我法，非汝有也。婆羅門！略說彼識若來若去、若死若生、若樂若苦、若溺若見、若觸若著種種相；若和合相續、若愛、若因計著，婆羅門！如是等比，皆是汝等世論，非是我有。』」世論者，存在古今佛門凡夫之中，極爲普遍，非唯世論外道有之爾。

佛門凡夫每將修定之排除語言妄想，作爲 佛所說之排除妄想正旨。排除語言妄想者，乃是修定之法，通於外道世間禪定之四禪八定正修，非是佛法正修也。佛法所說斷除妄想者，乃謂斷除對於佛菩提之虛妄想，及斷除對於涅槃解脫道之虛妄想，如是說名斷除妄想，非是說修定時所斷除之語言文字妄想也。

今時之佛門大師學人，普遍存在錯誤知見，每將一念不生之修定法門作為佛法之正修行—便謂靜坐方是修行，便以保持不起語言妄想作為佛法正修。都不思量：「吾人於証入一念不生境界之後，為何尚不能與諸經中所說之般若實相智慧相應？若一念不生之境界已証得時，仍不能了知般若實相智慧，則如是靜坐修行，與般若實相智慧之正修行是否有違？」若能如實探究已，則知般若智慧之証得，非在靜坐保持一念不生上用心，而是應當推尋自心如來藏何在，以求親証之，並現前體驗之，領納自心如來藏之體性，因之發起般若智慧。

如是正修行已，能如實覺了《有無自心現量》，是故不再有虛妄想出生—妄想不生；由此緣故，覺知心及意根漸轉清淨，不受外塵，妄想永息，是名非世論之佛子。

若人愚癡無智，繼彼印順師徒之效學婆羅門世論，於彼六識心體及其相應諸法之若來若去、若死若生、若樂若苦、若溺若見、若觸若著，種種法相上而作種種言說，而說六識心及其心所法之和合相續、或者貪愛、或者於業因計著……等，如是無量言說，皆同婆羅門外道之世論，非是我等佛門弟子所應有者；此等皆是世間言論故，與般若諸經所說之實相不相應故，佛於三乘諸經中不說如是世論故，悉依自心現量而說彼六識心及其心所法之虛妄故。凡我佛門一切大師學人，不應如印順等人之截頭去尾，故意略去 世尊說法主旨之自心現量，而單說諸法緣起性空也，否則必墮世論外道法中故。

「大慧！世論婆羅門，作如是問，我如是答；彼即默然，不辭而退，思自通處，作是念言：『沙門釋子，出於通外，說無生無相無因，覺自妄想現，妄想不生。』大慧！此即是汝向所問我：『何故說習近世論種種辯說，攝受貪欲，不攝受法？』」世論婆羅門不解 佛所說義，妄說 佛是：「不能知解婆羅門世論宗旨，故出於婆羅門所通達正理宗旨之外，而說一切法無生、無相、無因，所說爲覺察自心妄想之是否出現，欲令妄想不再出生。」世論婆羅門不能自知墮於世論中，而言自己是通達自心宗旨者，作如是謗 佛之說。

如是誤會佛法者，非唯世論婆羅門也，今時之印順法師及其諸多徒衆亦復如是誤解佛法，不知 佛依自心 如來藏現量而說實相，不知 佛依自心 如來藏現量而說蘊處界等一切法空，而有般若諸經之結集；印順法師由不知正理故，便將錯解底知見，用來廣造諸書，作是妄說：「般若經旨爲一切法空，實無如來藏，如來藏同於外道之神我梵我，是後來之佛弟子所演變創造而有之說法，與外道之神我梵我合流。」作是邪說已，廣爲誤導衆生，復又廣印行之，欲遺毒後世佛子，永受其毒。如是徒衆，不自知其謬，反來誣謗余法，作諸飾辭、遁辭，不肯修正，繼續誤導衆生，以求維護名聞利養，置未來世之長劫尤重純苦正報而不顧，非是智者所當行也。

如是等人所說諸法，墮於世間言論之中，不能觸及第一義諦，同於世論婆羅門所說者，非是自宗通者，學人悉應遠離，以免受其毒已，先入爲主之觀念難以改易，非唯遮障見道之緣，亦且可能隨之造作謗法惡業，而自以爲正在護持正法。如是習近印順法師之世論已，彼諸法師等人，不可能攝受正法，必定攝受貪欲，何以故？謂如是等人必定不能捨離名聞利養故，必定繼續以大法師之姿態遊行人間，而作世間言論、說彼等所不能觸及之第一義諦故，必定違遠自心現量之正法義理故，必定墮於意識心故，意識心與名聞利養等法相應故。由是緣故，佛向大慧菩薩說：「大慧！此即是汝向所問我：『何故說習近世論種種辯說，攝受貪欲，不攝受法？』」

大慧白佛言：「世尊！攝受貪欲及法，有何句義？」佛告大慧：「善哉！善哉！汝乃能爲未來衆生思惟諮問如是句義。諦聽！諦聽！善思念之，當爲汝說。」大慧白佛言：「唯然受教。」：此段文淺，行者自惟可知，略不作解。

佛告大慧：「所謂貪者：若取、若捨，若觸、若味，繫著外塵，墮二邊見；復生苦陰，生老病死憂悲苦惱。如是諸患皆從愛起，斯由習近世論及世論者，我及諸佛說名爲貪；是名攝受貪欲，不攝受法。」

貪者，謂有取捨，於觸六塵時領受六塵之韻味而貪著之，繫縛貪著心外之六塵諸法，墮於斷常二邊邪見中。由如是緣故，復生後世苦陰，致有生老病死憂悲苦惱。如是等種種苦患，皆從愛著六塵等法之韻味而生起；然而愛著六塵諸法韻味之貪，則是從熏習世論與親近世論者而引生。世尊與諸佛皆說如是名爲貪著；此即是 佛所說：熏習世論、親近彼等弘演世論之人者，將會攝受貪欲，而不會攝受正法。彼世論者所說，悉是意識心相應之法故，悉非遠離見聞覺知之出世間法故，與從來離言説之如來藏迥異故，與第一義諦之法界眞實體性心如來藏無關故，唯是依文解義而演說般若之表相故，乃至如印順法師之否定般若正旨故；由是正理， 佛說熏習世論，及親近彼弘傳世論之人者，必墮貪欲相應之心行中，而求名聞與利養故，是名攝受貪欲、不攝受正法。

「大慧！云何攝受法？謂善覺知自心現量。見人無我及法無我相，妄想不生；善知上上地，離心意意識，一切諸佛智慧灌頂，具足攝受十無盡句，於一切法無開發自在，是名爲法；所謂不墮一切見、一切虛僞、一切妄想、一切性、一切二邊。」所謂攝受正法而非攝受貪欲者，乃是說：善於覺知一切諸法皆是自心如來藏所顯現之事實。

善於覺知諸法皆是自心現量者，乃謂：菩薩親見人無我相及法無我相，是故虛妄想不再出生；善於了知上上地修証之境界，離於如來藏之執著，離於意根、意識之執著，一切諸佛以智慧而灌此菩薩之頂，令此菩薩具足攝受初地所發起之十無盡願等言句中之意旨，能於一切法善於了知，不待思惟觀修，故能於一切法皆得自在，如是名爲攝受正法。

攝受正法者，亦謂：菩薩親証自心現量故，不墮於一切凡愚所墮邪見，遠離一切虛僞法，遠離一切虛妄想，遠離一切法性執著，遠離一切二邊邪見。

「大慧！多有外道癡人墮於二邊：若常若斷，非黠慧者。受無因論，則起常見；外因壞，因緣非性，則起斷見。大慧！我不見生住滅故，說名爲法。大慧！是名貪欲及法，汝及餘菩薩摩訶薩應當修學。」墮於二邊者，名爲外道見，或名佛門中之愚癡人，未離無明故。末法之季，多有大師自謂已離二邊邪見，亦向弟子大衆宣演遠離二邊邪見之理。然而觀察彼諸大師所說者，其實多未遠離二邊邪見，而自以爲已離二邊邪見。

最具代表性者，古時有宗喀巴及其隨從者。今時最具代表性者，厥爲印順法師及其隨從者：印順法師主張無如來藏，主張「如來藏唯是言說，並無此法存在」，亦主張「無第七識意根末那」。如是誤會四阿含諸經第八識佛旨，及誤會般若系諸經第八識佛旨，卻說阿含與般若諸經所說法，即是外於如來藏之一切法緣起性空，即是一切法空，將阿含般若諸經中 佛所說第八識心完全否定；如是墮於一切法空之斷見已，自知難免受人責難與質疑，遂又別行建立虛妄想像之不可知不可証之意識細心，轉墮常見外道見中，雙具斷常二見；佛於阿含中說「一切粗細意識皆意法爲緣生」故，一切粗細意識皆非不可知不可証者故，一切法界最細意識無過於非非想定中意識故，非非想定意識是可証之法故，法界最細意識之非非想定微細覺知心仍是意法爲緣生、仍是緣起法、仍是三界流轉法故，執著任何粗細意識常住不壞者即是常見外道見故。

由是故說印順法師雙具斷常二見，而其徒衆不知其謬，猶自每年耗用巨資，爲之召開印順思想研討會，以其斷常二見之邊見而作研討題材，能研討出何種正法結論耶？依余所觀，印順法師之佛法知見，一言可以蔽之：全部都是密宗應成派中觀之斷常邪見，除此以外，別無他法，亦無任何正見可言。

密宗達賴喇嘛亦復如是，除此應成派中觀之邊見以外，無有任何般若中觀之正見，悉是月稱外道之無因論邪見。而台灣之中國佛教會會長，及聖嚴法師等人，盲無慧眼，竟以巨資競相攀緣達賴喇嘛，欲以之拉抬自己聲勢，以求世俗名聲，鞏固自身在台灣佛教界之地位，眞是愚不可及者。所以者何？若人有智，欲藉他人拉抬自己聲勢者，當先了知對方之底蘊，而後判斷應否行之？然而淨心長老、淨良長老、聖嚴法師諸人，都不能知密宗之底細，都不能知達賴所弘法義之底細，便以巨資供養破壞正法之外道達賴，藉以攀緣之，豈是有智之人？達賴所極力弘傳之應成派中觀見，是徹底破壞佛教正法之邪見故；達賴暗中弘傳之大樂光明雙身法，則是以性力派外道法而取代眞正佛法故。

印順法師著作等身，普爲佛學院取作教材，致其佛教界地位無比崇高，有諸法師居士乃夤緣印順之邪見，以爲當代最究竟之佛法著作；竟不能了知印順法師之墮於斷常二見中，不能了知印順邪見破壞正法之嚴重性，競相夤緣之，以自抬身價，亦是無智之人；印順法師之法義思想，純是密宗應成派中觀之斷常二見故，若將其著作中之密宗應成派中觀邪見抽離，則印順法師即無任何佛法知見可言故，而密宗應成派中觀見完全是外道斷見與常見之混合物故。

古天竺之月稱，西藏之宗喀巴、土觀、歷代達賴喇嘛，今時台灣之印順法師與其隨學諸法師居士，皆因信受無因論，故起常見。所以者何？謂印順等人

不信 佛於四阿含諸經中所說之第八識如來藏，不信阿含諸經中 佛所說「一切法皆有其根本因，皆從此因而起」之說。彼等諸人自作妄想：一切法皆可不需有因，只需各種外緣即可生起，故不需有各人之如來藏執持一切善惡法種與無明種；可以不須內因之自心如來藏，而唯外緣便有無明及業種，由如是**無因唯緣**所生之無明而生起蘊處界等一切法。印順法師由如是無因論之邪見故，深入思維已，了知此想墮於斷見中，則知非是正法；然因不欲信受 佛說如來藏為一切法之根本因故，亦由於自身未能証得故，乃否定如來藏根本因，別行建立**不可知不可証**之意識細心，作為執持無明與往世業種之因，故墮於意識中，則起常見—認為此意識細心常住不壞，如是成就常見。是故 佛說：「受無因論，則起常見。」

斷見論者則是從自身之五蘊、十二處、十八界等法，觀察其是否由某一外法為因而出生，然觀察至再，証明蘊處界絕非從蘊處界之外有某一法為蘊處界之根本因；由如是現前觀察故，摧壞他人所說由外因成就蘊處界之見解。外因壞已，復觀察蘊處界自身悉由因緣而生，不離世間有為法之互為因緣而有；如是觀已，了知蘊處界等悉是因緣所生法，無有常住而不壞之自體性，故知蘊處界等悉是因緣非性；亦觀蘊處界由身外之父母與地水火風等四大原素爲因緣，方能現有身心及生老病死等現象；而身外之父母及地等四大皆是緣起法，並無常住不壞之實體性，由是故知因緣非性。如是現前觀察已，自認已經了知世間一切法皆不離因緣法，而因緣法非有常住不壞之自體性，不能了知一切法皆是自心現量，故墮斷見論中，是故 佛說：「外因壞，因緣非性，則起斷見。」

菩薩則不如是，依 佛所說大乘菩提而修、而証；修証已，了知一切法皆是自心所現，現觀此一事實。由如是修証故，菩薩現前觀察五蘊十二處十八界法悉皆緣起緣滅，無有一法能得常住不壞，必須依於自心如來藏方能有意根之常住不壞，必須依如來藏與意根方能有世世之色身與意識等見聞知覺性生起運作。如是現前觀察已，不執意識粗細心爲常住不壞我，不執意根爲常住不壞法，是故不墮外道常見中。

菩薩復因修証般若故，現前親証自心如來藏，而親領納自心如來藏，並現前觀察如來藏之現行不斷，由是而現觀如來藏之運作狀況，復由如來藏之現行與運作中，了知蘊處界等一切法悉由如來藏中直接或間接出生。了知已，便証知蘊處界等一切法雖有生滅，然依自心如來藏故，則令世世之蘊處界不斷出生，相繼不絕，則令世世之見聞知覺性斷已復現，至未來際永不斷絕。菩薩由是現觀故，不墮於世人所墮之生住滅相，故不見有生住滅相。

復次，自心如來藏從無始以來，一向離見聞覺知，一向離思量性；雖自身所出生之覺知心等有生住滅相，而如來藏不知不見如是生住滅相；菩薩由如是現觀故，不墮世人所墮之生住滅相中。菩薩由如是見故，不貪世間一切法，亦不厭世間一切法，了知皆是自心如來藏所現之事實故。由是緣故，菩薩不習近世論，恆住第一義諦正見，是故不貪世欲，是故爲法而受生三界之中，自度度他，乃至成佛。如是正理，即是遠離世論，不親近世論諸人，故能攝受正法，而不攝受貪欲，是故佛說：「大慧！我不見生住滅故，說名爲法。大慧！是名貪欲及法，汝及餘菩薩摩訶薩應當修學。」

「爾時世尊欲重宣此義而說偈言：一切世間論，外道虛妄說，妄見作所作，彼則無自宗。惟我一自宗，離於作所作，爲諸弟子說，遠離諸世論」：一切外道所說之法，悉皆不能論及第一義之正理，故說外道所說諸法悉墮世論境界，悉屬世間言論。彼諸外道所說法，皆無自宗可言，必被証悟實相之人所破壞故。唯有 世尊所立之宗旨能得成立，令一切外道不能破壞之，唯除世間無有証悟之菩薩住持正法。

世尊所立之三乘佛法宗旨，云何名爲不可破壞之法？謂 世尊所建立之宗旨，乃是自心現量故。而此自心現量宗旨，離一切能作，亦離一切所作。云何謂爲離一切能作？謂有諸外道誤執自心如來藏外別有一法，爲一切法之能作者；譬如一神教之誤執自身蘊處界爲造物主所造者，以造物主爲能作者，認定造物主是一切法之根本因；亦如中國民間信仰所說，以盤古爲世間及一切衆生之創造者，是以盤古爲能作者，以盤古爲世間一切法之根本因；亦有外道以自然性爲能作者，亦有外道以時節、冥性、知覺性……等法爲世間一切法之能作者，以此等虛妄想像之法爲一切法之根本因。由有如是能作者，故有世間一切法之出生，世間一切法爲其所作，如是墮於能作與所作之中。然而諸 佛菩薩現觀此諸能作與所作等法，悉見其虛妄臆想不實，與眞實相有違，不符第一義正理；乃以眞實正理而說，而破斥之。是故外道所建立之一切宗旨，不能成立，非有眞實宗旨可言。唯有 世尊所建立之宗旨得能成立，眞實不虛，一切人天所不能壞；如是宗旨確是法界之眞實相故，確是世間及出世間之第一義正理故。 佛世尊以此不墮能作與所作之正理，爲諸弟子宣說，令諸弟子親證之；証已便能遠離種種世間言論，不墮世論外道所墮邪見之中。

「心量不可見，不觀察二心，攝所攝非性，斷常二俱離。乃至心流轉，是則爲世論，妄想不轉者，是人見自心。」《大乘入楞伽經》作如是譯：「能取所取法，唯心無所有；二種皆心現，斷常不可得。乃至心流動，是則爲世論；分別不起者，是人見自心。」

若人欲証實覺知心常住不壞之現量，必將大失所望，絕不可能親見故。所以者何？依現實常識而觀，意識覺知心於眠熟位、悶絕位、正死位、無想定位、滅盡定位中，悉皆斷滅；要待意根離此五位境界，方有意識覺知心現行及運作。是故，欲見覺知心意識之常住不壞性者，永不得見，本質是易起易斷之法故，本質是依緣而起之法故。

佛子依　佛所說，親証般若諸經所說之非心心、無心相心……等名相所說之如來藏已，則能了知意識覺知心必定墮於能取與所取二種法性中；然而能取之覺知心，與相待之所取六塵等萬法，如是能取所取二種法性，皆是生滅有為之世間法，皆無常住不壞之眞實法性，皆非世間與出世間法之根源。菩薩由是現觀故，不於此二取產生謬執，而離斷見與常見。

不論何人所說眞實心之法如何勝妙，乃至所說勝妙之實相心，而其心能於六塵中之萬法相應者，則是流轉之法，流轉於六塵萬法中故；如是之人所說之心地實相，則是世間言論，非是第一義之眞諦。唯有對於解脫道與佛菩提道不再有虛妄想、虛妄分別之人，才可說是已經親見自心如來藏之人。

「來者謂事生，去者事不現，明了知去來，妄想不復生。有常及無常，所作無所作，此世他世等，斯皆世論通」：　佛所說般若正法，一向宣說不來不去之法；是故修學佛法者，首要之務即是親証不來不去之正理。

末法之季，多諸大師宣說不來不去之理，而皆在意識上思惟了知，不能親証　佛所說不來不去正理之實際，是故學佛者當先了知來與去之正理。所謂來者，謂於事相上本無今有，乃是有生之法。譬如覺知心意識有來，是名來者；謂覺知心於昨晚眠熟時斷滅，直至中夜夢起時，方又現前運作；如是本無而後有，並於事相上現前者，即是有來之法。夢滅已，又復不知，須待清晨色身之勞倦消除已，方又因法塵故令意根喚起意識覺知心現行運作，皆於事相上出生而運作，故名爲來。

去者，謂本於事相上顯現運作之法，後來消失不現，謂本有今無，故名爲去。譬如意識之覺知心性，於清醒時分明現行運作；然於疲累時，甫上蒲團打坐，立刻瞌睡；若令其上床略臥，則必立刻眠熟，令覺知心性斷滅而不復覺知，是名有去之法。謂覺知心意識唯能於六塵等事相上來去，並於六塵萬法中運行，不能離於六塵而獨存，故說於事上有生及斷滅不現。如是於事相上有出生、有斷滅之法，即是有來去之法；有來去之法，即是生滅法，即非眞實常住之不壞法，即非實相心也。

若能明確了知眞實法爲不來不去之法，由此正知見而於事相上作諸觀察，了知何者爲有去有來之法，則能遠離斷見與常見，從此不復墮入外道之常見妄想中，亦能斷除外道所墮之斷見。此謂了知來去之法爲生滅法已，則知意識覺知心爲有來有去之法，不墮外道所墮常見中；了知意識覺知心爲來去之法已，復又了知別有一法爲不來不去之法，則知意識等心斷滅已，則入涅槃，而涅槃非是斷滅法，則不墮外道斷見之中。如是了知者，則虛妄想不復出生。

若有人離於自心如來藏而說某法爲常，說某法無常、某法爲所作法、某法爲無所作法；或離自心如來藏而言有此世無此世、有他世無他世，乃至說種種法，如斯說者皆是世論通達者所說法，非是般若實相通達者所說之法也。是故佛作是說：「有常及無常，所作無所作，此世他世等，斯皆世論通。」

爾時大慧菩薩復白佛言：「世尊！所言涅槃者，說何等法名爲涅槃？而諸外道各起妄想？」佛告大慧：「諦聽！諦聽！善思念之，當爲汝說。如諸外道妄想涅槃，非彼妄想隨順涅槃。」大慧白佛言：「唯然！受教！」

佛告大慧：「或有外道，陰界入滅，境界離欲，見法無常，心、心法品不生，不念去來現在境界，諸受陰盡，如燈火滅，如種子壞，妄想不生；斯等於此，作涅槃想。大慧！非以見壞，名爲涅槃。大慧！或以從方至方，名爲解脫；境界想滅，猶如風止。或復以覺所覺見壞，名爲解脫；或見常無常，作解脫想；或見種種相想，招致苦生因，思惟是已，不善覺知自心現量，怖畏於相，而見無相，深生愛樂，作涅槃想。或有覺知內外諸法自相共相，去來現在有性不壞，作涅槃想；或謂我、人、衆生、壽命，一切法壞，作涅槃想。或以外道惡燒智慧，見自性及士夫，彼二有間士夫所出，名爲自性；如冥初比，求那轉變，求那是作者，作涅槃想。或謂福非福盡，或謂諸煩惱盡，或謂智慧，或見自在是眞實作生死者，作涅槃想。或謂展轉相生，生死更無餘因，如是即是計著因，而彼愚癡不能覺知；不知故，作涅槃想。或有外道，言得眞諦道，作涅槃想。或見功德、功德所起和合，一異俱不俱，作涅槃想。或見自性所起孔雀文彩，種種雜寶，及利刺等性，見已作涅槃想。大慧！或有覺二十五眞實，或王守護國，受六德論，作涅槃想。或見時是作者，時節世間，如是覺者，作涅槃想。或謂性，或謂非性，或謂知性非性；或見有覺與涅槃差別，作涅槃想。有如是比種種妄想，外道所說不成所成，智者所棄。大慧！如是一切，悉墮二邊，作涅槃想。如是等外道涅槃妄想，彼中都無若生若滅。大慧！彼一一外道涅槃，彼等自論；智慧觀察，都無所立。如彼妄想心意來去，漂馳流動，一切無有得涅槃者。」

「大慧！如我所說涅槃者，謂善覺知自心現量，不著外性，離於四句，見如實處，不墮自心現妄想二邊，攝所攝不可得。一切度量不見所成，愚於眞實，不應攝受；棄捨彼已，得自覺聖法，知二無我，離二煩惱，淨除二障，永離二死。上上地如來地，如影幻等諸深三昧，離心意意識，說名涅槃。大慧！汝等及餘菩薩摩訶薩，應當修學，當疾遠離一切外道諸涅槃見。」爾時世尊欲重宣此義而說偈言：

外道涅槃見，各各起妄想；斯從心想生，無解脫方便。
愚於縛縛者，遠離善方便；外道解脫想，解脫終不生。
衆智各異趣，外道所見通；彼悉無解脫，愚癡妄想故。
一切癡外道，妄見作所作；有無有品論，彼悉無解脫。
凡愚樂妄想，不聞眞實慧；言語三苦本，眞實滅苦因。

譬如鏡中像，雖現而非有；於妄想心鏡，愚夫見有二。
不識心及緣，則起二妄想；了心及境界，妄想則不生。
心者即種種，遠離相所相；事現而無現，如彼愚妄想。
三有惟妄想，外義悉無有；妄想種種現，凡愚不能了。
經經說妄想，終不出於名；若離於言說，亦無有所說。

疏：《爾時大慧菩薩又向佛稟白：「世尊！您所說之涅槃，是說什麼樣的法，名之爲涅槃？而諸外道對您所說的涅槃各各都起妄想？不能了知。」佛告訴大慧菩薩：「諦聽！諦聽！善思念之，當爲汝說明。譬如諸外道，妄想涅槃之境界，並非他們所妄想的涅槃能眞正隨順於涅槃。」大慧白佛言：「唯然！受教！」

佛告大慧：「有一種外道：他們認爲五陰十八界及六入悉滅之後即是涅槃，於六塵境界中都能離欲，親見諸法無常，所以使得覺知心與思量心不生，亦使此等心之心所有法不生，不罣念過去未來現在之一切境界，苦樂憂喜捨受之陰蓋也已滅盡，猶如燈火之吹滅，亦如種子之敗壞一般，使得語言文字之妄想都不再出生；他們那些外道認爲這就是涅槃，以此境界而作涅槃之想，大慧！並非觀見五陰十八界及六入等一切法都是壞滅之法，就可以名爲涅槃。

大慧！或有外道認爲：從此生死之處，往生到無生死之另外一方，就可以名爲解脫；或以爲境界想滅除時，則狂風止息了，就是涅槃。

或有外道認爲：見聞覺知及見聞覺知所覺知之六塵等法，能加以滅除，這就是解脫，即是涅槃。

或有外道認爲：必須觀察諸法之常與無常，如實觀察諸法之常與無常已，然後將此常與無常等見全部滅除，唯餘常體，以此而作解脫之妄想。

或有外道：因觀見衆生於種種身形法相起諸分別想，以此緣故而生貪厭，招致後有諸苦產生之因緣；如是思惟之後，墮於裸形外道見中，故意離去身形莊嚴，以爲如是可以不招感後有；卻不能善於覺知一切法皆是自心如來藏所顯現之事實，因此怖畏於有相之法，而觀察無相境界以爲眞實常住之法，於無相境界深生愛樂，以無相境界作涅槃想。

或有外道：覺知內外諸法之自相與共相中，於過去未來現在之流轉過程，有眞實法常住不壞，以此想像眞實常住不壞之法而作涅槃想。

或有外道認爲：我相、人相、衆生相、壽命相等一切法都滅壞之後，便是涅槃境界。

或有外道以他們邪惡而熾燃的智慧，觀見有一自性及自性所出生之士農工商等有情，彼自性與有情之間是有所間隔區分的，由此有情而出生的見聞覺知等功能即是自性。猶如天地混沌未清之時，由此自性轉變而產生了種種有情，此自性即是創造一切者，以此自性常住不壞而作涅槃之想。

或有外道認爲：福報受盡，或惡業受盡即是涅槃。

或有外道認爲：若能將貪、瞋、癡、慢、疑等煩惱斷盡，即是涅槃。

或有外道認爲：有觀察六塵萬法之智慧，於一切境界中皆能了然分明，而心不動轉，即是涅槃。

或有外道因爲不實觀察，以爲大自在天是眞實主宰生死者，以大自在天爲涅槃。

或有外道認爲：父子歷代展轉相生，除如是父子展轉相生而導致衆生之生死流轉以外，更無餘因爲生死流轉之因。如是誤計而執著「展轉相生即是生死之因」，而因愚癡故不能覺知此想虛妄，以此展轉相生作爲涅槃。

或有外道認爲：証得眞諦之法道，即是涅槃。

或有外道認爲：有一具功德者，由此功德所生之法與功德本身和合；以此知見而生一異俱不俱等想，以此功德爲涅槃本際。

或有外道認爲：有一自然性，能生起孔雀之美麗文彩，能出生種種雜寶以及利刺等性，如是皆由自然性而生，以此自然性爲涅槃本際（此亦無因論者）。

或有外道認爲：能覺知冥諦等二十五法者，即知冥諦即是涅槃本際。

或有外道認爲：四王天之天王受六德論，守護國土衆生令不壞散，故以此四王天爲涅槃因。

或有外道認爲：時節是創造一切世間有情無情者，如是覺知之外道，以時節爲涅槃因。

或有外道認爲：能知有一法眞實不壞者，其不壞法即是涅槃。

或有外道認爲：能知一切法非眞實，知一切法非眞者，即是親証涅槃。

或有外道認爲：能了知一眞實不壞法，並了知其餘諸法非眞實法者，即是証得涅槃。

或有外道認爲：世間覺知與涅槃寂滅有差別相，於此對涅槃作虛妄想。如是等種種虛妄想，此諸外道所說涅槃，不能令其所說道理成立，爲諸有智慧者所捨棄。大慧！如是一切外道所說法義，悉墮二邊，而作涅槃之想。如是等外道對於涅槃所作之妄想，其中都無一法若生若滅，只是對涅槃所作妄想之名相爾。大慧！彼等每一種外道所說之涅槃，是彼諸外道自己妄想所生之理論；依眞實智慧而加以觀察時，並無眞實不壞之法可以建立成就。如是等外道妄想心意來去不住，漂馳流動，彼等一切外道無有一人是証得涅槃者。

大慧！若是我所說之涅槃，乃是說善於覺知自心顯現一切法之事實，因此而不執著如來藏外之種種法，離於外道所說一異常無常…等四句，親見如實處，不墮彼等凡夫對於自心現量所作之妄想二邊，了知能取與所取皆不可得。一切未曾親証之人，以心意揣度測量者不能觀見我所成立之宗旨，彼等愚昧於眞實法，所說諸法不應攝取信受之；棄捨彼等妄想諸法已，証得自覺之聖法，了知二種無我法，遠離一念無明煩惱與無始無明煩惱，淨除煩惱障與所知障，永遠捨離分段生死與變易生死。如是修証上上地境界，乃至修証如來地境界，如幻、如影、…等種種深妙三昧，遠離凡夫所知之心、意、意識等境界，如是說名証得涅槃。大慧！汝等及其餘大菩薩們，應當修學如是涅槃正見正理，應當迅疾遠離一切外道所說種種涅槃之邪見。」爾時世尊欲重新宣示此眞實義，而說偈言：

外道對於涅槃之見解，各各現起虛妄想；
此等皆是從心中臆想而生之見解，並無一外道眞正明瞭解脫之方便。
彼等愚昧於能縛與所縛之人，遠離了親証解脫之善巧方便；
此諸外道對於解脫所作之妄想，其解脫之境界終不能出生。
彼等外道衆人各異之心性，所見而自以爲通達之法，
彼等全部都無解脫之修証，原因是由於愚癡及虛妄想之故。
一切愚癡外道，妄見能作與所作之法，
墮於有法與無法等法相中而作議論，彼等全部都無解脫可言。

凡夫與愚人樂於虛妄想，不肯聽聞眞實之智慧；
彼等所說之言語皆是三有諸苦之根本，眞實法方是滅苦之正因。
譬如鏡中之影像，雖然示現分明而其實並非眞實有；
於妄想之覺知心所想鏡像，愚癡凡夫則觀見有心與所觀鏡像。
由於不認識自心如來藏及因緣法，則起能取與所取皆是實有之妄想；
了達自心如來藏及境界由自心所生，虛妄想則不復出生。
自心如來藏者即是種種法，遠離能見相與所見相；
事相上雖然有種種顯現，而其實並非眞實有所顯現如彼愚人所作妄想。
三界有之種種法相惟是衆生之妄想分別，依外境建立之正義皆非實有；
因虛妄想故有種種法相出現，凡夫及愚人不能了知其眞實義理。
諸經都在宣說衆生虛妄之想，所說諸法終究不能出於名相之外；
若親証離言說之自心如來藏境界，則亦無有所說可言。》

解：爾時大慧菩薩復白佛言：「世尊！所言涅槃者，說何等法名爲涅槃？而諸外道各起妄想？」佛告大慧：「諦聽！諦聽！善思念之，當爲汝說。如諸外道妄想涅槃，非彼妄想隨順涅槃。」大慧白佛言：「唯然！受教！」

古時諸外道等人，對於涅槃，起種種不如理作意之妄想，是故大慧菩薩有此一問，請 佛爲大衆宣示。 佛亦言：彼諸外道對於涅槃正義悉無所知，雖作種種妄想，其實於涅槃完全不知不証，與涅槃完全不能相應。

古時之外道輩等悉皆如是，今時之佛門內亦復如是，對於涅槃之正理，完全不能了知，而起種種虛妄之想。

佛告大慧：「或有外道，陰界入滅，境界離欲，見法無常，心、心法品不生，不念去來現在境界，諸受陰盡，如燈火滅，如種子壞，妄想不生；斯等於此，作涅槃想。大慧！非以見壞，名爲涅槃。」

佛告訴大慧菩薩：「有一種外道：他們認爲五陰十八界及六入悉滅之後，一切法悉不現起，完全斷滅之後，即是涅槃。」

此等外道認爲：如果能努力修行，使覺知心不貪著世間種種法，於六塵境界中都能離欲，並且親見諸法無常，所以使得覺知心與思量心不再出生，亦使此等心之心所有法不再出生；也不罣念過去未來現在之一切境界，苦樂憂喜捨受之陰蓋也已滅盡，猶如燈火之吹滅以後，永遠不再出現；亦如種子之敗壞一般，不能再出生根莖枝葉，生機永斷，使得語言文字之妄想不再出生；此諸外道認爲如是一切法斷滅即是涅槃，以此境界而作涅槃之想。然而 佛說：「觀見五陰十八界及六入等一切法皆是壞滅之法，然後將之滅除，並非就可以名爲涅槃。」提婆菩薩說此名爲誤解小乘法之外道涅槃邪見。

所以者何？謂小乘法之阿羅漢所証涅槃，並非如是斷滅空，而彼外道不知此義，以爲釋迦世尊說無餘涅槃即是滅盡十八界法之無境界境界，不親受學於 世尊座下，聞人轉述已，誤會 佛意，便墮於如是斷見中，今之印順法師是此類人也。所以者何？謂 世尊於阿含諸經中，處處說斷除我見與我執，令後世不復有十八界法出生於三界中，名爲無餘涅槃。未捨壽而滅十八界法之前，因斷除我見與我執故，名爲有餘涅槃，尚有微苦所依之色身等法，而無我見與我執煩惱現行故。

然而外道不以斷除我見與我執爲正修行，唯說死後滅盡十八界法，令意根與意識悉皆不再現行，五陰十八界六入悉滅，不貪外法五欲等，不起種種分別、不攝取世間諸法，便可取証涅槃，而不知應滅我見與我執。如是等外道即是對涅槃起妄想者。印順法師等人亦復如是，不能了知斷除我見我執之理，而欲教人修証涅槃；然於涅槃境界，則又唯能臆想，不知不証涅槃之境界與正理，墮於意識細心常住不壞之常見見中故。

然二乘四果聖人，若不迴心大乘修証般若，則於涅槃亦復有所誤會，彼等以爲涅槃乃是修而後得故。然涅槃實非修而後得，亦非不修而得，故說非修非不修。《大般涅槃經》卷 21 中，佛說：「涅槃之體，非本無今有；若涅槃體本無今有者，則非無漏常住之法。」是故二乘涅槃謂修而後有，然於大乘菩薩觀之，二乘涅槃實非修而後有，亦非不修而能有，謂大乘菩薩親見涅槃不生不滅故，親見涅槃非滅盡陰處界後方有故。

所以者何？謂涅槃實依自心如來藏立名故。譬如大乘別教第七住位菩薩所証之本來自性清淨涅槃：乃謂自心如來藏自無始劫來恆離見聞覺知、恆離思量性而從不作主，是故永處隨緣任運體性中；其體復又從來不滅故永無生，無生無滅故名涅槃。自心如來藏如是體性乃從本以來即已如是，非因修有，故非修得，故說涅槃非本無今有；又說涅槃以如來藏體立名，非可外於如來藏體而有涅槃之名也。由藏識之體恆常住不壞，本性自能存在，不須依他而在，故是自在之心；涅槃既依自心如來藏而立名，則涅槃顯非依他而有，顯非修而後有，如來藏不曾於剎那頃暫斷故，是故涅槃體恆常住，是故 佛說：「若涅槃體本無今有者，則非無漏常住之法。」

大乘賢位菩薩所証之本來自性清淨涅槃如是體恆常住，非本無今有；二乘無學聖人所証之有餘涅槃及無餘涅槃亦復如是，悉依自心如來藏立名，非滅盡陰處界等一切法，而後說名涅槃，非滅後而說涅槃也。所以者何？謂二乘無學聖人斷盡我見我執後，捨壽入無餘涅槃，雖名無餘涅槃，然此無餘涅槃實是如來藏之本來自性清淨涅槃，唯依滅盡十八界法後之境界別行施設其名爾。於未入無餘涅槃前，則施設有餘涅槃，實亦依如來藏而立名也。乃至 究竟佛地之無住處涅槃，亦復如是，仍依如來藏之本來自性清淨涅槃而立名也。

由是正理，可知涅槃非以滅盡五色陰、五受陰…等而名，非以觀見蘊處界等一切法悉壞，而得名為涅槃也，要依自心如來藏而言涅槃也。如阿含經中所載，諸大阿羅漢未迴心大乘前，雖因仍未証悟大乘般若正理，而不能了知涅槃之本際究係何種境界？然皆曾聞 佛說：無餘涅槃有本際不滅，常住而離見聞覺知及諸思量心行，故說涅槃寂靜。聞 佛如是說已，即知涅槃非是斷滅，故說「非以見壞，名爲涅槃。」而今末法，竟連佛教導師之印順法師亦復錯解，墮於涅槃後成斷滅空之斷見中，成外道見，於小乘佛法尚不能証，而其隨學之法師居士等人，爲其邪見多所辯解，謂印順法師非是學問僧，謂爲有佛法証量者，無知迷信至此！哀哉！末法！

「大慧！或以從方至方，名爲解脫；境界想滅，猶如風止」：此二者皆是外道涅槃論，前者名爲方論師外道，後者名爲風仙論師外道。方論師外道認爲：從此生死之處，往生到無生死之另外一方，就可以名爲解脫。彼等說言：最初冥漠空洞一無所有時，先生諸方，然後從諸方出生世間人，再由人而出生天與地；將來天地毀滅時，一切人仍將還入諸方；亦即由現在之生死輪迴之本來所依諸方，經過生死輪迴過程後，再返歸諸方而脫離生死輪迴；始終以諸方爲歸，故說從方至方，以方爲涅槃之本體，此是方論外道之涅槃觀。

後者則是認爲：風是一切萬物之根本，風能生長一切生命，故風亦能殺害一切生命；又認爲風能創造萬物，亦能摧壞萬物，故世間萬物及一切有情，皆以風爲根本，萬物有生滅，衆生有生死，而風無生滅、無生死，風體常住，風是萬法之根本，故以風爲涅槃之本體。若衆生之境界想滅除時，則狂風不生；若狂風止息了，不復出生萬物，則無衆生之生死，故說風就是涅槃。

「或復以覺所覺見壞，名爲解脫」：有一種外道，認爲見聞覺知及所覺知之六塵等法，若能加以滅除，這就是解脫，即是涅槃。由是邪見故，便有無想定外道聲稱已經証得涅槃，自稱已出三界。

無想定外道，知須滅自我覺知，方得涅槃寂靜；然因知見欠缺故，以爲修定至第四禪時，一切微細念亦不起，長住無念之境界，亦不觸五塵，呼吸脈搏亦悉停止，此時滅卻意識心，令不現行，故無覺知猶如眠熟，如是以爲即是証得涅槃，以爲已出三界。然此實是第四禪後之無想定境界，仍在色界天境界中，尚未能到無色界，何況出三界？

外道以無想定作爲涅槃者，咎在不解涅槃，亦咎在不斷色界天身之身見，亦咎在不知自心如來藏方是涅槃之體；由不知故，便斷覺知心令不現行；又恐墮於斷滅故，於色界天之天身不肯棄捨，故不能証得滅盡定，由此便入無想定中，以為無想定境界即是涅槃。此即是「以覺所覺見壞，名為解脫」之外道。

時至今日，莫道親証涅槃，諸方大師已經同將欲界中之暫時無有粗念妄想，作為証得無想定也。是故常有大師學人，証得欲界定時，便向人誇言已証得第四禪後之無想定；然實彼等諸人悉皆不解無想定，亦不解第四禪境界，每將欲界定之淺定中，暫時無語言妄想境界作為証得第四禪捨念清淨定之境界，而悉不知第四禪前之中間定時已經息脈俱斷，住於第四禪等至位之半天全天必定息脈俱無；不能知此，乃竟將粗淺之欲界定中一念不生境界作為第四禪之証得，更來譏笑吾人所証初禪二禪…等境界粗淺，眞乃末法之現象也。如斯等人，尚不如無想定外道，乃竟敢言証得初果…等，自謂已得解脫果，誤會佛法乃至於斯，何有解脫之可言者？

「或見常無常，作解脫想」：或有外道，認為須觀察諸法之常與無常，如實觀察諸法之常與無常已，然後將此常與無常等想全部滅除，唯餘常體，以此而作解脫之妄想。外道伊奢那論師等眷屬作是說言：伊奢那尊者之形相不可眼見，遍虛空一切處；此尊者無形無相，而能出生一切有情生及無情生，及一切萬物；一切有情無情萬物悉皆無常，而伊奢那論師體常不壞，有情及萬物壞已，悉回歸伊奢那論師本體，伊奢那論師本體常住不壞故名涅槃，是涅槃因。如是外道，不知自宗不成，以爲其理深妙，無人能破。然此唯是虛妄之想，世間若眞有伊奢那論師者，體雖無形無色，亦應如有情之自心如來藏可以親証。然彼等外道終不能實証自說之伊奢那本體，故說如是言說純是世論，無有實義。

「或見種種相想，招致苦生因，思惟是已，不善覺知自心現量，怖畏於相，而見無相，深生愛樂，作涅槃想」：有諸外道，因觀見衆生於自身及衆生身，起種種莊嚴法相分別之想，以此緣故而生貪厭，招致後有諸苦產生之因緣；如是思惟之後，便離表相諸行，不以身形諸相莊嚴爲貴，便墮裸形外道見中，終生奉行裸身不衣之法，裸形以終其一生，以爲如是不執著種種相，則可遠離招感後世三有之因，是名裸形外道。

此等裸形外道，不能善於覺知一切法皆是自心如來藏所顯現之事實，因此怖畏於有相之法，而觀察無相境界，以無相境界爲眞實常住之法，於無相境界深生愛樂，以無相境界作涅槃想。

「或有覺知內外諸法自相共相，去來現在有性不壞，作涅槃想」：或有外道：覺知內外諸法之自相與共相中，於過去未來現在之流轉過程，有眞實法常住不壞，以此想像之法而作涅槃想。此謂毗舍師外道也。彼等如是主張：地、水、火、風、虛空、微塵、物、功德、業、勝，此十法之體常住不變；然此十法和合時，能生世間一切有情無情；此十法從二微塵和合而始，次第出生一切法；若無此十法，則無因緣和合而成之一切法。和合之緣散壞時，則回歸此十法之原始狀態，不復出生諸法，即是涅槃。彼等毗舍師外道，以此認爲微塵是常住法，能生一切萬物，故微塵是涅槃，有情斷除欲令自我常存之妄想已，則不復和合諸塵而出生，則無流轉，回歸微塵狀態，便無生死，故微塵即是涅槃因。此即虛妄「覺知內外諸法自相共相，去來現在有性不壞，作涅槃想」。

「或謂我、人、眾生、壽命，一切法壞，作涅槃想」：或有佛門內之外道見者，認為我相、人相、衆生相、壽命相等一切法相都滅壞之後，便是涅槃境界。此等人不知 佛以二乘菩提及大乘菩提而說四相滅之眞實義，故生妄想，以爲覺知心滅盡此四相，心中不再作四相之想，即是証得涅槃。

然而 佛於般若系諸經說無四相者，乃是二乘聖者滅除我見，斷除我執之後，不見有四相，涅槃之中悉無所有，覺知心意識滅，思量心之意根亦滅，完全無我；以無我故，離四相之想，故說阿羅漢無有四相之想，故說阿羅漢証得有餘涅槃，捨壽得入無餘涅槃。

亦說菩薩除作二乘法之如此現觀已，亦親証無心相心，除証得二乘所証之蘊處界人無我現觀之無四相，亦証得自心如來藏之從來離四相，從來不離中道境界，由是而於現象界及實相理體上，俱離四相。由如是親証故，說菩薩不唯証得聲聞之涅槃，亦証得大乘別教菩薩獨有之本來自性清淨涅槃。

然諸佛門凡夫不知此理，便以覺知心臆想思惟，復以臆想思惟之知見，將覺知心處於不著四相之想像境界中，以爲覺知心滅除我相、人相、衆生相、壽者相，於此四相悉不分別，悉不執著，如是謂爲証得涅槃，而作涅槃想。

「或以外道惡燒智慧，見自性及士夫，彼二有間士夫所出，名爲自性；如冥初比，求那轉變，求那是作者，作涅槃想」：有一種外道，以邪惡熾燃之智慧，自以爲確實觀見：有一能生諸法之自性，及此自性所出生之士農工商等有情，彼自性與有情，本屬一體而無區別；然由心生分別故有所間隔區分，出生了有情，是故有情不住涅槃之中。彼諸外道由此理論而作此結論：有情身中所具有之能出生一切有情等體性，即是此自性，此自性即是涅槃。此類誤計涅槃之外道，即是女人眷屬外道論師。

彼諸外道認爲：摩醯首羅作八女人，一名阿提致，二名提致，三名蘇羅婆，四名毗那多，五名迦毗羅，六名摩耨，七名伊羅，八名歌頭。阿提致生諸天，提致生阿修羅，蘇羅婆生諸龍，毗那多生諸鳥，迦毗羅生各種四足有情，摩耨生諸人，伊羅生一切穀類，歌頭生一切蛇蝎蚊虻蚤蚰蜒百足⋯等衆生；猶如天地混沌未清之時，由此自性摩醯首羅轉變，而產生了種種有情，故此摩醯首羅自性即是創造一切者，便以此摩醯首羅自性常住不壞而作涅槃之想，便以爲自性摩醯首羅即是涅槃修証之根本因。如是外道以爲此自性常存在於女人及女性動物身中，故名女人眷屬外道論者，以能生之法作爲涅槃因。

「或謂福非福盡，或謂諸煩惱盡，或謂智慧，或見自在是眞實作生死者，作涅槃想」：有一種外道認爲，世間有情之所以輪迴於三界中，皆因貪著福報之業故被拘繫；或被惡業所拘繫，不能進入涅槃。若福報受盡，或惡業受盡，則不再受生出生，即是涅槃。然而如是外道涅槃，終不能斷我見與我執，則因我見我執不斷故，必定繼續流轉生死，必定不肯令覺知心自我消失故，必定於中陰階段求令覺知心現行不斷故，則必定發現要須五陰方能使覺知心現起不滅，則將繼續受胎出生，終究不能取証涅槃。

或有外道認爲：覺知心常住不壞，人死時，此覺知心即往生至後世；由覺知心不能去除貪、瞋、癡、慢、疑等煩惱，是故覺知心不能入住涅槃。若能將貪、瞋、癡、慢、疑等煩惱斷盡，覺知心不再受生，獨立存在而不入三界中輪迴，即是涅槃。

此亦是外道見，非佛法也。然此外道見，今時已普遍存在於佛門之中。是故今時佛門諸大道場之大師與學人等，每欲將覺知心修除煩惱，欲令覺知心不住煩惱中，欲令覺知心出於三界之外，以此作為無餘涅槃之修証，皆墮外道邪見中，非是佛法正修也。

復有外道認爲：若衆生能具有觀察六塵萬法之智慧，於一切境界中皆能了然分明，而不被外境所轉動，常保自心獨立而不依倚外境、不隨外境而流轉，覺知心如是獨立自在，能處處作主，即是涅槃。此類外道，今時已混入佛門之中；譬如西藏密宗之紅敎、白敎、花敎等自續派中觀者，以明空大手印爲証悟佛地眞如，認爲覺知心一心不亂，而於六塵境界中了然分明，此覺知心即是佛地眞如，同此外道。黃敎應成派中觀師亦復如是，否定第七第八識已，仍然同墮於此意識覺知心中，不離常見外道見。

亦如中台山之惟覺法師，十年來不斷倡言：「清清楚楚、明明白白、處處作主之心，即是眞如佛性。」認爲覺知心一念不生時，於六塵萬法中了然分明，而能處處作主，不被外境所轉，即是証得涅槃法身。然此境界實是生死流轉之法，墮於五陰十二處十八界法中故，不離生死流轉之現象故，所証非是離見聞覺知、離思量性之如來藏故。如是等人所修所証，悉名外道智慧，非是佛法般若智慧修証也。

當知覺知心乃是三界中之有為有作法，覺知心不能離開三界六塵境界而存在，乃至修至無色界頂之非非想定等至境界中，仍不能離定境法塵境而獨存，故必墮於六塵境界中，不能獨立於六塵境界外，云何可以是出三界之心？無斯理也。覺知心所依之意根末那識，尚且不能出三界，唯能流轉於三界中，何況覺知心意識要依意根而起者，云何能出三界外？

譬如聲聞羅漢之修証二乘菩提俱解脫果：要証滅盡定，必須於非非想定中滅除覺知心意識，令不現行；並須將意根常時現行之五遍行法中之受想等法滅除，方能入住滅盡定。彼諸俱脫慧脫羅漢，捨壽而入無餘涅槃時，皆須將意根滅除，無有意根自我存在，何況依意根方能存在之意識覺知心，云何得能繼續存在於無餘涅槃之中？無是理也。是故彼諸大法師大居士等人，誤解涅槃之修証，欲將覺知心一念不生而入住涅槃者，皆是外道見，乃是誤會佛法者所說也，非是有見地者言語。

或有外道因不確實之觀察，誤以為大自在天是眞實主宰生死者，故以大自在天之體爲涅槃因，此即摩醯首羅外道論師也。此外道作如是言：世間一切果報現象皆是那羅延天所作，以梵天爲因。摩醯首羅一體三分：即是梵天、那羅延天、摩醯首羅。大地是一切法依處，大地之主即是摩醯首羅天，三界中所有一切有命無命等動植物及土地等，皆是摩醯首羅所生。摩醯首羅之身如是：虛空是其頭、大地是其身、水是其尿、山是其糞、一切衆生是其身中蟲、風是其命、火是其暖、罪福是其業，此八種即是摩醯首羅之身分。大自在天是摩醯首羅身分生滅之因，一切法皆從大自在天出生，皆因大自在天而滅，故大自在天即是涅槃因。是故摩醯首羅外道論師主張：大自在天常出生一切有情無情等物，大自在天常住不壞，故大自在天即是涅槃因。

「或謂展轉相生，生死更無餘因；如是即是計著因，而彼愚癡不能覺知；不知故，作涅槃想」：復有一類外道，認爲父子歷代展轉相生，除如是父子展轉相生而導致衆生之生死流轉以外，更無餘因爲生死流轉之因。彼諸外道由如是誤計，而執著展轉相生法相即是衆生輪迴生死之因；由愚癡故，不能覺知此想虛妄，以此展轉相生作爲涅槃因。

亦有一類外道，名爲尼犍子論師，彼如是主張：世界最初唯生一男一女，彼二人和合，能生一切有情無情等物，隨後則由所生男女兩性互相和合，而生一切有情生及無情生；所生諸物及諸有情，若於後時離散壞失時，還沒於彼最初男女本處，彼男女二人常住不壞，故以彼最初男女二人爲涅槃因。

如是等外道見，於《楞嚴經》中，佛亦曾說：「…是諸人等，將佛涅槃菩提法身即是現前我肉身上—父父子子遞代相生，即是法身常住不絕。都指現在即爲佛國，無別淨居及金色相。其人信受，忘失先心，身命歸依，得未曾有。是等愚迷惑爲菩薩，推究其心：破佛律儀，潛行貪欲；口中好言眼耳鼻舌皆爲淨土，男女二根即是菩提涅槃眞處。彼無知者信是穢言。此名蠱毒魘勝惡鬼，年老成魔，惱亂是人，厭足心生，去彼人體，弟子與師俱陷王難。汝當先覺，不入輪迴，迷惑不知，墮無間獄。」

如是邪見，非唯密宗有之，乃至印順法師亦犯其過；譬如印順法師於其著作之中，倡言釋迦佛滅已，實無金色相之莊嚴報身常住色界頂之淨居天中演說唯識一切種智妙法，倡言：「淨居天中之金色相莊嚴報身佛常住，演說妙法，乃是佛滅後之弟子為思念世尊而作之說」，不信色究竟天中有釋迦之報身佛常住說法，故說印順法師即是《楞嚴經》中 佛所指斥：「都指現在即為佛國，無別淨居及金色相」之破法者。

「或有外道，言得眞諦道，作涅槃想」：有一種外道認為，証得眞諦之法道，即是涅槃；彼等所言眞諦者，不公然倡言所証眞諦究係何法？唯是言說，而言已得眞諦之道，成不死矯亂之論，迷惑衆生，故示智者之相。設若有人說種種法者，彼則以諸論議破之，令不得成立宗旨；若問其所証眞諦之道，則顧左右而言他，謂非他人所能知之。如是之行，佛門中之大師，亦多有人效學之者：但凡有人問道，輒言法深法妙，非汝愚癡淺學福薄之人所能知之証之。如是言自已得眞諦之道，而以不死矯亂之論議，夥亂學人。

「或見功德、功德所起和合，一異俱不俱，作涅槃想」：亦有外道認為，法界中有一具功德者，由此功德所生之法與功德本身和合，故生世間種種物與種種有情；衆生既由彼功德出生，故與彼功德非一非異；若不與彼功德同時同處者，則衆生即無種種體用，故彼功德與衆生身心俱；然因衆生身心有死，而彼功德無死，仍於眾生死後常存，故彼功德與眾生不俱。若有眾生了知此理，斷除我執，死已不復受生，返歸如是功德，即是涅槃。如是外道以此想像所得之功德，作爲涅槃因。復以如是虛妄知見而生一異俱不俱等想，以此功德作爲涅槃本際。

「或見自性所起孔雀文彩，種種雜寶，及利刺等性，見已作涅槃想」：復有一類外道認爲：世間有一自然性，能生起孔雀之美麗文彩，能出生種種雜寶，亦能出生植物之利刺等性，如是皆由自然性而生，非由他人或由諸神所造，彼等以此自然性爲涅槃本際，此乃無因論者。

如是無因論外道，作如是見：無因無緣而能生一切物，無染因、無淨因；如棘刺無人作之而自然尖，孔雀毛羽無人彩繪之而自然美麗，世間美景無人彩繪而自然怡人，凡此皆自然而有，不從任何一因而生；如是自然之性，即是涅槃本際。由是緣故，無因論外道說：自然性常，能生一切物，是涅槃因。

密宗應成派中觀見，類似此自然外道，同墮無因論中，而有稍異之處。如彼印順法師主張：**不需有第八識執持各人之往世業種，意識雖唯一世，不能去**

至後世，然因有無明及業種故，由此無明及業種引生有情之入胎受生，故說一切法緣起緣滅，無有任何一法是常住不壞之眞實性，故說一切法悉皆緣起性空，無有實體性，此即佛法之全部意旨。其中心思想大體如是。

然此說法墮於無因論外道見中。謂若各各有情無第八識執持各人往世之無明及業種者，此無明及往世所造業種存在何處？莫非存在虛空中耶？復次，若無各各本有之第八識如來藏執藏無明及往世所造業種，則應修善造惡悉皆唐捐其功，善惡業種悉非由各人之自心如來藏所執持故，則應來世受生時因果錯亂，行善或得善報、或得惡報，行惡或得善報、或得惡報，自然配生無因而有之善惡業種，則因果雜亂。

若謂由一不可知不可証之細意識爲因果主體者，則此建立乃是虛妄之想，不可知及不可証者即是戲論故，非如佛法之可親証故。亦是多此一舉，謂世尊早已闡明第八識如來藏法，不需由印順等人別行建立因果之主體識也。而第八識如來藏確可親証，非是 世尊想像之建立，乃是親証已，以如來藏名而宣說此識，表示實有；並於阿含諸經中說有此識，復於般若諸經及第三轉法輪唯識諸經中，以種種正理，以種種言說証實其有。

印順以己虛妄之建立，取代 世尊眞實之法義，實乃多此一舉，毫無實義；有智之人但須切實體究，親証第八識如來藏即可，不應因自己之不能証得，便外於 世尊所說眞實存在之如來藏識，而別作虛妄不實之建立也。由是正理，說印順所弘密宗應成派中觀見，乃是無因論之外道邪見，不論其是否建立意識細心爲三世因果之主體識，皆墮進退失據之局，皆墮以己之矛攻己之盾等窘境中，成爲無因論之外道見。

「大慧！或有覺二十五眞實，或王守護國，受六德論，作涅槃想。」或有外道認爲：能覺知冥諦等二十五法者，即知冥諦即是涅槃本際。此即是數論外道之所說也。數論外道，梵名僧佉論師。彼外道之後時弘傳者，發展成七十論，破壞佛法；當時復無証悟之菩薩住世，不能宣示佛法深妙正理，故當時佛法爲此外道所破，國王迷於其理，乃賜金崇之，彼外道遂名其論爲金七十論。

彼外道主張：二十五冥諦之自性（亦名冥性），乃是出生一切衆生者，故自性（冥性）即是涅槃之因。彼說：自性是常，故從自性出生大性（貪瞋癡等三大體性），從大性出生意等覺知心性。由此三法展轉出生二十五冥諦。二十五冥諦者：自性出生諸大，諸大出生我慢我執，我慢出生五唯（色聲香味觸），五唯出生五大（地水火風空），五大出生五知根（眼知色…乃至身知觸），五知根出生五作業根（手、足、口舌、小便處、大便處），五作業根出生心平等根（意根及肉團心），心平等根出生精神體之我知（見聞覺知性），由此我知而受用一切六塵萬法。

而此自性乃是虛妄之想所建構者，非是眞實証得涅槃因者，純是理論性之建構，唯是玄學而無實義。復次，其二十五諦之次第，亦復違於現實常識，與衆生身中十八界法之運作相違，與事實相違，故非眞實正理；限於篇幅，此處從略，暫不演述辨正；於《成唯識論》課程中已曾對衆演述故，未來重演彼論時仍將重演故。

或有外道認爲：四王天之四大天王守護國土衆生，四王天所依止之六方衆德亦應供養崇敬。是故彼諸外道受六德論，以此四王天等能護衆生者，實爲涅槃因，彼諸外道認爲：此舉能令衆生盡未來際恆住世間不滅不壞故。此即六師外道邪論是也。

彼諸外道認為：東方之土屬於帝釋天，南方之土屬閻羅王，西方之土屬婆樓那天，北方之土屬拘毗羅天，上方之土屬於風天，下方之土屬於火天；此六天者各有其德，若人能於每日晨朝禮敬六方，恭敬供養者，彼六天及四王天則與護助，令人增長壽命及與世財。是名受六德論者。如是增長命財至於無盡，永不斷滅，作涅槃想。

「**或見時是作者，時節世間，如是覺者，作涅槃想**」：或有外道認為，時節是創造一切世間有情無情者，如是覺知者，以時節為一切法之根本，以時節為涅槃因。此名散論外道邪說。彼等作如是言：「時節能熟一切大種，時節能能造作一切物，時節能散壞一切物，是故我法中說：『如被百箭所射，時若未到則不死；時辰若到，則小草觸之亦死。一切物皆由時節生，一切物皆由時節熟，一切物皆由時節壞滅，不能超過時節。』」由是緣故，六師外道作時論、散論說：時是常，生一切物，時是涅槃因。

「**或謂性，或謂非性，或謂知性非性；或見有覺與涅槃差別，作涅槃想**」：或有外道認為：能知有法眞實不壞者，其不壞法即是涅槃。此即服水論外道所說。彼外道認爲：「水是萬物根本，水能生天地，能生有命無命等一切物；下至阿鼻地獄，上至色究竟天，皆是以水爲其主。水能生一切物，亦能壞一切物，故名水爲涅槃。」彼服水論師外道說：水體是常，水體即是涅槃因。是名証知有法「性」不壞者。

或有外道認爲：能知一切法非眞實，知一切法非眞，唯是虛空者，即是親証涅槃。此名虛空外道，口力論師所說妄法也。彼外道說：「虛空是萬物之根本因，世界最初出生虛空，從虛空中出生風，從風復生火，從火生暖，從暖生水，水凍即堅凝而成大地，從大地生種種藥草，從藥草轉生五穀，從五穀出生一切生命，是故我論中說：命即是食，後時還沒，返歸虛空，故虛空是常，即是涅槃因。」

或有外道認爲：能了知一眞實不壞法，並了知其餘諸法非眞實法者，即是証得涅槃。此名安荼論外道。彼外道作是說：「世間本無日月星辰大地虛空，唯有大水。忽時有大安荼出生，猶如雞卵，周匝金色。時節成熟時，破爲二段，一段在上爲天，一段在下作地，於天地中間出生梵天，名爲一切衆生祖公。此梵天創作一切有命無命之物。創作已，此等一切有命無命諸物若散壞消沒時，還歸彼梵天，名為涅槃。」此外道論師作是主張：大安荼出生梵天，梵天是常住不壞者，衆生滅沒已，悉返歸梵天而不生不滅，故梵天即是涅槃因。

或有外道認為：世間覺知與涅槃寂滅有差別相，於此對涅槃作虛妄想。謂有外道不解 佛於初轉法輪所說涅槃眞義，故生妄解，謂世間有情悉具覺知體性，然覺知性必屬生滅之法，故涅槃即是無覺無知境界，涅槃不生不滅故。由此知解，便作涅槃想，以為覺知心入住於無覺無知之境界中，便是証得涅槃。無想定外道以証入無想定境界中，作為証得涅槃者，即是此類邪解也。是名無想定外道涅槃見。

「有如是比種種妄想，外道所說不成所成，智者所棄」：時至今日法末之季，非唯外道有如是等種種虛妄之想，乃至佛門內之諸方大師，亦悉墮於此諸外道所說涅槃妄想中。是等大師及與學人、外道輩等所說涅槃，皆不能令其所說道理成立，必定為諸有智慧者之所捨棄。謂 世尊所說涅槃者，實依第八識如來藏所含種子差別，及所處種種境界相之別異，而有四種涅槃之修証，是故無一涅槃非是自心如來藏之境界，悉依如來藏立名，非可外於如來藏而有涅槃之可建立者也。智者如是現見已，於諸外道及佛門內之一切凡夫，及二乘愚人所說涅槃，悉皆洞悉其謬，悉皆遠離其謬，知彼等所說涅槃正理非是實相故。

「大慧！如是一切，悉墮二邊，作涅槃想。如是等外道涅槃妄想，彼中都無若生若滅。大慧！彼一一外道涅槃，彼等自論；智慧觀察，都無所立。如彼妄想心意來去，漂馳流動，一切無有得涅槃者。」如是一切外道所說法義，悉墮二邊，而作涅槃之想。

如是等外道對於涅槃所作之妄想，其中都無一法若生若滅，只是妄想名相爾。何以故？此謂彼等外道或以意識心作爲常住不壞之心，以意識心爲涅槃因；或以意識之種種變相，作爲常住不壞法，以如是意識變相境界中之意識心作爲涅槃因；或以種種虛妄想像而不可實証之法，作爲常住不壞之法，以此虛妄想所建構之子虛烏有法作爲涅槃因，皆非實証涅槃者。

彼諸外道所說之涅槃，實乃彼諸外道依於自己妄想所生之理論，而後加以建構者，並非有其眞實可証之法；世尊所傳之涅槃因──如來藏，則是可以親証而領受之，証悟之後，可以時時處處現前觀察其體性，並可於觀察時領受其種種中道之體性，非是子虛烏有之想像法。今於正覺同修會中，早有衆人隨余親証之、體驗之、領受之，眞實不虛，証實蘊處界及一切法皆由如來藏直接間接出生，則亦經由証悟後之思惟整理而了知涅槃實即如來藏—了知涅槃之體即是如來藏，以如來藏爲因。如是証悟之後，親自証實 佛所說涅槃、般若、唯識等法非是玄學，眞是義學，確可實証。

然彼種種外道妄想所說諸法，若依眞實智慧加以觀察，絕無眞實不壞之法可以建立成就。外道如是，今時佛門中諸大法師居士亦復如是，於小乘涅槃尚且不知不見其正理，何況能証？共二乘之二種涅槃正理尚不能知，何況不共二乘之大乘菩薩所証本來自性清淨涅槃、及佛地無住處涅槃正理，彼諸佛門大師及諸外道云何能知？而彼大師及諸附佛法外道，竟競相著作種種邪見書籍，用來誤導今時及後世學人，及求世俗名聞利養，有何見地之可言者？如是，今時佛門凡夫，及諸外道與附佛法外道等人，依不如理作意而起諸妄想，令其心意攀緣六塵中種種法，漂馳流動，來去不住，不能安住於三乘菩提正見之中，故說彼等一切外道，乃至今時佛門中諸大師等，無有一人是証得涅槃者。佛世諸外道等亦復如是，無有一人証得涅槃，唯除未來入於佛門，親隨 世尊或諸菩薩修學者。

「大慧！如我所說涅槃者，謂善覺知自心現量，不著外性，離於四句，見如實處，不墮自心現妄想二邊，攝所攝不可得。一切度量不見所成，愚於眞實，不應攝受；棄捨彼已，得自覺聖法，知二無我，離二煩惱，淨除二障，永離二死。上上地如來地，如影幻等諸深三昧，離心意意識，說名涅槃。大慧！汝等及餘菩薩摩訶薩，應當修學，當疾遠離一切外道諸涅槃見。」

佛世尊於大乘法中所說涅槃者，乃是依自心現量而說，乃是說善於覺知自心顯現一切法之事實，因此而不執著如來藏外之種種法；亦因無人能壞自心如來藏，故不執著自心如來藏；故離於外道所說一異常無常…等四句，親見如實處，不墮彼等凡夫對於自心現量所作之妄想二邊，了知能取與所取皆不可得。

一切未曾親証自心如來藏之人，皆不可能親見一切法由如來藏直接或展轉出生之理。如是輩人，唯能以心意揣度測量 世尊所說涅槃之理，悉皆不能觀察、亦不能親見 世尊所成立之宗旨。如是揣測涅槃之人，愚昧於 世尊所傳涅槃之眞實法，每以爲蘊處界滅後，意識覺知心可以入住涅槃境界中；或如印順之建立意識細心，以爲意識之細心可以入住無餘涅槃境界；或如達賴喇嘛之建立意識極細心，欲以之入住無餘涅槃。凡此皆是邪知邪見之說，悉皆誤會二乘涅槃正理，更誤會大乘涅槃正理。此謂意識心乃是緣起法，依意根法塵相觸爲緣而從如來藏中出生；緣起之法即非能出三界之眞實心也， 佛於四阿含中說**一切粗細意識皆意法爲緣生**故。是故彼等所說諸法，不離邪見揣測妄想，非是正法之說，違逆 世尊眞旨，一切佛門學人不應攝取彼等邪見，不應信受之。

棄捨彼等妄想諸法已，親從眞善知識受學正法，尋覓自身本有、眞實可証之如來藏心；若能具足正知正見，鍥而不捨精進尋覓，福德及智慧因緣成熟時，有朝一日証得自心藏識，從此便通般若系諸經，乃至可以進修第三轉法輪諸經所授之唯識一切種智，是名証得自覺聖智。

如是証得自覺之聖法，了知一切法皆是自心現量，則知二種無我法，不墮五蘊十二處十八界人我之中，絕不再認蘊處界中之任何一法爲常住不壞法，遠離一念無明煩惱；亦能現觀三乘菩提涅槃悉是依如來藏立名，體實第八識如來藏，離此自心如來藏已，絕無涅槃之可言可証者；由此見地而現觀十八界等百法千法⋯等，悉是如來藏所生所顯，無一法非是如來藏中所含之法，則知：一切法即是如來藏，如來藏即是一切法，一切法與如來藏非一亦非異；則知一切法中實無一法有我可言，唯是離見聞覺知之如來藏所生顯爾，故証法無我——十八界法及其所生一切法中，實無任何一法有我可得；如來藏亦無我性，恆離見聞覺知及思量性，故亦無我可得，故証大乘別教之諸法無我。由証二無我故，微細煩惱障開始漸斷；漸得遠離無始無明煩惱——漸斷無始無明相應之上煩惱。

如是二大無量數劫中，漸次淨除煩惱障習氣種子隨眠，與所知障隨眠；終能漸至最後身菩薩地，於最後剎那一念相應時，永遠斷盡變易生死及無始無明隨眠。如是：始從初悟自心如來藏，發起般若之總相智，及進修三賢位般若別相智，進修欲入初地所應修証之道種智，及入地後之修証上上地境界，乃至修証如來地境界，所謂修証如幻、陽燄、如夢、如鏡、如影、谷響、水中月、變化所成、非有似有、念念入滅盡定、引發如來無量妙智、⋯⋯種種深妙三昧等，由是親証如來藏故，漸次遠離凡夫所知之心、意、意識等境界，如是說名証得因地涅槃（有餘、無餘、本來自性清淨涅槃）乃至佛地究竟涅槃（佛地增證無住處涅槃）。

凡我佛門一切學人，乃至其餘已經証悟明心及與眼見佛性之一切大菩薩們，皆應當修學如是涅槃正見正理，應當迅疾遠離一切外道所說種種涅槃之邪見；如是自証已，尚須憐憫一切未悟學人，廣說涅槃正理，乃至印製成書而廣流通，普令具足涅槃之正知正見，以俟緣熟，令得証悟。

「爾時世尊欲重宣此義而說偈言：外道涅槃見，各各起妄想；斯從心想生，無解脫方便。愚於縛縛者，遠離善方便；外道解脫想，解脫終不生。」

彼諸外道所說之涅槃知見，皆是各各起妄想—隨於各人之不如理作意，而起種種妄想揣測；凡此皆屬從自己覺知心中起諸推論想像而生者，彼等皆無解脫之方便善巧。智者當依阿含諸經所說佛語，如實解義，不得以先入爲主之凡夫大師邪教導知見，故意迴避經中眞正佛旨；於己於他，悉無所益故。

若已知善知識如實舉証經中佛語之眞實意旨，則應冷靜理智作正思惟，轉易原有所受邪教導之邪見；不應執迷不悟，不肯改易，否則即是無智愚人。若是無智愚人，不肯改易邪見，則是被邪見繩所縛者，乃是遠離善方便者。

如是輩人，今時所在多有；譬如印順法師之信仰者中，有極多法師囿於法師身分，妄生唇亡齒寒之感，是故雖知印順之法邪謬，然仍強詞奪理以維護之；若究其實，乃是囿於法師身分，或是被聲聞比丘戒所拘繫，不能依止所受之菩薩戒：不能下心探究佛法眞義，一心維護僧寶表相。

如是等人，非是有智之人也，所以者何？謂出家者所求之事，無非親証解脫道與佛菩提道：勤求解脫與成佛之道。而彼篤信印順之諸多出家法師等，既不能知印順法師之知見邪謬，亦不能解知三乘佛法正理，一心維護出家身分之印順法師，一心維護凡夫僧之身分，不解大乘勝義僧之實質，亦不肯誠心探究法義邪正，寧可錯到底，如是作爲，於僧寶身分之維護增益上，究有何義？

當知僧寶身分之可貴者，端在修學正法及弘傳正法，若所修學及弘傳之佛法偏邪不正，則彼僧寶身分有何可貴之處？其實一文不值，同於外道法故。佛子當知：弘傳偏邪之佛法者乃是破壞正法之人，雖披僧衣，雖現僧像，何寶可言？是故一切出家在家菩薩，莫以聲聞比丘戒爲主要依止，當以大乘菩薩戒爲主要依止。依止菩薩戒者，則當實証大乘般若正理，弘傳大乘般若正法，以免成就破法毀法重業，方名有智行人，方名有智僧寶—不負弟子大衆之供養也。

而今見諸信受印順應成派中觀見之出家法師等，爲凡夫僧之身分所縛，遠離善巧方便，不能眞解三乘佛法正義，不能眞解勝義僧之正義。外道於解脫境界，作諸妄想，然眞正解脫之境界終究不能出生；十餘年來，彼諸出家法師亦復如是，常食印順所弘傳之密宗應成派中觀邪見唾沫；余經多年造書辨正，而彼等諸師今猶不捨印順所弘密宗邪見，同彼密宗外道，悉於涅槃解脫境界，作諸妄想，欲証解脫，遙遙無期也。

「衆智各異趣，外道所見通；彼悉無解脫，愚癡妄想故。一切癡外道，妄見作所作；有無有品論，彼悉無解脫。」

彼等外道各各依其世間智慧，而對涅槃作諸妄想；以彼外道衆生「心想」無量無邊，是故彼等所見涅槃宗旨，亦各有種種差別。此諸外道既於涅槃作諸妄想，皆是因於愚癡妄見而生，故皆不能証得眞實之解脫境界。

一切愚癡外道，妄見能作與所作之法，將彼能作與所作之法，以爲涅槃之正因；亦如密宗應成派中觀之印順法師徒衆，不捨無因論及兔無角論邪見，將無法作爲涅槃；如是妄想者所說，悉皆墮於有法與無法等法相中，而作涅槃之議論，彼等外道及印順師徒等人，對於涅槃之所有言說所說者，全部都無解脫可言。末法之今時佛門一切大師學人，悉應遠離如是外道等輩所生不如理作意之種種涅槃邪見。

「凡愚樂妄想，不聞眞實慧；言語三苦本，眞實滅苦因。譬如鏡中像，雖現而非有；於妄想心鏡，愚夫見有二」：自古以來，凡夫與愚人大多樂於虛妄之想，若聞假名善知識所說意識覺知心可以入涅槃，則生喜樂，墮於我見中；若聞眞善知識所說覺知心及思量心滅除已，完全無我，方是無餘涅槃，則生煩惱，乃至誹謗眞善知識，不肯聽聞眞實無我之智慧。

佛子當知：涅槃之中無有我、人，無有衆生，無有壽命相，十八界俱皆滅盡故。尚無有我，何況能有覺知心？是故末斷我見者，聞眞善知識如實說涅槃已，悉生煩惱，不能允可善知識所說，群起而謗；如是等人悉皆不能斷除我見，悉皆執著意識覺知心為常住不壞之法。如斯等人若聞假名善知識所說：「覺知心一念不生即是涅槃境界。」聞之則喜，與其我見相應故。然彼等假善知識宣說涅槃之言語，皆是依於妄想所生之戲論；如是戲論言語者，乃是三有諸苦之根本；眞實法方是滅苦之正因，我見所生之戲論，不能實說無餘涅槃正理故，戲論唯能令人流轉三有生死故，戲論者不能觸及第一義諦故。

譬如鏡中之影像，雖然示現分明，然彼影像其實並非實有物質；於妄想之覺知心所想鏡像境界中，愚癡凡夫則見有能觀之心與所觀鏡像。於涅槃之修証亦復如是，愚癡凡夫見有涅槃之法，以為涅槃法實有，以為涅槃實有某種境界，而不能知涅槃唯是依如來藏自住境界而施設其名，本是如來藏之異名，非有實法可名涅槃。

愚癡凡夫不知此理，故見涅槃法為實有，故欲修証涅槃境界，而不知涅槃境界非修非不修之正理，亦不知涅槃實無境界；由此邪見，故見輪迴與涅槃為二，故見衆生輪迴之異於涅槃。大乘証悟聖者見之，其實無二，唯是自心如來藏所顯無爲境界爾，非異自心如來藏有涅槃之可証也—非修除煩惱而後涅槃始有、始現，亦非不修除煩惱而有涅槃之可証也。是故菩薩摩訶薩不見二法，所見涅槃與煩惱無二，煩惱悉從自心如來藏中現行故，涅槃亦示現於自心如來藏體上故，是故二者本非是二，唯有愚癡凡夫見爲有二。

「不識心及緣，則起二妄想；了心及境界，妄想則不生。心者即種種，遠離相所相；事現而無現，如彼愚妄想。」眾生自無始劫來，不能了知自心如來藏及因緣法之關係，故於能取之意識心執爲實有，亦執所取六塵萬法爲實有，墮此二者實有之妄想中。菩薩則不如是，確實証知能取之意識與所取一切法，皆是自心如來藏之現量，從來不曾外於如來藏而示現、而運行；佛子由如是現前親証、如實了知，是故了達自心如來藏之體性，是故了達自心如來藏所住境界，是故了達一切境界悉由自心如來藏所生；由是親証及了知通達故，於一切法之虛妄想，則不復出生。

自心如來藏者即是種種法，一切法悉皆不能外於自心如來藏而有故。由是親証故，了達一切法與自心如來藏非一亦非異；由如是了達故，遠離能見相與所見相為二之邪見；是故菩薩現見事相上雖然有種種顯現，而眞實了知：其實並非眞實有種種法顯現於一切境界中，其實皆是如來藏自心內法，並無外法可言。是故菩薩非如彼愚人所作妄想：妄認外法實有，而生境界貪著。

如 佛所云：「舍利弗！一切愚癡凡夫不如實知一法界故，不如實見一法界故，起邪見心，謂眾生界增、眾生界減。舍利弗！如來在世，我諸弟子不起此見；若我滅後，過五百歲，多有眾生愚無智慧，於佛法中雖除鬚髮、服三法衣，現沙門像，然其內無沙門德行。如是等輩實非沙門，自謂沙門；非佛弟子，謂佛弟子，而自說言：『我是沙門，眞佛弟子。』如是等人起增減見，何以故？此諸眾生以依如來不了義經（此說阿含中說緣起性空法而未說第八識之經，非謂阿含中說緣起法亦同時說第八識之經也），無慧眼故，遠離如實空見故，不如實知如來所証初發心故，不如實知修集無量菩提功德行故，不如實知如來所得無量法故，……不如實知如來大涅槃故。舍利弗！**愚癡凡夫無聞慧故，聞如來涅槃，起斷見滅見**。以起斷想及滅想故，謂眾生界滅，成大邪見極重惡業。復次舍利弗！此諸眾生依於滅見復起三見，此三種見與彼滅見不相捨離，猶如羅網；何謂三見？**一者斷見，謂畢竟盡；二者滅見，謂即涅槃；三者無涅槃見，謂此涅槃畢竟空寂**。……復次舍利弗！此諸眾生依於增見復起二見，此二種見與彼增見不相捨離，猶如羅網，何謂二見？一者涅槃始生見，二者無因無緣忽然而有見。……舍利弗！甚深義者即是第一義諦，第一義諦者即是眾生界，眾生界者即是如來藏，如來藏者即是法身。」（《佛說不增不減經》）

是故眾生不曉諸法悉是自心如來藏之現量，妄謂有諸外法所見、所聞、所嗅嚐觸知；乃至外於如來藏而言有涅槃之修証，而言有佛法之修証，悉是愚癡凡夫邪見，印順師徒等人即是其人也，密宗一切上師喇嘛及諸弟子等人亦是其人也。如斯等人每將斷滅作為涅槃之修証，成就涅槃斷見，始終不離。

「三有惟妄想，外義悉無有；妄想種種現，凡愚不能了。經經說妄想，終不出於名；若離於言說，亦無有所說」：於欲界有、色界有及無色界有中，所有種種法相，皆唯是眾生之妄想分別，皆是依於外境而建立其宗旨；依如是建立之宗旨，所說法義皆非實有之法，皆是妄想施設之法，違遠實相之理。

三界中法，皆是眾生因其虛妄想，故有種種法相出現，其實皆是虛妄不實之法，唯有自心藏識方是眞實不壞法，方具眞實不壞相，方是一切法界之實相，而諸愚癡凡夫及二乘愚人不能了知其眞實義理。

我 佛世尊於種種經中，悉皆宣說衆生虛妄之想；謂衆生所說諸法，始終不離虛妄之想，故所說諸法不離名與相所攝。一切未悟凡夫所說諸法亦復如是，終究不能出於名與相之外。若人有智，以能親証離言說之自心如來藏境界故，則住自心藏識現量中；於此親証境界中，亦無言說可說。

時至末法，諸方大師比丘往往誤會涅槃之眞義，將涅槃解爲斷滅法，墮於無因論中，如是誤導衆生。誤導衆生已，卻來否定正法爲非法，成就破壞佛教眞正涅槃法之極重惡業；如是作爲亦害愚迷無智衆生隨其邪見，同造破壞 世尊正法之大惡業，而猶自以爲是在護持正法；成就破法之地獄業已，而仍歡喜無限，錯將破法之惡行認作正在護持正法，眞乃愚癡之可憐憫者。如是破法而以爲正在護持正法之代表人物，即是印順師徒等一類人。

此段經文中既於涅槃多所宣說，則應舉陳今時大師對於涅槃之邪見，以作辨正，令今時後世學人，不墮大師所說邪見中，而後庶能親証涅槃正義、親証涅槃境界、親証解脫之道，不墮外道涅槃斷滅見中，不墮佛門中之斷滅見外道法中。譬如印順法師作如是說：

《最簡要的，是兩句的說明。世間上色等一切法是生滅無常的；而佛法的目標，亦即人類的最後歸宿，在涅槃解脫。可是常人不知從何去把握涅槃，如來善巧的就五蘊無常爲出發來說明它。如『雜阿含』二六〇經說：「陰是本行所作，本所思願，是無常滅法；彼法滅故，是名爲滅。」一切法，有情也好、器界也好，都在滅的過程中前進；一切法的本性，都是歸於滅，都在向著這個滅的大目標前進。我們只要**使它滅而不起，就是涅槃**。》（《性空學探源》頁30）

印順法師作如是說，乃是破壞正法之大惡業，所說似是而非故，令涅槃正法眞義偏邪故。當知 世尊於阿含所說涅槃，不墮於斷滅空；印順所說涅槃卻墮於斷滅空，只成個斷見外道，迥異 佛所說之涅槃。此謂 佛於四阿含中處處說涅槃非是一切法空，而是蘊處界等一切法空，空已非無如來藏獨存—非無涅槃之本際。今者印順將涅槃說爲一切法空、一切法滅，以滅盡一切法之斷滅空作爲涅槃，乃至世尊於四阿含所說涅槃之本際亦否定之；如是否定涅槃本際之第八識，否定 佛於四阿含中所說之如來藏，令名色滅後之無餘涅槃成爲斷滅空，則同斷見外道之以一切法滅爲涅槃者無異，故說印順老法師是斷見外道——將斷見外道加以佛法涅槃等名相包裝之，本質是斷見外道法，非是眞正佛門比丘。彼若眞是佛門比丘者，絕不致於作此否定正法、破壞正法之事故。

印順法師復作是說：《順便一談涅槃。涅槃爲佛子終究的目的所在，一切問題都歸結到這裡來。綜合上文看，五蘊法門是以無常爲出發，成立苦、無我，而後達到涅槃。不過，也有不經苦、無我，而直用無常來成立涅槃的。無常是生滅義，生者必滅，一切一切，確都是滅盡之法。世人固或知之，但他們偏注重到生生不已的生的一面，忽略了滅。生生不已，佛法並不否認；但生者必然要滅，一切痛苦依此生生不已而存在，確又是赤裸裸的事實。佛法就是要在這生滅不已之中，設法使它滅**而不生**，以之解決一切痛苦。滅，不是佛法的故意破壞，它是諸法本來如是的必然性（原註：法性自爾）。因有了某種特殊的因緣連繫縛著了，所以滅了之後又要生；現在把這連繫截斷，就可以無生滅而解決痛苦了。所以經說：「諸行無常，是生滅法；生滅滅已，寂滅爲樂」。或依三法印，從諸行生滅無常，體解我性的不可得。眾生因妄執常、我而生死，現在能夠了解蘊性無常、無我，離常、我的執見，則因無常生滅而厭、離欲，便可以達到涅槃之滅。》（《性空學探源》頁41~42）

印順老法師對於涅槃之知解，於此一段文中已可全部了然也；謂印順實以斷滅空作爲涅槃之修証故。此是誤會涅槃、未證二乘菩提之小乘凡夫所墮處，世尊於四阿含諸經中早已破斥在先，不意末法今時之印順仍墮其中。當知 佛說涅槃者，乃是本來涅槃，非是將滅止生之後來始有之涅槃也。印順如是將滅止生，印順如是後來始有之涅槃，非是本來涅槃者，則此涅槃乃是有生之法；有生之涅槃法，云何可以是常住不壞之涅槃？則此涅槃仍將於未來壞散，不復涅槃，重又墮於生滅法中，故說印順不解 世尊所示涅槃之正理也。

佛說：「諸行無常，是生滅法；生滅滅已，寂滅爲樂」，今問印順法師：「五蘊、六入、十二處、十八界等法悉皆滅已，不復出生，故言寂滅爲樂；然蘊處界悉滅已，我已不存，若無死前蘊處界所依之第八識如來藏，若無此如來藏依其本來離見聞覺知、離思量之涅槃性而獨存者，則二乘無學所證無餘涅槃同於斷滅空；斷滅空無，一切法空，誰是安住於寂滅樂之常住法？而言寂滅為樂？若無此常住法，則涅槃同於斷滅，復與斷見外道所說何異？」印順老法師年歲雖高，今猶耳聰目明（註），有請答余此問。亦問弘傳彼法之法師居士等人，還有能答余此問者否？

是故，既言寂滅為樂，當知有一離生死、常住完全無見聞覺知境界之寂滅境者，方得謂之以**寂滅為樂**者也。既如是，印順焉得否定第八識如來藏？烏可說其斷滅法為佛法？何可主張「**外於如來藏之緣起性空斷滅法為佛法**」？佛於四阿含諸經所說之緣起性空者，乃以涅槃之本際實際而說蘊處界緣起性空故，涅槃之本際即是阿含經所說之如來藏故；是故印順法師及其徒眾，皆不得外於如來藏而言緣起性空也，否則即同斷見外道所說之緣起性空也，如是則成斷見外道法，不可說為佛法也。（此段經文之詳解尚未完畢，待續於第八輯中續說。本輯於 *2002.3.14* 完稿，*2002.3.17.18:50* 潤色完竣。）

2002/4/30 補註：詳見中國時報 2002.4.21.報導：《潘煊表示：這次在出書前，印順導師在台中華雨精舍，逐字閱讀這部傳記，還為她改錯字，顯見導師仍耳聰目明。》

佛教正覺同修會〈修學佛道次第表〉

第一階段

* 以憶佛及拜佛方式修習動中定力。
* 學第一義佛法及禪法知見。
* 無相拜佛功夫成就。
* 具備一念相續功夫—動靜中皆能看話頭。
* 努力培植福德資糧，勤修三福淨業。

第二階段

* 參話頭，參公案。
* 開悟明心，一片悟境。
* 鍛鍊功夫求見佛性。
* 眼見佛性〈餘五根亦如是〉親見世界如幻，成就如幻觀。
* 學習禪門差別智。
* 深入第一義經典。
* 修除性障及隨分修學禪定。
* 修證十行位陽焰觀。

第三階段

* 學一切種智眞實正理—楞伽經、解深密經、成唯識論…。
* 參究末後句。
* 解悟末後句。
* 透牢關—親自體驗所悟末後句境界，親見實相，無得無失。
* 救護一切衆生迴向正道。護持了義正法，修證十迴向位如夢觀。
* 發十無盡願，修習百法明門，親證猶如鏡像現觀。
* 修除五蓋，發起禪定。持一切善法戒。親證猶如光影現觀。
* 進修四禪八定、四無量心、五神通。進修大乘種智，求證猶如谷響現觀。

佛菩提二主要道次第概要表——二道並修，以外無別佛法

佛菩提道——大菩提道

遠波羅蜜多

資糧位

十信位修集信心——一劫乃至一萬劫

初住位修集布施功德（以財施爲主）。

二住位修集持戒功德。

三住位修集忍辱功德。

四住位修集精進功德。

五住位修集禪定功德。

六住位修集般若功德（熏習般若中觀及斷我見，加行位也）。

外門廣修六度萬行

見道位

七住位明心般若正觀現前，親證本來自性清淨涅槃。

八住位起於一切法現觀般若中道。漸除性障。

十住位眼見佛性，世界如幻觀成就。

一至十行位，於廣行六度萬行中，依般若中道慧，現觀陰處界猶如陽焰，至第十行滿心位，陽焰觀成就。

一至十迴向位熏習一切種智；修除性障，唯留最後一分思惑不斷。第十迴向滿心位成就菩薩道如夢觀。

內門廣修六度萬行

初地：第十迴向位滿心時，成就道種智一分（八識心王一一親證後，領受五法、三自性、七種第一義、七種性自性、二種無我法）復由勇發十無盡願，成通達位菩薩。復又永伏性障而不具斷，能證慧解脫而不取證，由大願故留惑潤生。此地主修法施波羅蜜多及百法明門。證「猶如鏡像」現觀，故滿初地心。

二地：初地功德滿足以後，再成就道種智一分而入二地；主修戒波羅蜜多及一切種智。滿心位成就「猶如光影」現觀，戒行自然清淨。

解脫道：二乘菩提

→ 斷三縛結，成初果解脫

→ 薄貪瞋癡，成二果解脫

→ 斷五下分結，成三果解脫

入地前的四加行令煩惱障現行悉斷，成四果解脫，留惑潤生。分段生死已斷，煩惱障習氣種子開始斷除，兼斷無始無明上煩惱。

近波羅蜜多　｜　大波羅蜜多　｜　圓滿波羅蜜多

修道位　｜　究竟位

三地：二地滿心再證道種智一分，故入三地。此地主修忍波羅蜜多及四禪八定、四無量心、五神通。能成就俱解脫果而不取證，留惑潤生。滿心位成就「猶如谷響」現觀及無漏妙定意生身。

四地：由三地再證道種智一分故入四地。主修精進波羅蜜多，於此土及他方世界廣度有緣，無有疲倦。進修一切種智，滿心位成就「如水中月」現觀。

五地：由四地再證道種智一分故入五地。主修禪定波羅蜜多及一切種智，斷除下乘涅槃貪。滿心位成就「變化所成」現觀。

六地：由五地再證道種智一分故入六地。此地主修般若波羅蜜多——依道種智現觀十二因緣一一有支及意生身化身，皆自心眞如變化所現，「非有似有」，成就細相觀，不由加行而自然證得滅盡定，成俱解脫大乘無學。

七地：由六地「非有似有」現觀，再證道種智一分故入七地。此地主修一切種智及方便波羅蜜多，由重觀十二有支一一支中之流轉門及還滅門一切細相，成就方便善巧，念念隨入滅盡定。滿心位證得「如犍闥婆城」現觀。

八地：由七地極細相觀成就故再證道種智一分而入八地。此地主修一切種智及願波羅蜜多。至滿心位純無相觀任運恆起，故於相土自在，滿心位復證「如實覺知諸法相意生身」故。

九地：由八地再證道種智一分故入九地。主修力波羅蜜多及一切種智，成就四無礙，滿心位證得「種類俱生無行作意生身」。

十地：由九地再證道種智一分故入此地。此地主修一切種智——智波羅蜜多。滿心位起大法智雲，及現起大法智雲所含藏種種功德，成受職菩薩。

等覺：由十地道種智成就故入此地。此地應修一切種智，圓滿等覺地無生法忍；於百劫中修集極廣大福德，以之圓滿三十二大人相及無量隨形好。

妙覺：示現受生人間已斷盡煩惱障一切習氣種子，並斷盡所知障一切隨眠，永斷變易生死無明，成就大般涅槃，四智圓明。人間捨壽後，報身常住色究竟天利樂十方地上菩薩；以諸化身利樂有情，永無盡期，成就究竟佛道。

←　七地滿心斷除故意保留之最後一分思惑時，煩惱障所攝色、受、想三陰有漏習氣種子全部斷盡。

←　煩惱障所攝行、識二陰無漏習氣種子任運漸斷，所知障所攝上煩惱任運漸斷。

斷盡變易生死成就大般涅槃

圓滿成就究竟佛果

佛子蕭平實　謹製

（二〇〇九、〇二　修訂）

（二〇一二、〇二　增補）

佛教正覺同修會 共修現況 及 招生公告 2016/1/16

一、共修現況：（請在共修時間來電，以免無人接聽。）

台北正覺講堂 103 台北市承德路三段 277 號九樓 捷運淡水線圓山站旁

Tel..**總機** 02-25957295（晚上）（**分機**：**九樓**辦公室 10、11；知客櫃檯 12、13。 **十樓**知客櫃檯 15、16；書局櫃檯 14。 **五樓**辦公室 18；知客櫃檯 19。**二樓**辦公室 20；知客櫃檯 21。）

Fax..25954493

第一講堂 台北市承德路三段 277 號九樓

禪淨班：週一晚上班、週三晚上班、週四晚上班、週五晚上班、週六下午班、週六上午班（皆須報名建立學籍後始可參加共修，欲報名者詳見本公告末頁）

增上班：**瑜伽師地論詳解**：每月第一、三、五週之週末 17.50～20.50 平實導師講解（僅限已明心之會員參加）

禪門差別智：每月第一週日全天 平實導師主講（事冗暫停）。

佛藏經詳解 平實導師主講。已於 2013/12/17 開講，歡迎已發成佛大願的菩薩種性學人，攜眷共同參與此殊勝法會聽講。詳解 釋迦世尊於《佛藏經》中所開示的眞實義理，更為今時後世佛子四眾，闡述佛陀演說此經的本懷。眞實尋求佛菩提道的有緣佛子，親承聽聞如是勝妙開示，當能如實理解經中義理，亦能了知於大乘法中：如何是諸法實相？善知識、惡知識要如何簡擇？如何才是清淨持戒？如何才能清淨說法？於此末法之世，眾生五濁益重，不知佛、不解法、不識僧，唯見表相，不信眞實，貪著五欲，諸方大師不淨說法，各各將導大量徒眾趣入三塗，如是師徒俱堪憐憫。是故，平實導師以大慈悲心，用淺白易懂之語句，佐以實例、譬喻而為演說，普令聞者易解佛意，皆得契入佛法正道，如實了知佛法大藏。

此經中，對於實相念佛多所著墨，亦指出念佛要點：以實相為依，念佛者應依止淨戒、依止清淨僧寶，捨離違犯重戒之師僧，應受學清淨之法，遠離邪見。本經是現代佛門大法師所厭惡之經典：一者由於大法師們已全都落入意識境界而無法親證實相，故於此經中所說實相全無所知，都不樂有人聞此經名，以免讀後提出問疑時無法回答；二者現代大乘佛法地區，已經普被藏密喇嘛教滲透，許多有名之大法師們大多已曾或繼續在修練雙身法，都已失去聲聞戒體及菩薩戒體，成為地獄種姓人，已非眞正出家之人，本質只是身著僧衣而住在寺院中的世俗人。這些人對於此經都是讀不懂的，也是極為厭惡的；他們尚不樂見此經之印行，何況流通與講解？今為救護廣大學佛人，兼欲護持佛教血脈永續常傳，特選此經宣講之。每逢週二 18.50~20.50 開示，不限制聽講資格。會外人士需憑身分證件換證入內聽講（此是大樓管理處之安全規定，敬請見諒）。桃園、台中、台南、高雄等地講堂，亦於每週二晚上播放平實導師所講本經之 DVD，不必出示身分證件即可入內聽講，歡迎各地善信同霑法益。

第二講堂　台北市承德路三段 267 號十樓。

禪淨班：週一晚上班、週六下午班。

進階班：週三晚上班、週四晚上班、週五晚上班（禪淨班結業後轉入共修）。

佛藏經詳解：平實導師講解。每週二 18.50~20.50（影像音聲即時傳輸）。本會學員憑上課證進入聽講，會外學人請以身分證件換證進入聽講（此爲大樓管理處安全管理規定之要求，敬請諒解）。

第三講堂　台北市承德路三段 277 號五樓。

進階班：週一晚上班、週三晚上班、週四晚上班、週五晚上班。

佛藏經詳解：平實導師講解。每週二 18.50~20.50（影像音聲即時傳輸）。本會學員憑上課證進入聽講，會外學人請以身分證件換證進入聽講（此爲大樓管理處安全管理規定之要求，敬請諒解）。

第四講堂　台北市承德路三段 267 號二樓。

進階班：週一晚上班、週三晚上班、週四晚上班、週五晚上班（禪淨班結業後轉入共修）。

佛藏經詳解：平實導師講解。每週二 18.50~20.50（影像音聲即時傳輸）。本會學員憑上課證進入聽講，會外學人請以身分證件換證進入聽講（此爲大樓管理處安全管理規定之要求，敬請諒解）。

第五、第六講堂　爲**開放式講堂**，不需以身分證件換證即可進入聽講，台北市承德路三段 267 號地下一樓、地下二樓。已規劃整修完成，每逢週二晚上講經時段開放給會外人士自由聽經，請由大樓側面梯階逕行進入聽講。**聽講者請尊重講者的著作權及肖像權，請勿錄音錄影，以免違法；若有錄音錄影被查獲者，將依法處理。**

正覺祖師堂　大溪鎮美華里信義路 650 巷坑底 5 之 6 號（台 3 號省道 34 公里處　妙法寺對面斜坡道進入）電話 03-3886110　傳眞 03-3881692 本堂供奉　克勤圓悟大師，專供會員每年四月、十月各二次精進禪三共修，兼作本會出家菩薩掛單常住之用。除禪三時間以外，每逢單月第一週之週日 9:00~17:00 開放會內、外人士參訪，當天並提供午齋結緣。教內共修團體或道場，得另申請其餘時間作團體參訪，務請事先與常住確定日期，以便安排常住菩薩接引導覽，亦免妨礙常住菩薩之日常作息及修行。

桃園正覺講堂（第一、第二講堂）：桃園市介壽路 286、288 號 10 樓（陽明運動公園對面）電話：03-3749363（請於共修時聯繫，或與台北聯繫）

禪淨班：週一晚上班、週三晚上班、週四晚上班、週五晚上班。

進階班：週六上午班、週五晚上班。

佛藏經詳解：平實導師講解。每週二晚上，以台北正覺講堂所錄 DVD 放映；歡迎會外學人共同聽講，不需出示身分證件。

新竹正覺講堂 新竹市東光路 55 號二樓之一　電話 03-5724297（晚上）

第一講堂：

禪淨班：週一晚上班、週五晚上班、週六上午班。

進階班：週三晚上班、週四晚上班（由禪淨班結業後轉入共修）。

佛藏經詳解：平實導師講解。每週二晚上，以台北正覺講堂所錄 DVD 放映。歡迎會外學人共同聽講，不需出示身分證件。

第二講堂：

禪淨班：週三晚上班、週四晚上班。

佛藏經詳解：每週二晚上與第一講堂同時播放佛藏經詳解 DVD。

台中正覺講堂 04-23816090（晚上）

第一講堂 台中市南屯區五權西路二段 666 號 13 樓之四（國泰世華銀行樓上。鄰近縣市經第一高速公路前來者，由五權西路交流道可以快速到達，大樓旁有停車場，對面有素食館）。

禪淨班：週三晚上班、週四晚上班。

進階班：週一晚上班、週六上午班（由禪淨班結業後轉入共修）。

增上班：單週週末以台北增上班課程錄成 DVD 放映之，限已明心之會員參加。

佛藏經詳解：平實導師講解。每週二晚上，以台北正覺講堂所錄 DVD 放映。歡迎會外學人共同聽講，不需出示身分證件。

第二講堂 台中市南屯區五權西路二段 666 號 4 樓

禪淨班：週一晚上班、週三晚上班、週六上午班。

進階班：週五晚上班（由禪淨班結業後轉入共修）。

佛藏經詳解：每週二晚上與第一講堂同時播放佛藏經詳解 DVD。

第三講堂、第四講堂：台中市南屯區五權西路二段 666 號 4 樓。

嘉義正覺講堂 嘉義市友愛路 288 號八樓之一　電話：05–2318228

第一講堂：

禪淨班：週一晚上班、週四晚上班、週五晚上班。

進階班：週三晚上班（由禪淨班結業後轉入共修）。

佛藏經詳解：平實導師講解。每週二晚上，以台北正覺講堂所錄 DVD 放映。歡迎會外學人共同聽講，不需出示身分證件。

第二講堂 嘉義市友愛路 288 號八樓之二。

台南正覺講堂

第一講堂 台南市西門路四段 15 號 4 樓。06-2820541（晚上）

禪淨班：週一晚上班、週三晚上班、週四晚上班、週五晚上班、週六下午班。

增上班：單週週末下午，以台北增上班課程錄成 DVD 放映之，限已明心之會員參加。

佛藏經詳解：平實導師講解。每週二晚上，以台北正覺講堂所錄 DVD 放映。歡迎會外學人共同聽講，不需出示身分證件。

第二講堂　台南市西門路四段 15 號 3 樓。

佛藏經詳解：每週二晚上與第一講堂同時播放佛藏經詳解 DVD。

第三講堂　台南市西門路四段 15 號 3 樓。

進階班：週三晚上班、週四晚上班、週六上午班（由禪淨班結業後轉入共修）。

佛藏經詳解：每週二晚上與第一講堂同時播放佛藏經詳解 DVD。

高雄正覺講堂　高雄市新興區中正三路 45 號五樓 07-2234248（晚上）

第一講堂（五樓）：

禪淨班：週一晚上班、週三晚上班、週四晚上班、週五晚上班、週六上午班。

增上班：單週週末下午，以台北增上班課程錄成 DVD 放映之，限已明心之會員參加。

佛藏經詳解：平實導師講解。每週二晚上，以台北正覺講堂所錄 DVD 放映。歡迎會外學人共同聽講，不需出示身分證件。

第二講堂（四樓）：

進階班：週三晚上班、週四晚上班、週六上午班（由禪淨班結業後轉入共修）。

佛藏經詳解：每週二晚上與第一講堂同時播放佛藏經詳解 DVD。

第三講堂（三樓）：

進階班：週四晚上班（由禪淨班結業後轉入共修）。

香港正覺講堂　☆**已遷移新址**☆

九龍觀塘，成業街 10 號，電訊一代廣場 27 樓 E 室。

（觀塘地鐵站 B1 出口，步行約 4 分鐘）。電話：(852) 23262231

英文地址：Unit E, 27th Floor, TG Place, 10 Shing Yip Street, Kwun Tong, Kowloon

禪淨班：雙週六下午班 14:30-17:30，已經額滿。
雙週日下午班 14:30-17:30，2016 年 4 月底前尚可報名。

進階班：雙週五晚上班（由禪淨班結業後轉入共修）。

增上班：單週週末上午，以台北增上班課程錄成 DVD 放映之，限已明心之會員參加。

妙法蓮華經詳解：平實導師講解。雙週六 19:00-21:00，以台北正覺講堂所錄 DVD 放映；歡迎會外學人共同聽講，不需出示身分證件。

美國洛杉磯正覺講堂　☆已遷移新址☆

825 S. Lemon Ave Diamond Bar, CA 91798 U.S.A.
Tel. (909) 595-5222（請於週六 9:00~18:00 之間聯繫）
Cell. (626) 454-0607

禪淨班：每逢週末 15：30~17：30 上課。

進階班：每逢週末上午 10：00~12：00 上課。

佛藏經詳解：平實導師講解。每週六下午 13：00~15：00，以台北正覺講堂所錄 DVD 放映。歡迎各界人士共享第一義諦無上法益，不需報名。

二、招生公告　**本會台北講堂及全省各講堂，每逢四月、十月下旬開新班，每週共修一次**（每次二小時。開課日起三個月內仍可插班）；**但美國洛杉磯共修處之禪淨班得隨時插班共修。各班共修期間皆為二年半，欲參加者請向本會函索報名表**（各共修處皆於共修時間方有人執事，非共修時間請勿電詢或前來洽詢、請書），**或直接從本會官方網站**(http://www.enlighten.org.tw/newsflash/class)**或成佛之道網站下載報名表**。共修期滿時，若經報名禪三審核通過者，可參加四天三夜之禪三精進共修，有機會明心、取證如來藏，發起般若實相智慧，成為實義菩薩，脫離凡夫菩薩位。

三、新春禮佛祈福 農曆**年假**期間停止共修：自農曆新年前七天起停止共修與弘法，正月 8 日起回復共修、弘法事務。新春期間正月初一～初七 9.00～17.00 開放台北講堂、正月初一~初三開放新竹講堂、台中講堂、台南講堂、高雄講堂，以及大溪禪三道場（正覺祖師堂），方便會員供佛、祈福及會外人士請書。美國洛杉磯共修處之休假時間，請逕詢該共修處。

密宗四大派修雙身法，是外道性力派的邪法；又以生滅的識陰作為常住法，是常見外道，是假的藏傳佛教。

西藏覺囊巴以他空見弘揚第八識如來藏勝法，才是真藏傳佛教

佛教正覺同修會　弘法行事表　　2017/03/31

1、**禪淨班**　以無相念佛及拜佛方式修習動中定力，實證一心不亂功夫。傳授解脫道正理及第一義諦佛法，以及參禪知見。共修期間：二年六個月。每逢四月、十月開新班，詳見招生公告表。

2、**《佛藏經》**詳解　　平實導師主講。已於 2013/12/17 開講，歡迎已發成佛大願的菩薩種性學人，攜眷共同參與此殊勝法會聽講。詳解 釋迦世尊於《佛藏經》中所開示的眞實義理，更爲今時後世佛子四眾，闡述 佛陀演說此經的本懷。眞實尋求佛菩提道的有緣佛子，親承聽聞如是勝妙開示，當能如實理解經中義理，亦能了知於大乘法中：如何是諸法實相？善知識、惡知識要如何簡擇？如何才是清淨持戒？如何才能清淨說法？於此末法之世，眾生五濁益重，不知佛、不解法、不識僧，唯見表相，不信眞實，貪著五欲，諸方大師不淨說法，各各將導大量徒眾趣入三塗，如是師徒俱堪憐憫。是故，平實導師以大慈悲心，用淺白易懂之語句，佐以實例、譬喻而爲演說，普令聞者易解佛意，皆得契入佛法正道，如實了知佛法大藏。每逢週二 18.50~20.50 開示，不限制聽講資格。會外人士需憑身分證件換證入內聽講（此是大樓管理處之安全規定，敬請見諒）。桃園、新竹、台中、台南、高雄等地講堂，亦於每週二晚上播放平實導師講經之 DVD，不必出示身分證件即可入內聽講，歡迎各地善信同霑法益。

有某道場專弘淨土法門數十年，於教導信徒研讀《佛藏經》時，往往告誡信徒曰：「後半部不許閱讀。」由此緣故坐令信徒失去提升念佛層次之機緣，師徒只能低品位往生淨土，令人深覺愚癡無智。由有多人建議故，平實導師開始宣講《佛藏經》，藉以轉易如是邪見，並提升念佛人之知見與往生品位。此經中，對於實相念佛多所著墨，亦指出念佛要點：以實相爲依，念佛者應依止淨戒、依止清淨僧寶，捨離違犯重戒之師僧，應受學清淨之法，遠離邪見。本經是現代佛門大法師所厭惡之經典：一者由於大法師們已全都落入意識境界而無法親證實相，故於此經中所說實相全無所知，都不樂有人聞此經名，以免讀後提出問疑時無法回答；二者現代大乘佛法地區，已經普被藏密喇嘛教滲透，許多有名之大法師們大多已曾或繼續在修練雙身法，都已失去聲聞戒體及菩薩戒體，成爲地獄種姓人，已非眞正出家之人，本質上只是身著僧衣而住在寺院中的世俗人。這些人對於此經都是讀不懂的，也是極爲厭惡的；他們尚不樂見此經之印行，何況流通與講解？今爲救護廣大學佛人，兼欲護持佛教血脈永續常傳，特選此經宣講之，主講者平實導師。

3、**瑜伽師地論**詳解　詳解論中所言凡夫地至佛地等 17 師之修證境界與理論，從凡夫地、聲聞地……宣演到諸地所證一切種智之眞實正理。由平實導師開講，每逢一、三、五週之週末晚上開示，僅限已明心之會員參加。

4、**精進禪三**　主三和尚：平實導師。於四天三夜中，以克勤圓悟大師及大慧宗杲之禪風，施設機鋒與小參、公案密意之開示，幫助會員剋期取證，親證不生不滅之眞實心——人人本有之如來藏。每年四月、十月各舉辦二個梯次；平實導師主持。僅限本會會員參加禪淨班共修期滿，報名審核通過者，方可參加。並選擇會中定力、慧力、福德三條件皆已具足之已明心會員，給以指引，令得眼見自己無形無相之佛性遍佈山河大地，眞實而無障礙，得以肉眼現觀世界身心悉皆如幻，具足成就如幻觀，圓滿十住菩薩之證境。

5、**大法鼓經**詳解　詳解末法時代大乘佛法修行之道。佛教正法消毒妙藥塗於大鼓而以擊之，凡有眾生聞之者，一切邪見鉅毒悉皆消殞；此經即是大法鼓之正義，凡聞之者，所有邪見之毒悉皆滅除，見道不難；亦能發起菩薩無量功德，是故諸大菩薩遠從諸方佛土來此娑婆聞修此經。

本經破「有」而顯涅槃，以此名爲眞法；若墮在「有」中，皆名「非法」；若人如是宣揚佛法，名爲擊大法鼓；如是依「法」而捨「非法」，據以建立山門而爲眾說法，方可名爲法鼓山。此經中說，以「此經」爲菩薩道之本，以證得「此經」之正知見及法門作爲度人之「法」，方名眞實佛法，否則盡名「非法」。本經中對法與非法、有與涅槃，有深入之闡釋，歡迎教界一切善信（不論初機或久學菩薩），一同親沐 如來聖教，共沾法喜。由平實導師詳解。不限制聽講資格。

6、**不退轉法輪經**詳解　本經所說妙法極爲甚深難解，時至末法，已然無有知者；而其甚深絕妙之法，流傳至今依舊多人可證，顯示佛學眞是義學而非玄談，其中甚深極妙令人拍案稱絕之第一義諦妙義，平實導師將會加以解說。待《大法鼓經》宣講完畢時繼續宣講此經。

7、**阿含經**詳解　選擇重要之阿含部經典，依無餘涅槃之實際而加以詳解，令大眾得以現觀諸法緣起性空，亦復不墮斷滅見中，顯示經中所隱說之涅槃實際—如來藏—確實已於四阿含中隱說；令大眾得以聞後觀行，確實斷除我見乃至我執，證得**見到**眞現觀，乃至**身證**……等眞現觀；已得大乘或二乘見道者，亦可由此聞熏及聞後之觀行，除斷我所之貪著，成就慧解脫果。由平實導師詳解。不限制聽講資格。

8、**解深密經**詳解　重講本經之目的，在於令諸已悟之人明解大乘法道之成佛次第，以及悟後進修一切種智之內涵，確實證知三種自性性，並得據此證解七真如、十真如等正理。每逢週二 18.50~20.50 開示，由平實導師詳解。將於《大法鼓經》講畢後開講。不限制聽講資格。

9、**成唯識論**詳解　詳解一切種智真實正理，詳細剖析一切種智之微細深妙廣大正理；並加以舉例說明，使已悟之會員深入體驗所證如來藏之微密行相；及證驗見分相分與所生一切法，皆由如來藏—阿賴耶識—直接或展轉而生，因此證知一切法無我，證知無餘涅槃之本際。將於增上班《瑜伽師地論》講畢後，由平實導師重講。僅限已明心之會員參加。

10、**精選如來藏系經典**詳解　精選如來藏系經典一部，詳細解說，以此完全印證會員所悟如來藏之真實，得入不退轉住。另行擇期詳細解說之，由平實導師講解。僅限已明心之會員參加。

11、**禪門差別智**　藉禪宗公案之微細淆訛難知難解之處，加以宣說及剖析，以增進明心、見性之功德，啓發差別智，建立擇法眼。每月第一週日全天，由平實導師開示，僅限破參明心後，復又眼見佛性者參加（事冗暫停）。

12、**枯木禪**　先講智者大師的《小止觀》，後說《釋禪波羅蜜》，詳解四禪八定之修證理論與實修方法，細述一般學人修定之邪見與岔路，及對禪定證境之誤會，消除枉用功夫、浪費生命之現象。已悟般若者，可以藉此而實修初禪，進入大乘通教及聲聞教的三果心解脫境界，配合應有的大福德及後得無分別智、十無盡願，即可進入初地心中。親教師：平實導師。未來緣熟時將於大溪正覺寺開講。不限制聽講資格。

註：本會例行年假，自 2004 年起，改爲每年農曆新年前七天開始停息弘法事務及共修課程，農曆正月 8 日回復所有共修及弘法事務。新春期間（每日 9.00~17.00）開放台北講堂，方便會員禮佛祈福及會外人士請書。大溪區的正覺祖師堂，開放參訪時間，詳見〈正覺電子報〉或成佛之道網站。本表得因時節因緣需要而隨時修改之，不另作通知。

佛教正覺同修會　贈閱書籍 目錄

2015/09/29

1.**無相念佛**　平實導師著　回郵10元
2.**念佛三昧修學次第**　平實導師述著　回郵25元
3.**正法眼藏—護法集**　平實導師述著　回郵35元
4.**真假開悟簡易辨正法&佛子之省思**　平實導師著　回郵3.5元
5.**生命實相之辨正**　平實導師著　回郵10元
6.**如何契入念佛法門**（附：印順法師否定極樂世界）平實導師著　回郵3.5元
7.**平實書箋**—答元覽居士書　平實導師著　回郵35元
8.**三乘唯識**—如來藏系經律彙編　平實導師編　回郵80元
（精裝本　長27㎝　寬21㎝　高7.5㎝　重2.8公斤）
9.**三時繫念全集**—修正本　回郵掛號40元（長26.5㎝×寬19㎝）
10.**明心與初地**　平實導師述　回郵3.5元
11.**邪見與佛法**　平實導師述著　回郵20元
12.**菩薩正道**—回應義雲高、釋性圓…等外道之邪見　正燦居士著　回郵20元
13.**甘露法雨**　平實導師述　回郵20元
14.**我與無我**　平實導師述　回郵20元
15.**學佛之心態**—修正錯誤之學佛心態始能與正法相應　孫正德老師著　回郵35元
附錄：平實導師著《**略說八、九識並存…等之過失**》
16.**大乘無我觀**—《悟前與悟後》別說　平實導師述著　回郵20元
17.**佛教之危機**—中國台灣地區現代佛教之真相（附錄：公案拈提六則）
平實導師著　回郵25元
18.**燈　影**—燈下黑（覆「求教後學」來函等）　平實導師著　回郵35元
19.**護法與毀法**—覆上平居士與徐恒志居士網站毀法二文
張正圜老師著　回郵35元
20.**淨土聖道**—兼評**選擇本願念佛**　正德老師著　**由正覺同修會購贈**　回郵25元
21.**辨唯識性相**—對「紫蓮心海《辯唯識性相》書中否定阿賴耶識」之回應
正覺同修會 台南共修處法義組 著　回郵25元
22.**假如來藏**—對法蓮法師《如來藏與阿賴耶識》書中否定阿賴耶識之回應
正覺同修會 台南共修處法義組 著　回郵35元
23.**入不二門**—公案拈提集錦 第一輯（於平實導師公案拈提諸書中選錄約二十則，
合輯爲一冊流通之）平實導師著　回郵20元
24.**真假邪說**—西藏密宗索達吉喇嘛《破除邪說論》真是邪說
釋正安法師著　回郵35元
25.**真假開悟**—真如、如來藏、阿賴耶識間之關係　平實導師述著　回郵35元
26.**真假禪和**—辨正釋傳聖之謗法謬說　孫正德老師著　回郵30元

27.**眼見佛性**—駁慧廣法師眼見佛性的含義文中謬說
游正光老師著　回郵25元

28.**普門自在**—公案拈提集錦 第二輯（於平實導師公案拈提諸書中選錄約二十則，合輯爲一冊流通之）平實導師著　回郵25元

29.**印順法師的悲哀**—以現代禪的質疑為線索　恒毓博士著　回郵25元

30.**識蘊真義**—現觀識蘊內涵、取證初果、親斷三縛結之具體行門。
—依《成唯識論》及《惟識述記》正義，略顯安慧《大乘廣五蘊論》之邪謬
平實導師著　回郵35元

31.**正覺電子報** 各期紙版本　免附回郵　每次最多函索三期或三本。
(已無存書之較早各期，不另增印贈閱)

32.**現代人應有的宗教觀**　蔡正禮老師 著　回郵3.5元

33.**遠惑趣道**—正覺電子報般若信箱問答錄　第一輯　回郵20元

34.**遠惑趣道**—正覺電子報般若信箱問答錄　第二輯　回郵20元

35.**確保您的權益**—器官捐贈應注意自我保護　游正光老師 著　回郵10元

36.**正覺教團電視弘法三乘菩提 DVD 光碟 (一)**
由正覺教團多位親教師共同講述錄製 DVD 8 片，MP3 一片，共 9 片。有二大講題：一爲「三乘菩提之意涵」，二爲「學佛的正知見」。內容精闢，深入淺出，精彩絕倫，幫助大眾快速建立三乘法道的正知見，免被外道邪見所誤導。有志修學三乘佛法之學人不可不看。(製作工本費 100 元，回郵 25 元)

37.**正覺教團電視弘法 DVD 專輯 (二)**
總有二大講題：一爲「三乘菩提之念佛法門」，一爲「學佛正知見(第二篇)」，由正覺教團多位親教師輪番講述，內容詳細闡述如何修學念佛法門、實證念佛三昧，以及學佛應具有的正確知見，可以幫助發願往生西方極樂淨土之學人，得以把握往生，更可令學人快速建立三乘法道的正知見，免於被外道邪見所誤導。有志修學三乘佛法之學人不可不看。(一套 17 片，工本費 160 元。回郵 35 元)

38.**佛藏經** 燙金精裝本　每冊回郵 20 元。正修佛法之道場欲大量索取者，請正式發函並蓋用大印寄來索取（2008.04.30 起開始敬贈）

39.**喇嘛性世界**—揭開假藏傳佛教譚崔瑜伽的面紗　張善思 等人合著
由正覺同修會購贈　回郵 20 元

40.**假藏傳佛教的神話**—性、謊言、喇嘛教　張正玄教授編著　回郵 20 元
由正覺同修會購贈　回郵 20 元

41.**隨 緣**—理隨緣與事隨緣　平實導師述　回郵 20 元。

42.**學佛的覺醒**　正枝居士 著　回郵 25 元

43.**導師之真實義**　蔡正禮老師 著　回郵 10 元

44.**淺談達賴喇嘛之雙身法**—兼論解讀「密續」之達文西密碼
吳明芷居士 著　回郵 10 元

45.**魔界轉世**　張正玄居士 著　回郵 10 元

46.**一貫道與開悟**　蔡正禮老師 著　回郵 10 元

47.**博愛**—愛盡天下女人　正覺教育基金會 編印　回郵10元
48.**意識虛妄經教彙編**—實證解脫道的關鍵經文　正覺同修會編印　回郵25元
49.**邪箭囈語**—破斥藏密外道多識仁波切《破魔金剛箭雨論》之邪說
陸正元老師著　上、下冊回郵各30元
50.**真假沙門**—依 佛聖教闡釋佛教僧寶之定義
蔡正禮老師著　俟正覺電子報連載後結集出版
51.**真假禪宗**—藉評論釋性廣《印順導師對變質禪法之批判
及對禪宗之肯定》以顯示真假禪宗
附論一：凡夫知見 無助於佛法之信解行證
附論二：世間與出世間一切法皆從如來藏實際而生而顯
余正偉老師著　俟正覺電子報連載後結集出版　回郵未定
52.**假鋒虛焰金剛乘**—揭示顯密正理，兼破索達吉師徒《般若鋒兮金剛焰》。
釋正安 法師著　俟正覺電子報連載後結集出版

★ 上列贈書之郵資，係台灣本島地區郵資，大陸、港、澳地區及外國地區，請另計酌增（大陸、港、澳、國外地區之郵票不許通用）。尚未出版之書，請勿先寄來郵資，以免增加作業煩擾。

★ 本目錄若有變動，唯於後印之書籍及「成佛之道」網站上修正公佈之，不另行個別通知。

函索書籍請寄：佛教正覺同修會　103台北市承德路3段277號9樓
台灣地區函索書籍者請附寄郵票，無時間購買郵票者可以等值現金抵用，但不接受郵政劃撥、支票、匯票。大陸地區得以人民幣計算，國外地區請以美元計算（請勿寄來當地郵票，在台灣地區不能使用）。欲以掛號寄遞者，請另附掛號郵資。

親自索閱：正覺同修會各共修處。　★請於共修時間前往取書，餘時無人在道場，請勿前往索取；共修時間與地點，詳見書末正覺同修會共修現況表（以近期之共修現況表爲準）。

註：正智出版社發售之局版書，請向各大書局購閱。若書局之書架上已經售出而無陳列者，請向書局櫃台指定洽購；若書局不便代購者，請於正覺同修會共修時間前往各共修處請購，正智出版社已派人於共修時間送書前往各共修處流通。 郵政劃撥購書及 大陸地區 購書，請詳別頁正智出版社發售書籍目錄最後頁之說明。

成佛之道 網站：http://www.a202.idv.tw　正覺同修會已出版之結緣書籍，多已登載於 成佛之道 網站，若住外國、或住處遙遠，不便取得正覺同修會贈閱書籍者，可以從本網站閱讀及下載。　書局版之《宗通與說通》亦已上網，台灣讀者可向書局洽購，售價300元。《狂密與眞密》第一輯~第四輯，亦於 2003.5.1.全部於本網站登載完畢；台灣地區讀者請向書局洽購，每輯約400頁，售價300元（網站下載紙張費用較貴，容易散失，難以保存，亦較不精美）。

＊＊**假藏傳佛教修雙身法，非佛教**＊＊

正智出版社 籌募弘法基金發售書籍目錄　2017/04/22

1.**宗門正眼**—公案拈提 第一輯 重拈　平實導師著　500 元
因重寫內容大幅度增加故，字體必須改小，並增為 576 頁 主文 546 頁。比初版更精彩、更有內容。初版《禪門摩尼寶聚》之讀者，可寄回本公司免費調換新版書。免附回郵，亦無截止期限。（2007 年起，每冊附贈本公司精製公案拈提〈超意境〉CD 一片。市售價格 280 元，多購多贈。）

2.**禪淨圓融**　平實導師著　200 元（第一版舊書可換新版書。）

3.**真實如來藏**　平實導師著　400 元

4.**禪—悟前與悟後**　平實導師著　上、下冊，每冊 250 元

5.**宗門法眼**—公案拈提 第二輯　平實導師著　500 元
（2007 年起，每冊附贈本公司精製公案拈提〈超意境〉CD 一片）

6.**楞伽經詳解**　平實導師著　全套共 10 輯　每輯 250 元

7.**宗門道眼**—公案拈提 第三輯　平實導師著　500 元
（2007 年起，每冊附贈本公司精製公案拈提〈超意境〉CD 一片）

8.**宗門血脈**—公案拈提 第四輯　平實導師著　500 元
（2007 年起，每冊附贈本公司精製公案拈提〈超意境〉CD 一片）

9.**宗通與說通**—成佛之道 平實導師著 主文 381 頁 全書 400 頁售價 300 元

10.**宗門正道**—公案拈提 第五輯　平實導師著　500 元
（2007 年起，每冊附贈本公司精製公案拈提〈超意境〉CD 一片）

11.**狂密與真密 一～四輯**　平實導師著　西藏密宗是人間最邪淫的宗教，本質不是佛教，只是披著佛教外衣的印度教性力派流毒的喇嘛教。此書中將西藏密宗密傳之男女雙身合修樂空雙運所有祕密與修法，毫無保留完全公開，並將全部喇嘛們所不知道的部分也一併公開。內容比大辣出版社喧騰一時的《西藏慾經》更詳細。並且函蓋藏密的所有祕密及其錯誤的中觀見、如來藏見……等，藏密的所有法義都在書中詳述、分析、辨正。每輯主文三百餘頁　每輯全書約 400 頁　售價每輯 300 元

12.**宗門正義**—公案拈提 第六輯　平實導師著　500 元
（2007 年起，每冊附贈本公司精製公案拈提〈超意境〉CD 一片）

13.**心經密意**—心經與解脫道、佛菩提道、祖師公案之關係與密意　平實導師述　300 元

14.**宗門密意**—公案拈提 第七輯　平實導師著　500 元
（2007 年起，每冊附贈本公司精製公案拈提〈超意境〉CD 一片）

15.**淨土聖道**—兼評「選擇本願念佛」　正德老師著　200 元

16.**起信論講記**　平實導師述著　共六輯　每輯三百餘頁　售價各 250 元

17.**優婆塞戒經講記**　平實導師述著 共八輯 每輯三百餘頁 售價各 250 元

18.**真假活佛**—略論附佛外道盧勝彥之邪說（對前岳靈犀網站主張「盧勝彥是證悟者」之修正）　正犀居士（岳靈犀）著　流通價 140 元

19.**阿含正義**—唯識學探源　平實導師著　共七輯　每輯 300 元

20.**超意境** CD 以平實導師公案拈提書中超越意境之頌詞，加上曲風優美的旋律，錄成令人嚮往的超意境歌曲，其中包括正覺發願文及平實導師親自譜成的黃梅調歌曲一首。詞曲雋永，殊堪翫味，可供學禪者吟詠，有助於見道。內附設計精美的彩色小冊，解說每一首詞的背景本事。每片 280 元。【每購買公案拈提書籍一冊，即贈送一片。】

21.**菩薩底憂鬱** CD 將菩薩情懷及禪宗公案寫成新詞，並製作成超越意境的優美歌曲。 1.主題曲〈菩薩底憂鬱〉，描述地後菩薩能離三界生死而迴向繼續生在人間，但因尚未斷盡習氣種子而有極深沈之憂鬱，非三賢位菩薩及二乘聖者所知，此憂鬱在七地滿心位方才斷盡；本曲之詞中所說義理極深，昔來所未曾見；此曲係以優美的情歌風格寫詞及作曲，聞者得以激發嚮往諸地菩薩境界之大心，詞、曲都非常優美，難得一見；其中勝妙義理之解說，已印在附贈之彩色小冊中。 2.以各輯公案拈提中直示禪門入處之頌文，作成各種不同曲風之超意境歌曲，值得玩味、參究；聆聽公案拈提之優美歌曲時，請同時閱讀內附之印刷精美說明小冊，可以領會超越三界的證悟境界；未悟者可以因此引發求悟之意向及疑情，眞發菩提心而邁向求悟之途，乃至因此眞實悟入般若，成眞菩薩。 3.正覺總持咒新曲，總持佛法大意；總持咒之義理，已加以解說並印在隨附之小冊中。本 CD 共有十首歌曲，長達 63 分鐘。每盒各附贈二張購書優惠券。每片 280 元。

22.**禪意無限** CD 平實導師以公案拈提書中偈頌寫成不同風格曲子，與他人所寫不同風格曲子共同錄製出版，幫助參禪人進入禪門超越意識之境界。盒中附贈彩色印製的精美解說小冊，以供聆聽時閱讀，令參禪人得以發起參禪之疑情，即有機會證悟本來面目而發起實相智慧，實證大乘菩提般若，能如實證知般若經中的眞實意。本 CD 共有十首歌曲，長達 69 分鐘，每盒各附贈二張購書優惠券。每片 280 元。

23.**我的菩提路**第一輯　釋悟圓、釋善藏等人合著　售價 300 元

24.**我的菩提路**第二輯　郭正益、張志成等人合著　售價 300 元

25.**我的菩提路**第三輯　王美伶等人合著　預定 2017/6/30 發行　售價 300 元

26.**鈍鳥與靈龜**—考證後代凡夫對大慧宗杲禪師的無根誹謗。

平實導師著 共 458 頁 售價 350 元

27.**維摩詰經講記** 平實導師述 共六輯 每輯三百餘頁 售價各 250 元

28.**真假外道**—破劉東亮、杜大威、釋證嚴常見外道見　正光老師著　200 元

29.**勝鬘經講記**—兼論印順《勝鬘經講記》對於《勝鬘經》之誤解。

平實導師述　共六輯　每輯三百餘頁　售價250 元

30.**楞嚴經講記** 平實導師述 共 **15** 輯，每輯三百餘頁 售價 300 元

31.**明心與眼見佛性**—駁慧廣〈蕭氏「眼見佛性」與「明心」之非〉文中謬說

正光老師著　共 448 頁　售價 300 元

32.**見性與看話頭** 黃正倖老師 著，本書是禪宗參禪的方法論。

內文 375 頁，全書 416 頁，售價 300 元。

33.**達賴真面目**—玩盡天下女人 白正偉老師 等著 中英對照彩色精裝大本 800 元
34.**喇嘛性世界**—揭開假藏傳佛教譚崔瑜伽的面紗 張善思 等人著 200 元
35.**假藏傳佛教的神話**—性、謊言、喇嘛教 正玄教授編著 200 元
36.**金剛經宗通** 平實導師述 共九輯 每輯售價 250 元。
37.**空行母**—性別、身分定位，以及藏傳佛教。
珍妮·坎貝爾著 呂艾倫 中譯 售價 250 元
38.**末代達賴**—性交教主的悲歌 張善思、呂艾倫、辛燕編著 售價 250 元
39.**霧峰無霧**—給哥哥的信 辨正釋印順對佛法的無量誤解
游宗明 老師著 售價 250 元
40.**第七意識與第八意識？**—穿越時空「超意識」
平實導師述 每冊 300 元
41.**黯淡的達賴**—失去光彩的諾貝爾和平獎
正覺教育基金會編著 每冊 250 元
42.**童女迦葉考**—論呂凱文〈佛教輪迴思想的論述分析〉之謬。
平實導師 著 定價 180 元
43.**人間佛教**—實證者必定不悖三乘菩提
平實導師 述，定價 400 元
44.**實相經宗通** 平實導師述 共八輯 每輯 250 元
45.**真心告訴您(一)**—達賴喇嘛在幹什麼？
正覺教育基金會編著 售價 250 元
46.**中觀金鑑**—詳述應成派中觀的起源與其破法本質
孫正德老師著 分為上、中、下三冊，每冊 250 元
47.**佛法入門**—迅速進入三乘佛法大門，消除久學佛法漫無方向之窘境。
○○居士著 將於正覺電子報連載後出版。售價 250 元
48.**藏傳佛教要義**—《狂密與真密》之簡體字版 平實導師 著 上、下冊
僅在大陸流通 每冊 300 元
49.**法華經講義** 平實導師述 共二十五輯 每輯 300 元
已於 2015/05/31 起開始出版，每二個月出版一輯
50.**西藏「活佛轉世」制度**—附佛、造神、世俗法
許正豐、張正玄老師合著 定價 150 元
51.**廣論三部曲** 郭正益老師著 定價 150 元
52.**真心告訴您(二)**—達賴喇嘛是佛教僧侶嗎？
—補祝達賴喇嘛八十大壽
正覺教育基金會編著 售價 300 元
53.**廣論之平議**—宗喀巴《菩提道次第廣論》之平議 正雄居士著
約二或三輯 俟正覺電子報連載後結集出版 書價未定
54.**末法導護**—對印順法師中心思想之綜合判攝 正慶老師著 書價未定
55.**菩薩學處**—菩薩四攝六度之要義 陸正元老師著 出版日期未定。
56.**八識規矩頌**詳解 ○○居士 註解 出版日期另訂 書價未定。

57.**印度佛教史**—法義與考證。依法義史實評論印順《印度佛教思想史、佛教史地考論》之謬說　正偉老師著　出版日期未定　書價未定

58.**中國佛教史**—依中國佛教正法史實而論。○○老師 著　書價未定。

59.**中論正義**—釋龍樹菩薩《中論》頌正理。
孫正德老師著　出版日期未定　書價未定

60.**中觀正義**—註解平實導師《中論正義頌》。
○○法師（居士）著　出版日期未定　書價未定

61.**佛藏經講記**　平實導師述　出版日期未定　書價未定

62.**阿含經講記**—將選錄四阿含中數部重要經典全經講解之，講後整理出版。
平實導師述　約二輯　每輯300元　出版日期未定

63.**寶積經講記**　平實導師述　每輯三百餘頁 優惠價300元 出版日期未定

64.**解深密經講記**　平實導師述 約四輯　將於重講後整理出版

65.**成唯識論略解**　平實導師著　五～六輯　每輯300元　出版日期未定

66.**修習止觀坐禪法要講記**　平實導師述　每輯三百餘頁
將於正覺寺建成後重講、以講記逐輯出版　出版日期未定

67.**無門關**—《無門關》公案拈提　平實導師著　出版日期未定

68.**中觀再論**—兼述印順《中觀今論》謬誤之平議。正光老師著 出版日期未定

69.**輪迴與超度**—佛教超度法會之真義。
○○法師（居士）著　出版日期未定　書價未定

70.**《釋摩訶衍論》平議**—對偽稱龍樹所造《釋摩訶衍論》之平議
○○法師（居士）著　出版日期未定　書價未定

71.**正覺發願文**註解—以真實大願為因 得證菩提
正德老師著　出版日期未定　書價未定

72.**正覺總持咒**—佛法之總持　正圜老師著　出版日期未定　書價未定

73.**涅槃**—論四種涅槃　平實導師著　出版日期未定　書價未定

74.**三自性**—依四食、五蘊、十二因緣、十八界法，說三性三無性。
作者未定　出版日期未定

75.**道品**—從三自性說大小乘三十七道品　作者未定　出版日期未定

76.**大乘緣起觀**—依四聖諦七真如現觀十二緣起 作者未定　出版日期未定

77.**三德**—論解脫德、法身德、般若德。　作者未定　出版日期未定

78.**真假如來藏**—對印順《如來藏之研究》謬說之平議　作者未定 出版日期未定

79.**大乘道次第**　作者未定　出版日期未定　書價未定

80.**四緣**—依如來藏故有四緣。　作者未定　出版日期未定

81.**空之探究**—印順《空之探究》謬誤之平議　作者未定 出版日期未定

82.**十法義**—論阿含經中十法之正義　作者未定　出版日期未定

83.**外道見**—論述外道六十二見　作者未定　出版日期未定

正智出版社有限公司 書籍介紹

禪淨圓融：言淨土諸祖所未曾言，示諸宗祖師所未曾示；禪淨圓融，另闢成佛捷徑，兼顧自力他力，闡釋淨土門之速行易行道，亦同時揭櫫聖教門之速行易行道；令廣大淨土行者得免緩行難證之苦，亦令聖道門行者得以藉著淨土速行道而加快成佛之時劫。乃前無古人之超勝見地，非一般弘揚禪淨法門典籍也，先讀爲快。平實導師著 200元。

宗門正眼—公案拈提第一輯：繼承克勤圜悟大師碧巖錄宗旨之禪門鉅作。先則舉示當代大法師之邪說，消弭當代禪門大師鄉愿之心態，摧破當今禪門「世俗禪」之妄談；次則旁通教法，表顯宗門正理；繼以道之次第，消弭古今狂禪；後藉言語及文字機鋒，直示宗門入處。悲智雙運，禪味十足，數百年來難得一睹之禪門鉅著也。平實導師著 500元（原初版書《禪門摩尼寶聚》，改版後補充爲五百餘頁新書，總計多達二十四萬字，內容更精彩，並改名爲《宗門正眼》，讀者原購初版《禪門摩尼寶聚》皆可寄回本公司免費換新，免附回郵，亦無截止期限）（2007年起，凡購買公案拈提第一輯至第七輯，每購一輯皆贈送本公司精製公案拈提〈超意境〉CD一片，市售價格280元，多購多贈）。

禪—悟前與悟後：本書能建立學人悟道之信心與正確知見，圓滿具足而有次第地詳述禪悟之功夫與禪悟之內容，指陳參禪中細微淆訛之處，能使學人明自眞心、見自本性。若未能悟入，亦能以正確知見辨別古今中外一切大師究係眞悟？或屬錯悟？便有能力揀擇，捨名師而選明師，後時必有悟道之緣。一旦悟道，遲者七次人天往返，便出三界，速者一生取辦。學人欲求開悟者，不可不讀。 平實導師著。上、下冊共500元，單冊250元。

真實如來藏：如來藏眞實存在，乃宇宙萬有之本體，並非印順法師、達賴喇嘛等人所說之「唯有名相、無此心體」。如來藏是涅槃之本際，是一切有智之人竭盡心智、不斷探索而不能得之生命實相；是古今中外許多大師自以爲悟而當面錯過之生命實相。如來藏即是阿賴耶識，乃是一切有情本自具足、不生不滅之眞實心。當代中外大師於此書出版之前所未能言者，作者於本書中盡情流露、詳細闡釋。眞悟者讀之，必能增益悟境、智慧增上；錯悟者讀之，必能檢討自己之錯誤，免犯大妄語業；未悟者讀之，能知參禪之理路，亦能以之檢查一切名師是否眞悟。此書是一切哲學家、宗教家、學佛者及欲昇華心智之人必讀之鉅著。　平實導師著　售價400元。

宗門法眼—公案拈提第二輯：列舉實例，闡釋土城廣欽老和尚之悟處；並直示這位不識字的老和尚妙智橫生之根由，繼而剖析禪宗歷代大德之開悟公案，解析當代密宗高僧卡盧仁波切之錯悟證據，並例舉當代顯宗高僧、大居士之錯悟證據（凡健在者，爲免影響其名聞利養，皆隱其名）。藉辨正當代名師之邪見，向廣大佛子指陳禪悟之正道，彰顯宗門法眼。悲勇兼出，強捋虎鬚；慈智雙運，巧探驪龍；摩尼寶珠在手，直示宗門入處，禪味十足；若非大悟徹底，不能爲之。禪門精奇人物，允宜人手一冊，供作參究及悟後印證之圭臬。本書於2008年4月改版，增寫爲大約500頁篇幅，以利學人研讀參究時更易悟入宗門正法，以前所購初版首刷及初版二刷舊書，皆可免費換取新書。平實導師著　500元（2007年起，凡購買公案拈提第一輯至第七輯，每購一輯皆贈送本公司精製公案拈提〈超意境〉CD一片，市售價格280元，多購多贈）。

宗門道眼—公案拈提第三輯：繼宗門法眼之後，再以金剛之作略、慈悲之胸懷、犀利之筆觸，舉示寒山、拾得、布袋三大士之悟處，消弭當代錯悟者對於寒山大士……等之誤會及誹謗。　亦舉出民初以來與虛雲和尚齊名之蜀郡鹽亭袁煥仙夫子——南懷瑾老師之師，其「悟處」何在？並蒐羅許多眞悟祖師之證悟公案，顯宗禪宗歷代祖師之睿智，指陳部分祖師、奧修及當代顯密大師之謬悟，作爲殷鑑，幫助禪子建立及修正參禪之方向及知見。假使讀者閱此書已，一時尚未能悟，亦可一面加功用行，一面以此宗門道眼辨別眞假善知識，避開錯誤之印證及歧路，可免大妄語業之長劫慘痛果報。欲修禪宗之禪者，務請細讀。平實導師著　售價500元（2007年起，凡購買公案拈提第一輯至第七輯，每購一輯皆贈送本公司精製公案拈提〈超意境〉CD一片，市售價格280元，多購多贈）。

楞伽經詳解：本經是禪宗見道者印證所悟眞僞之根本經典，亦是禪宗見道者悟後起修之依據經典；故達摩祖師於印證二祖慧可大師之後，將此經典連同佛鉢祖衣一併交付二祖，令其依此經典佛示金言、進入修道位，修學一切種智。由此可知此經對於眞悟之人修學佛道，是非常重要之一部經典。此經能破外道邪說，亦破佛門中錯悟名師之謬說，亦破禪宗部分祖師之狂禪：不讀經典、一向主張「一悟即成究竟佛」之謬執。並開示愚夫所行禪、觀察義禪、攀緣如禪、如來禪等差別，令行者對於三乘禪法差異有所分辨；亦糾正禪宗祖師古來對於如來禪之誤解，嗣後可免以訛傳訛之弊。此經亦是法相唯識宗之根本經典，禪者悟後欲修一切種智而入初地者，必須詳讀。平實導師著，全套共十輯，已全部出版完畢，每輯主文約320頁，每冊約352頁，定價250元。

宗門血脈—公案拈提第四輯：末法怪象—許多修行人自以爲悟，每將無念靈知認作眞實；崇尙二乘法諸師及其徒衆，則將外於如來藏之緣起性空—無因論之無常空、斷滅空、一切法空—錯認爲　佛所說之般若空性。這兩種現象已於當今海峽兩岸及美加地區顯密大師之中普遍存在；人人自以爲悟，心高氣壯，便敢寫書解釋祖師證悟之公案，大多出於意識思惟所得，言不及義，錯誤百出，因此誤導廣大佛子同陷大妄語之地獄業中而不能自知。彼等書中所說之悟處，其實處處違背第一義經典之聖言量。彼等諸人不論是否身披袈裟，都非佛法宗門血脈，或雖有禪宗法脈之傳承，亦只徒具形式；猶如螟蛉，非眞血脈，未悟得根本眞實故。禪子欲知　佛、祖之眞血脈者，請讀此書，便知分曉。平實導師著，主文452頁，全書464頁，定價500元（2007年起，凡購買公案拈提第一輯至第七輯，每購一輯皆贈送本公司精製公案拈提〈超意境〉CD一片，市售價格280元，多購多贈）。

宗通與說通：古今中外，錯誤之人如麻似粟，每以常見外道所說之靈知心，認作眞心；或妄想虛空之勝性能量爲眞如，或錯認物質四大元素藉冥性（靈知心本體）能成就吾人色身及知覺，或認初禪至四禪中之了知心爲不生不滅之涅槃心。此等皆非通宗者之見地。復有錯悟之人一向主張「宗門與教門不相干」，此即尙未通達宗門之人也。其實宗門與教門互通不二，宗門所證者乃是眞如與佛性，教門所說者乃說宗門證悟之眞如佛性，故教門與宗門不二。本書作者以宗教二門互通之見地，細說「宗通與說通」，從初見道至悟後起修之道、細說分明；並將諸宗諸派在整體佛教中之地位與次第，加以明確之教判，學人讀之即可了知佛法之梗概也。欲擇明師學法之前，允宜先讀。平實導師著，主文共381頁，全書392頁，只售成本價300元。

宗門正道—公案拈提第五輯：修學大乘佛法有二果須證—解脫果及大菩提果。二乘人不證大菩提果，唯證解脫果；此果之智慧，名爲聲聞菩提、緣覺菩提。大乘佛子所證二果之菩提果爲佛菩提，故名大菩提果，其慧名爲一切種智—函蓋二乘解脫果。然此大乘二果修證，須經由禪宗之宗門證悟方能相應。而宗門證悟極難，自古已然；其所以難者，咎在古今佛教界普遍存在三種邪見：1.以修定認作佛法， 2.以無因論之緣起性空—否定涅槃本際如來藏以後之一切法空作爲佛法，3.以常見外道邪見（離語言妄念之靈知性）作爲佛法。 如是邪見，或因自身正見未立所致，或因邪師之邪教導所致，或因無始劫來虛妄熏習所致。若不破除此三種邪見，永劫不悟宗門眞義、不入大乘正道，唯能外門廣修菩薩行。 平實導師於此書中，有極爲詳細之說明，有志佛子欲摧邪見、入於內門修菩薩行者，當閱此書。主文共496頁，全書512頁。售價500元（2007年起，凡購買公案拈提第一輯至第七輯，每購一輯皆贈送本公司精製公案拈提〈超意境〉CD一片，市售價格280元，多購多贈）。

狂密與真密：密教之修學，皆由有相之觀行法門而入，其最終目標仍不離顯教經典所說第一義諦之修證；若離顯教第一義經典、或違背顯教第一義經典，即非佛教。西藏密教之觀行法，如灌頂、觀想、遷識法、寶瓶氣、大聖歡喜雙身修法、喜金剛、無上瑜伽、大樂光明、樂空雙運等，皆是印度教兩性生生不息思想之轉化，自始至終皆以如何能運用交合淫樂之法達到全身受樂爲其中心思想，純屬欲界五欲的貪愛，不能令人超出欲界輪迴，更不能令人斷除我見；何況大乘之明心與見性，更無論矣！故密宗之法絕非佛法也。而其明光大手印、大圓滿法教，又皆同以常見外道所說離語言妄念之無念靈知心錯認爲佛地之眞如，不能直指不生不滅之眞如。西藏密宗所有法王與徒眾，都尚未開頂門眼，不能辨別眞僞，以依人不依法、依密續不依經典故，不肯將其上師喇嘛所說對照第一義經典，純依密續之藏密祖師所說爲準，因此而誇大其證德與證量，動輒謂彼祖師上師爲究竟佛、爲地上菩薩；如今台海兩岸亦有自謂其師證量高於 釋迦文佛者，然觀其師所述，猶未見道，仍在觀行即佛階段，尚未到禪宗相似即佛、分證即佛階位，竟敢標榜爲究竟佛及地上法王，誑惑初機學人。凡此怪象皆是狂密，不同於眞密之修行者。近年狂密盛行，密宗行者被誤導者極眾，動輒自謂已證佛地眞如，自視爲究竟佛，陷於大妄語業中而不知自省，反謗顯宗眞修實證者之證量粗淺；或如義雲高與釋性圓…等人，於報紙上公然誹謗眞實證道者爲「騙子、無道人、人妖、癩蛤蟆…」等，造下誹謗大乘勝義僧之大惡業；或以外道法中有爲有作之甘露、魔術……等法，誑騙初機學人，狂言彼外道法爲眞佛法。如是怪象，在西藏密宗及附藏密之外道中，不一而足，舉之不盡，學人宜應愼思明辨，以免上當後又犯毀破菩薩戒之重罪。密宗學人若欲遠離邪知邪見者，請閱此書，即能了知密宗之邪謬，從此遠離邪見與邪修，轉入眞正之佛道。 平實導師著 共四輯 每輯約400頁（主文約340頁） 每輯售價300元。

宗門正義—公案拈提第六輯：佛教有六大危機，乃是藏密化、世俗化、膚淺化、學術化、宗門密意失傳、悟後進修諸地之次第混淆；其中尤以宗門密意之失傳，爲當代佛教最大之危機。由宗門密意失傳故，易令 世尊本懷普被錯解，易令 世尊正法被轉易爲外道法，以及加以淺化、世俗化，是故宗門密意之廣泛弘傳與具緣佛弟子，極爲重要。然而欲令宗門密意之廣泛弘傳予具緣之佛弟子者，必須同時配合錯誤知見之解析、普令佛弟子知之，然後輔以公案解析之直示入處，方能令具緣之佛弟子悟入。而此二者，皆須以公案拈提之方式爲之，方易成其功、竟其業，是故平實導師續作宗門正義一書，以利學人。 全書500餘頁，售價500元（2007年起，凡購買公案拈提第一輯至第七輯，每購一輯皆贈送本公司精製公案拈提〈超意境〉CD一片，市售價格280元，多購多贈）。

心經密意—心經與解脫道、佛菩提道、祖師公案之關係與密意。二乘菩提所證之解脫道，實依第八識心之斷除煩惱障現行而立解脫之名；大乘菩提所證之佛菩提道，實依親證第八識如來藏之涅槃性、清淨自性、及其中道性而立般若之名；禪宗祖師公案所證之眞心，即是此第八識如來藏；是故三乘佛法所修所證之三乘菩提，皆依此如來藏心而立名也。此第八識心，即是《心經》所說之心也。證得此如來藏已，即能漸入大乘佛菩提道，亦可因證知此心而了知二乘無學所不能知之無餘涅槃本際，是故《心經》之密意，與三乘佛菩提之關係極爲密切、不可分割，三乘佛法皆依此心而立名故。今者平實導師以其所證解脫道之無生智及佛菩提之般若種智，將《心經》與解脫道、佛菩提道、祖師公案之關係與密意，以演講之方式，用淺顯之語句和盤托出，發前人所未言，呈三乘菩提之眞義，令人藉此《心經密意》一舉而窺三乘菩提之堂奧，迥異諸方言不及義之說；欲求眞實佛智者、不可不讀！主文317頁，連同跋文及序文…等共384頁，售價300元。

宗門密意—公案拈提第七輯：佛教之世俗化，將導致學人以信仰作爲學佛，則將以感應及世間法之庇祐，作爲學佛之主要目標，不能了知學佛之主要目標爲親證三乘菩提。大乘菩提則以般若實相智慧爲主要修習目標，以二乘菩提解脫道爲附帶修習之標的；是故學習大乘法者，應以禪宗之證悟爲要務，能親入大乘菩提之實相般若智慧中故，般若實相智慧非二乘聖人所能知故。此書則以台灣世俗化佛教之三大法師，說法似是而非之實例，配合眞悟祖師之公案解析，提示證悟般若之關節，令學人易得悟入。平實導師著，全書五百餘頁，售價500元（2007年起，凡購買公案拈提第一輯至第七輯，每購一輯皆贈送本公司精製公案拈提〈超意境〉CD一片，市售價格280元，多購多贈）。

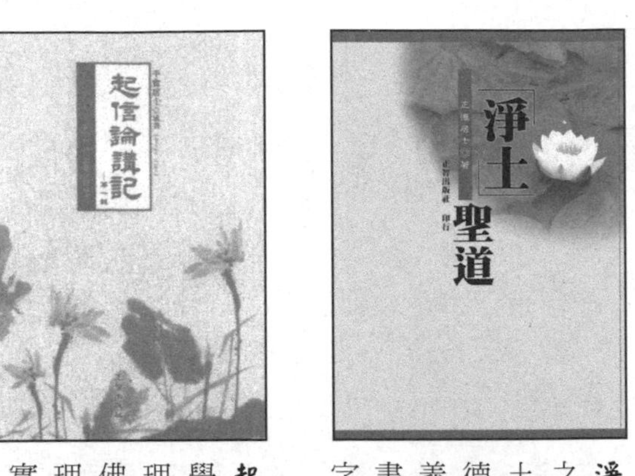

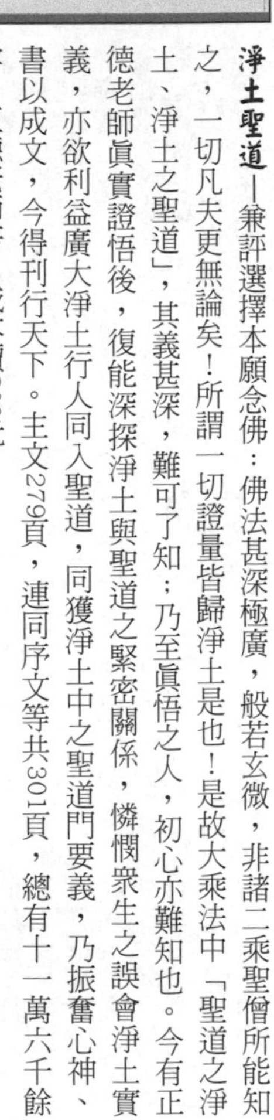

淨土聖道—兼評選擇本願念佛：佛法甚深極廣，般若玄微，非諸二乘聖僧所能知之，一切凡夫更無論矣！所謂一切證量皆歸淨土是也！是故大乘法中「聖道之淨土、淨土之聖道」，其義甚深，難可了知；乃至眞悟之人，初心亦難知也。今有正德老師眞實證悟後，復能深探淨土與聖道之緊密關係，憐憫衆生之誤會淨土實義，亦欲利益廣大淨土行人同入聖道，同獲淨土中之聖道門要義，乃振奮心神、書以成文，今得刊行天下。主文279頁，連同序文等共301頁，總有十一萬六千餘字，正德老師著，成本價200元。

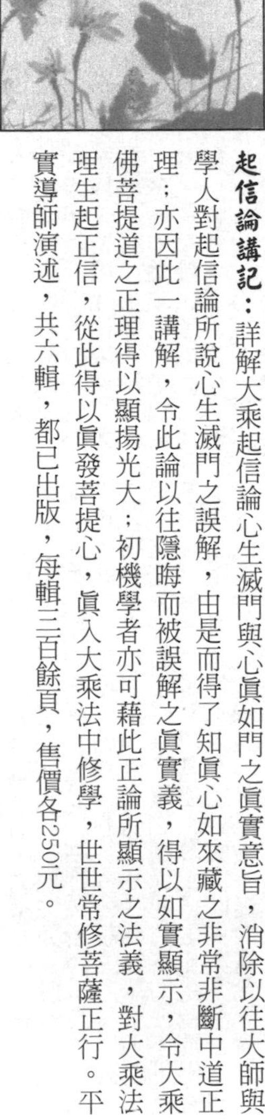

起信論講記：詳解大乘起信論心生滅門與心眞如門之眞實意旨，消除以往大師與學人對起信論所說心生滅門之誤解，由是而得了知眞心如來藏之非常非斷中道正理；亦因此一講解，令此論以往隱晦而被誤解之眞實義，得以如實顯示，令大乘佛菩提道之正理得以顯揚光大；初機學者亦可藉此正論所顯示之法義，對大乘法理生起正信，從此得以眞發菩提心，眞入大乘法中修學，世世常修菩薩正行。平實導師演述，共六輯，都已出版，每輯三百餘頁，售價各250元。

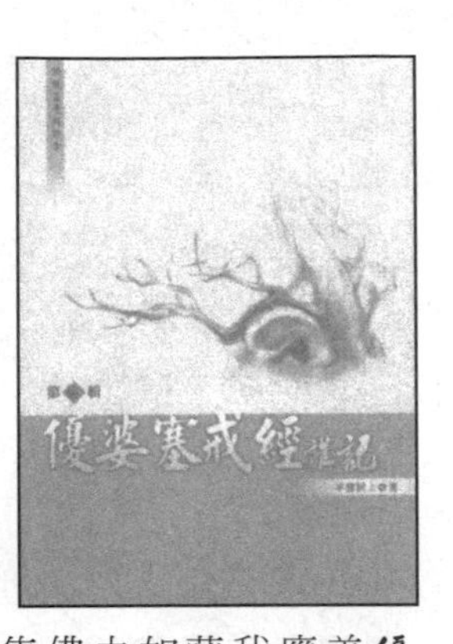

優婆塞戒經講記：本經詳述在家菩薩修學大乘佛法，應如何受持菩薩戒？對人間善行應如何看待？對三寶應如何護持？應如何正確地修集此世後世證法之福德？應如何修集後世「行菩薩道之資糧」？並詳述第一義諦之正義：五蘊非我非異我、自作自受、異作異受、不作不受……等深妙法義，乃是修學大乘佛法、行菩薩行之在家菩薩所應當了知者。出家菩薩今世或未來世登地已，捨報之後多數將如華嚴經中諸大菩薩，以在家菩薩身而修行菩薩行，故亦應以此經所述正理而修之，配合《楞伽經、解深密經、楞嚴經、華嚴經》等道次第正理，方得漸次成就佛道；故此經是一切大乘行者皆應證知之正法。平實導師講述，每輯三百餘頁，售價各250元；共八輯，已全部出版。

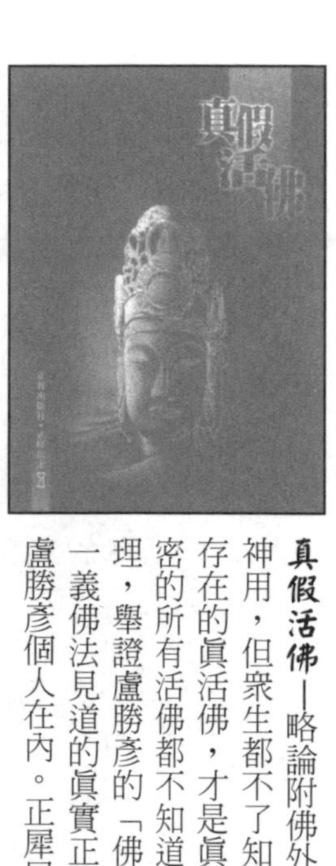

真假活佛—略論附佛外道盧勝彥之邪說：人人身中都有眞活佛，永生不滅而有大神用，但衆生都不了知，所以常被身外的西藏密宗假活佛籠罩欺瞞。本來就眞實存在的眞活佛，才是眞正的密宗無上密！諾那活佛因此而說禪宗是大密宗，但藏密的所有活佛都不知道、也不曾實證自身中的眞活佛。本書詳實宣示眞活佛的道理，舉證盧勝彥的「佛法」不是眞佛法，也顯示盧勝彥是假活佛，直接的闡釋第一義佛法見道的眞實正理。眞佛宗的所有上師與學人們，都應該詳細閱讀，包括盧勝彥個人在內。正犀居士著，優惠價140元。

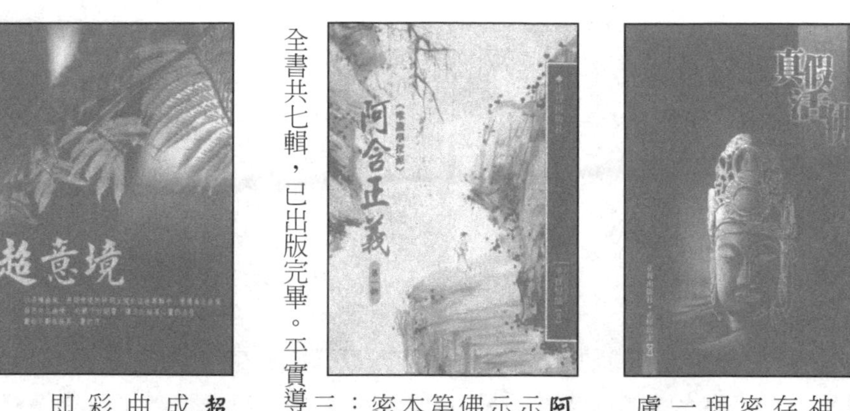

阿含正義—唯識學探源：廣說四大部《阿含經》諸經中隱說之眞正義理，一一舉示佛陀本懷，令阿含時期初轉法輪根本經典之眞義，如實顯現於佛子眼前。並提示末法大師對於阿含眞義誤解之實例，一一比對之，證實唯識增上慧學確於原始佛法之阿含諸經中已隱覆密意而略說之，證實 世尊確於原始佛法中已曾密意而說第八識如來藏之總相；亦證實 世尊在四阿含中已說此藏識是名色十八界之因、之本—證明如來藏是能生萬法之根本心。佛子可據此修正以往受諸大師（譬如西藏密宗應成派中觀師：印順、昭慧、性廣、大願、達賴、宗喀巴、寂天、月稱、……等人）誤導之邪見，建立正見，轉入正道乃至親證初果而無困難；書中並詳說三果所證的心解脫，以及四果慧解脫的親證，都是如實可行的具體知見與行門。全書共七輯，已出版完畢。平實導師著，每輯三百餘頁，售價300元。

超意境CD：以平實導師公案拈提書中超越意境之頌詞，加上曲風優美的旋律，錄成令人嚮往的超意境歌曲，其中包括正覺發願文及平實導師親自譜成的黃梅調歌曲一首。詞曲雋永，殊堪翫味，可供學禪者吟詠，有助於見道。內附設計精美的彩色小冊，解說每一首詞的背景本事。每片280元。【每購買公案拈提書籍一冊，即贈送一片。】

我的菩提路第一輯：凡夫及二乘聖人不能實證的佛菩提證悟，末法時代的今天仍然有人能得實證，由正覺同修會釋悟圓、釋善藏法師等二十餘位實證如來藏者所寫的見道報告，已爲當代學人見證宗門正法之絲縷不絕，證明大乘義學的法脈仍然存在，爲末法時代求悟般若之學人照耀出光明的坦途。由二十餘位大乘見道者所繕，敘述各種不同的學法、見道因緣與過程，參禪求悟者必讀。全書三百餘頁，售價300元。

我的菩提路第二輯：由郭正益老師等人合著，書中詳述彼等諸人歷經各處道場學法，一一修學而加以檢擇之不同過程以後，因閱讀正覺同修會、正智出版社書籍而發起抉擇分，轉入正覺同修會中修學；乃至學法及見道之過程，都一一詳述之。其中張志成等人係由前現代禪轉進正覺同修會，張志成原爲現代禪副宗長，以前未閱本會書籍時，曾被人藉其名義著文評論　平實導師（詳見《宗通與說通》辨正及《眼見佛性》書末附錄…等）；後因偶然接觸正覺同修會書籍，深覺以前聽人評論平實導師之語不實，於是投入極多時間閱讀本會書籍、深入思辨，詳細探索中觀與唯識之關聯與異同，認爲正覺之法義方是正法，深覺相應；亦解開多年來對佛法的迷雲，確定應依八識論正理修學方是正法。乃不顧面子，毅然前往正覺同修會面見平實導師懺悔，並正式學法求悟。今已與其同修王美伶（亦爲前現代禪傳法老師），同樣證悟如來藏而證得法界實相，生起實相般若眞智。此書中尚有七年來本會第一位眼見佛性者之見性報告一篇，一同供養大乘佛弟子。全書四百頁，售價300元。

我的菩提路第三輯：由王美伶老師等人合著。自從正覺同修會成立以來，每年夏初、冬初都舉辦精進禪三共修，藉以助益會中同修們得以證悟明心發起般若實相智慧；凡已實證而被平實導師印證者，皆書具見道報告用以證明佛法之眞實可證而非玄學，證明佛法並非純屬思想、理論而無實質，是故每年都能有人證明正覺同修會的「實證佛教」主張並非虛語。特別是眼見佛性一法，自古以來中國禪宗祖師實證者極寡，較之明心開悟的證境更難令人信受；至2017年初，正覺同修會中的證悟明心者已近五百人，然而其中眼見佛性者至今唯十餘人爾，可謂難能可貴，是故明心後欲冀眼見佛性者實屬不易。黃正倖老師是懸絕七年無人見性後的第一人，她於2009年的見性報告刊於本書的第二輯中，爲大衆證明佛性確實可以眼見；其後七年之中求見性者都屬解悟佛性而無人眼見，幸而又經七年後的2016冬初，以及2017夏初的禪三，復有三人眼見佛性，希冀鼓舞四衆佛子求見佛性之大心，今則具載一則於書末，顯示求見佛性之事實經歷，供養現代佛教界欲得見性之四衆弟子。全書四百頁，售價300元，預定2017年6月30日發行。

鈍鳥與靈龜：鈍鳥及靈龜二物，被宗門證悟者說爲二種人：前者是精修禪定而無智慧者，也是以定爲禪的愚癡禪人；後者是或有禪定、或無禪定的宗門證悟者，凡已證悟者皆是靈龜。但後來被人虛造事實，用以嘲笑大慧宗杲禪師，說他雖是靈龜，卻不免被天童禪師預記「患背」痛苦而亡：「鈍鳥離巢易，靈龜脫殼難。」藉以貶低大慧宗杲的證量。同時將天童禪師實證如來藏的證量，曲解爲意識境界的離念靈知。自從大慧禪師入滅以後，錯悟凡夫對他的不實毀謗就一直存在著，不曾止息，並且捏造的假事實也隨著年月的增加而越來越多，終至編成「鈍鳥與靈龜」的假公案、假故事。本書是考證大慧與天童之間的不朽情誼，顯現這件假公案的虛妄不實；更見大慧宗杲面對惡勢力時的正直不阿，亦顯示大慧對天童禪師的至情深義，將使後人對大慧宗杲的誣謗至此而止，不再有人誤犯毀謗賢聖的惡業。書中亦舉證宗門的所悟確以第八識如來藏爲標的，詳讀之後必可改正以前被錯悟大師誤導的參禪知見，日後必定有助於實證禪宗的開悟境界，得階大乘眞見道位中，即是實證般若之賢聖。全書459頁，售價350元。

維摩詰經講記：本經係 世尊在世時，由等覺菩薩維摩詰居士藉疾病而演說之大乘菩提無上妙義，所說函蓋甚廣，然極簡略，是故今時諸方大師與學人讀之悉皆錯解，何況能知其中隱含之深妙正義，是故普遍無法爲人解說；若強爲人說，則成依文解義而有諸多過失。今由平實導師公開宣講之後，詳實解釋其中密意，令維摩詰菩薩所說大乘不可思議解脫之深妙正法得以正確宣流於人間，利益當代學人及與諸方大師。書中詳實演述大乘佛法深妙不共二乘之智慧境界，顯示諸法之中絕待之實相境界，建立大乘菩薩妙道於永遠不敗不壞之地，以此成就護法偉功，欲冀永利娑婆人天。已經宣講圓滿整理成書流通，以利諸方大師及諸學人。全書共六輯，每輯三百餘頁，售價各250元。

真假外道：本書具體舉證佛門中的常見外道知見實例，並加以教證及理證上的辨正，幫助讀者輕鬆而快速的了知常見外道的錯誤知見，進而遠離佛門內外的常見外道知見，因此即能改正修學方向而快速實證佛法。游正光老師著　。成本價200元。

勝鬘經講記：如來藏爲三乘菩提之所依，若離如來藏心體及其含藏之一切種子，即無三界有情及一切世間法，亦無二乘菩提緣起性空之出世間法；本經詳說無始無明、一念無明皆依如來藏而有之正理，藉著詳解煩惱障與所知障間之關係，令學人深入了知二乘菩提與佛菩提相異之妙理；聞後即可了知佛菩提之特勝處及三乘修道之方向與原理，邁向攝受正法而速成佛道的境界中。平實導師講述，共六輯，每輯三百餘頁，售價各250元。

楞嚴經講記：楞嚴經係密教部之重要經典，亦是顯教中普受重視之經典；經中宣說明心與見性之內涵極爲詳細，將一切法都會歸如來藏及佛性—妙眞如性；亦闡釋佛菩提道修學過程中之種種魔境，以及外道誤會涅槃之狀況，旁及三界世間之起源。然因言句深澀難解，法義亦復深妙寬廣，學人讀之普難通達，是故讀者大多誤會，不能如實理解佛所說之明心與見性內涵，亦因是故多有悟錯之人引爲開悟之證言，成就大妄語罪。今由平實導師詳細講解之後，整理成文，以易讀易懂之語體文刊行天下，以利學人。全書十五輯，全部出版完畢。每輯三百餘頁，售價每輯300元。

明心與眼見佛性：本書細述明心與眼見佛性之異同，同時顯示了中國禪宗破初參明心與重關眼見佛性二關之間的關聯；書中又藉法義辨正而旁述其他許多勝妙法義，讀後必能遠離佛門長久以來積非成是的錯誤知見，令讀者在佛法的實證上有極大助益。也藉慧廣法師的謬論來教導佛門學人回歸正知正見，遠離古今禪門錯悟者所墮的意識境界，非唯有助於斷我見，也對未來的開悟明心實證第八識如來藏有所助益，是故學禪者都應細讀之。游正光老師著　共448頁　售價300元。

菩薩底憂鬱CD：將菩薩情懷及禪宗公案寫成新詞，並製作成超越意境的優美歌曲。 1.主題曲〈菩薩底憂鬱〉，描述地後菩薩能離三界生死而迴向繼續生在人間，但因尚未斷盡習氣種子而有極深沈之憂鬱，非三賢位菩薩及二乘聖者所知，此憂鬱在七地滿心位方才斷盡；本曲之詞中所說義理極深，昔來所未曾見；此曲係以優美的情歌風格寫詞及作曲，聞者得以激發嚮往諸地菩薩境界之大心，詞、曲都非常優美，難得一見；其中勝妙義理之解說，已印在附贈之彩色小冊中。 2.以各輯公案拈提中直示禪門入處之頌文，作成各種不同曲風之超意境歌曲，值得玩味、參究；聆聽公案拈提之優美歌曲時，請同時閱讀內附之印刷精美說明小冊，可以領會超越三界的證悟境界；未悟者可以因此引發求悟之意向及疑情，眞發菩提心而邁向求悟之途，乃至因此眞實悟入般若，成眞菩薩。 3.正覺總持咒新曲，總持佛法大意；總持咒之義理，已加以解說並印在隨附之小冊中。本CD共有十首歌曲，長達63分鐘，附贈二張購書優惠券。每片280元。

禪意無限CD：平實導師以公案拈提書中偈頌寫成不同風格曲子，與他人所寫不同風格曲子共同錄製出版，幫助參禪人進入禪門超越意識之境界。盒中附贈彩色印製的精美解說小冊，以供聆聽時閱讀，令參禪人得以發起參禪之疑情，即有機會證悟本來面目，實證大乘菩提般若。本CD共有十首歌曲，長達69分鐘，每盒各附贈二張購書優惠券。每片280元。

金剛經宗通：三界唯心，萬法唯識，是成佛之修證內容，是諸地菩薩之所修；般若則是成佛之道（實證三界唯心、萬法唯識）的入門，若未證悟實相般若，即無成佛之可能，必將永在外門廣行菩薩六度，永在凡夫位中。然而實相般若的發起，全賴實證萬法的實相；若欲證知萬法的眞相，則必須探究萬法之所從來，則須實證自心如來—金剛心如來藏，然後現觀這個金剛心的金剛性、眞實性、如如性、清淨性、涅槃性、能生萬法的自性性、本住性，名爲證眞如；進而現觀三界六道唯是此金剛心所成，人間萬法須藉八識心王和合運作方能現起。如是實證

《華嚴經》的「三界唯心、萬法唯識」以後，由此等現觀而發起實相般若智慧，繼續進修第十住位的如幻觀、第十行位的陽焰觀、第十迴向位的如夢觀，再生起增上意樂而勇發十無盡願，方能滿足三賢位的實證，轉入初地；自知成佛之道而無偏倚，從此按部就班、次第進修乃至成佛。第八識自心如來是般若智慧之所依，般若智慧的修證則要從實證金剛心自心如來開始；《金剛經》則是解說自心如來之經典，是一切三賢位菩薩所應進修之實相般若經典。這一套書，是將平實導師宣講的《金剛經宗通》內容，整理成文字而流通之；書中所說義理，迴異古今諸家依文解義之說，指出大乘見道方向與理路，有益於禪宗學人求開悟見道，及轉入內門廣修六度萬行。講述完畢後結集出版，總共9輯，每輯約三百餘頁，售價各250元。

空行母—性別、身分定位，以及藏傳佛教：本書作者為蘇格蘭哲學家，因為嚮往佛教深妙的哲學內涵，於是進入當年盛行於歐美的假藏傳佛教密宗，擔任卡盧仁波切的翻譯工作多年以後，被邀請成為卡盧的空行母（又名佛母、明妃），開始了她在密宗裡的實修過程；後來發覺在密宗雙身法中的修行，其實無法使自己成佛，也發覺密宗對女性岐視而處處貶抑，並剝奪女性在雙身法中擔任一半角色時應有的身分定位。當她發覺自己只是雙身法中被喇嘛利用的工具，沒有獲得絲毫應有的尊重與基本定位時，發現了密宗的父權社會控制女性的本質；於是作者傷心地離開了卡盧仁波切與密宗，但是卻被恐嚇不許講出她在密宗裡的經歷，也不許她說出自己對密宗的教義與教制下對女性剝削的本質，否則將被咒殺死亡。後來她去加拿大定居，十餘年後方才擺脫這個恐嚇陰影，下定決心將親身經歷的實情及觀察到的事實寫下來並且出版，公諸於世。出版之後，她被流亡的達賴集團人士大力攻訐，誣指她為精神狀態失常、說謊……等。但有智之士並未被達賴集團的政治操作及各國政府政治運作吹捧達賴的表相所欺，使她的書銷售無阻而又再版。正智出版社鑑於作者此書是親身經歷的事實，所說具有針對「藏傳佛教」而作學術研究的價值，也有使人認清假藏傳佛教剝削佛母、明妃的男性本位實質，因此洽請作者同意中譯而出版於華人地區。珍妮·坎貝爾女士著，呂艾倫 中譯，每冊250元。

霧峰無霧—給哥哥的信 本書作者藉兄弟之間信件往來論義，略述佛法大義；並以多篇短文辨義，舉出釋印順對佛法的無量誤解證據，並一一給予簡單而清晰的辨正，令人一讀即知。久讀、多讀之後即能認清楚釋印順的六識論見解，與眞實佛法之牴觸是多麼嚴重；於是在久讀、多讀之後，於不知不覺之間提升了對佛法的極深入理解，正知正見就在不知不覺間建立起來了。當三乘佛法的正知見建立起來之後，對於三乘菩提的見道條件便將隨之具足，於是聲聞解脫道的見道也就水到渠成；接著大乘見道的因緣也將次第成熟，未來自然也會有親見大乘菩提之道的因緣，悟入大乘實相般若也將自然成功，自能通達般若系列諸經而成實義菩薩。作者居住於南投縣霧峰鄉，自喻見道之後不復再見霧峰之霧，故鄉原野美景一一明見，於是立此書名爲《霧峰無霧》；讀者若欲撥霧見月，可以此書爲緣。游宗明 老師著 售價250元。

假藏傳佛教的神話—性、謊言、喇嘛教：本書編著者是由一首名叫「阿姊鼓」的歌曲爲緣起，展開了序幕，揭開假藏傳佛教—喇嘛教—的神秘面紗。其重點是蒐集、摘錄網路上質疑「喇嘛教」的帖子，以揭穿「假藏傳佛教的神話」爲主題，串聯成書，並附加彩色插圖以及說明，讓讀者們瞭解西藏密宗及相關人事如何被操作爲「神話」的過程，以及神話背後的眞相。作者：張正玄教授。售價200元。

達賴真面目—玩盡天下女人：假使您不想戴綠帽子，請記得詳細閱讀此書；假使您不想讓好朋友戴綠帽子，請您將此書介紹給您的好朋友。假使您想保護家中的女性，也想要保護好朋友的女眷，請記得將此書送給家中的女性和好友的女眷都來閱讀。本書爲印刷精美的大本彩色中英對照精裝本，爲您揭開達賴喇嘛的眞面目，內容精彩不容錯過，爲利益社會大衆，特別以優惠價格嘉惠所有讀者。編著者：白志偉等。大開版雪銅紙彩色精裝本。售價800元。

童女迦葉考—論呂凱文〈佛教輪迴思想的論述分析〉之謬：童女迦葉是佛世率領五百大比丘遊行於人間的歷史事實，是以童貞行而依止菩薩戒弘化於人間的大菩薩，不依別解脫戒（聲聞戒）來弘化於人間。這是大乘佛教與聲聞佛教同時存在於佛世的歷史明證，證明大乘佛教不是從聲聞法中分裂出來的部派佛教的產物，卻是聲聞佛教分裂出來的部派佛教聲聞凡夫僧所不樂見的史實；於是古今聲聞法中的凡夫都欲加以扭曲而作詭說，更是末法時代高聲大呼「大乘非佛說」的六識論聲聞凡夫極力想要扭曲的佛教史實之一，於是想方設法扭曲迦葉菩薩爲聲聞僧，以及扭曲迦葉童女爲比丘僧等荒謬不實之論著便陸續出現，古時聲聞僧寫作的《分別功德論》是最具體之事例，現代之代表作則是呂凱文先生的〈佛教輪迴思想的論述分析〉論文。鑑於如是假藉學術考證以籠罩大衆之不實謬論，未來仍將繼續造作及流竄於佛教界，繼續扼殺大乘佛教學人法身慧命，必須舉證辨正之，遂成此書。平實導師 著，每冊180元。

末代達賴—性交教主的悲歌：簡介從藏傳僞佛教（喇嘛教）的修行核心—性力派男女雙修，探討達賴喇嘛及藏傳僞佛教的修行內涵。書中引用外國知名學者著作、世界各地新聞報導，包含：歷代達賴喇嘛的祕史、達賴六世修雙身法的事蹟，以及《時輪續》中的性交灌頂儀式……等；達賴喇嘛書中開示的雙修法、達賴喇嘛的黑暗政治手段；達賴喇嘛所領導的寺院爆發喇嘛性侵兒童；新聞報導《西藏生死書》作者索甲仁波切性侵女信徒、澳洲喇嘛秋達公開道歉、美國最大假藏傳佛教組織領導人邱陽創巴仁波切的性氾濫，等等事件背後眞相的揭露。作者：張善思、呂艾倫、辛燕。售價250元。

黯淡的達賴—失去光彩的諾貝爾和平獎：本書舉出很多證據與論述，詳述達賴喇嘛不爲世人所知的一面，顯示達賴喇嘛並不是眞正的和平使者，而是假借諾貝爾和平獎的光環來欺騙世人；透過本書的說明與舉證，讀者可以更清楚的瞭解，達賴喇嘛是結合暴力、黑暗、淫欲於喇嘛教裡的集團首領，其政治行爲與宗教主張，早已讓諾貝爾和平獎的光環染污了。本書由財團法人正覺教育基金會寫作、編輯，由正覺出版社印行，每冊250元。

第七意識與第八意識？—穿越時空「超意識」：「三界唯心，萬法唯識」是佛教中應該實證的聖教，也是《華嚴經》中明載而可以實證的法界實相。唯心者，三界一切境界、一切諸法唯是一心所成就，即是每一個有情的第八識如來藏，不是意識心。唯識者，即是人類各各都具足的八識心王——眼識、耳鼻舌身意識、意根、阿賴耶識，第八阿賴耶識又名如來藏，人類五陰相應的萬法，莫不由八識心王共同運作而成就，故說萬法唯識。依聖教量及現量、比量，都可以證明意識是二法因緣生，是由第八識藉意根與法塵二法爲因緣而出生，又是夜夜斷滅不存之生滅心，即無可能反過來出生第七識意根、第八識如來藏，當知不可能從生滅性的意識心中，細分出恆審思量的第七識意根，更無可能細分出恆而不審的第八識如來藏。本書是將演講內容整理成文字，細說如是內容，並已在《正覺電子報》連載完畢，今彙集成書以廣流通，欲幫助佛門有緣人斷除意識我見，跳脫於識陰之外而取證聲聞初果；嗣後修學禪宗時即得不墮外道神我之中，得以求證第八識金剛心而發起般若實智。平實導師 述，每冊300元。

中觀金鑑—詳述應成派中觀的起源與其破法本質：學佛人往往迷於中觀學派之不同學說，被應成派與自續派所迷惑；修學般若中觀二十年後自以爲實證般若中觀了，卻仍不曾入門，甫聞實證般若中觀者之所說，則茫無所知，迷惑不解；隨後信心盡失，不知如何實證佛法；凡此，皆因惑於這二派中觀學說所致。自續派中觀所說同於常見，以意識境界立爲第八識如來藏之境界，應成派所說則同於斷見，但又同立意識爲常住法，故亦具足斷常二見。今者孫正德老師有鑑於此，乃將起源於密宗的應成派中觀學說，追本溯源，詳考其來源之外，亦一一舉證其立論內容，詳加辨正，令密宗雙身法祖師以識陰境界而造之應成派中觀學說本質，詳細呈現於學人眼前，令其維護雙身法之目的無所遁形。若欲遠離密宗此二大派中觀謬說，欲於三乘菩提有所進道者，允宜具足閱讀並細加思惟，反覆讀之以後將可捨棄邪道返歸正道，則於般若之實證即有可能，證後自能現觀如來藏之中道境界而成就中觀。本書分上、中、下三冊，每冊250元，全部出版完畢。

人間佛教—實證者必定不悖三乘菩提：「大乘非佛說」的講法似乎流傳已久，卻只是日本人企圖擺脫中國正統佛教的影響，而在明治維新時期才開始提出來的說法；台灣佛教、大陸佛教的淺學無智之人，由於未曾實證佛法而迷信日本人錯誤的學術考證，錯認爲這些別有用心的日本佛學考證的講法爲天竺佛教的眞實歷史；甚至還有更激進的反對佛教者提出「釋迦牟尼佛並非眞實存在，只是後人捏造的假歷史人物」，竟然也有少數人願意跟著「學術」的假光環而信受不疑，於是開始有一些佛教界人士造作了反對中國佛教而推崇南洋小乘佛教的行爲，使佛教的信仰者難以檢擇，導致一般大陸人士開始轉入基督教的盲目迷信中。在這些佛教及外教人士之中，也就有一分人根據此邪說而大聲主張「大乘非佛說」的謬論，這些人以「人間佛教」的名義來抵制中國正統佛教，公然宣稱中國的大乘佛教是由聲聞部派佛教的凡夫僧所創造出來的。這樣的說法流傳於台灣及大陸佛教界凡夫僧之中已久，卻非眞正的佛教歷史中曾經發生過的事，只是繼承六識論的聲聞法中凡夫僧依自己的意識境界立場，純憑臆想而編造出來的妄想說法，卻已經影響許多無智之凡夫僧俗信受不移。本書則是從佛教的經藏法義實質及實證的現量內涵本質立論，證明大乘佛法本是佛說，是從《阿含正義》尚未說過的不同面向來討論「人間佛教」的議題，證明「大乘眞佛說」。閱讀本書可以斷除六識論邪見，迴入三乘菩提正道發起實證的因緣；也能斷除禪宗學人學禪時普遍存在之錯誤知見，對於建立參禪時的正知見有很深的著墨。 平實導師 述，內文488頁，全書528頁，定價400元。

喇嘛性世界—揭開假藏傳佛教譚崔瑜伽的面紗：這個世界中的喇嘛，號稱來自世外桃源的香格里拉，穿著或紅或黃的喇嘛長袍，散布於我們的身邊傳教灌頂，吸引了無數的人嚮往學習；這些喇嘛虔誠地爲大眾祈福，手中拿著寶杵（金剛）與寶鈴（蓮花），口中唸著咒語：「唵．嘛呢．叭咪．吽……」，咒語的意思是說：「我至誠歸命金剛杵上的寶珠伸向蓮花寶穴之中」！「喇嘛性世界」是什麼樣的「世界」呢？本書將爲您呈現喇嘛世界的面貌。當您發現眞相以後，您將會唸：「噢！喇嘛．性．世界，譚崔性交嘛！」作者：張善思、呂艾倫。售價200元。

見性與看話頭：黃正倖老師的《見性與看話頭》於《正覺電子報》連載完畢，今結集出版。書中詳說禪宗看話頭的詳細方法，並細說看話頭與眼見佛性的關係，以及眼見佛性者求見佛性前必須具備的條件。本書是禪宗實修者追求明心開悟時參禪的方法書，也是求見佛性者作功夫時必讀的方法書，內容兼顧眼見佛性的理論與實修之方法，是依實修之體驗配合理論而詳述，條理分明而且極爲詳實、周全、深入。本書內文375頁，全書416頁，售價300元。

實相經宗通：學佛之目的在於實證一切法界背後之實相，禪宗稱之爲本來面目或本地風光，佛菩提道中稱之爲實相法界；此實相法界即是金剛藏，又名佛法之祕密藏，即是能生有情五陰、十八界及宇宙萬有（山河大地、諸天、三惡道世間）的第八識如來藏，又名阿賴耶識心，即是禪宗祖師所說的眞如心，此心即是三界萬有背後的實相。證得此第八識心時，自能瞭解般若諸經中隱說的種種密意，即得發起實相般若——實相智慧。每見學佛人修學佛法二十年後仍對實相般若茫然無知，亦不知如何入門，茫無所趣；更因不知三乘菩提的互異互同，是故越是久學者對佛法越覺茫然，都肇因於尚未瞭解佛法的全貌，亦未瞭解佛法的修證內容即是第八識心所致。本書對於修學佛法者所應實證的實相境界提出明確解析，並提示趣入佛菩提道的入手處，有心親證實相般若的佛法實修者，宜詳讀之，於佛菩提道之實證即有下手處。平實導師述著，共八輯，已全部出版完畢，每輯成本價250元。

真心告訴您(一)——達賴喇嘛在幹什麼？這是一本報導篇章的選集，更是「破邪顯正」的暮鼓晨鐘。「破邪」是戳破假象，說明達賴喇嘛及其所率領的密宗四大派法王、喇嘛們，弘傳的佛法是仿冒的佛法；他們是假藏傳佛教，是坦特羅(譚崔性交)外道法和藏地崇奉鬼神的苯教混合成的「喇嘛教」，推廣的是以所謂「無上瑜伽」的男女雙身法冒充佛法的假佛教，詐財騙色誤導眾生，常常造成信徒家庭破碎、家中兒少失怙的嚴重後果。「顯正」是揭櫫眞相，指出眞正的藏傳佛教只有一個，就是覺囊巴，傳的是 釋迦牟尼佛演繹的第八識如來藏妙法，稱爲他空見大中觀。正覺教育基金會即以此古今輝映的如來藏正法正知見，在眞心新聞網中逐次報導出來，將箇中原委「眞心告訴您」，如今結集成書，與想要知道密宗眞相的您分享。售價250元。

法華經講義：此書爲平實導師始從2009/7/21演述至2014/1/14之講經錄音整理所成。世尊一代時教，總分五時三教，即是華嚴時、聲聞緣覺教、般若教、種智唯識教、法華時；依此五時三教區分爲藏、通、別、圓四教。本經是最後一時的圓教經典，圓滿收攝一切法教於本經中，是故最後的圓教聖訓中，特地指出無有三乘菩提，其實唯有一佛乘；皆因衆生愚迷故，方便區分爲三乘菩提以助衆生證道。世尊於此經中特地說明如來示現於人間的唯一大事因緣，便是爲有緣衆生「開、示、悟、入」諸佛的所知所見——第八識如來藏妙眞如心，並於諸品中隱說「妙法蓮花」如來藏心的密意。然因此經所說甚深難解，眞義隱晦，古來難得有人能窺堂奧；平實導師以知如是密意故，特爲末法佛門四衆演述《妙法蓮華經》中各品蘊含之密意，使古來未曾被古德註解出來的「此經」密意，如實顯示於當代學人眼前。乃至〈藥王菩薩本事品〉、〈妙音菩薩品〉、〈觀世音菩薩普門品〉、〈普賢菩薩勸發品〉中的微細密意，亦皆一併詳述之，開前人所未曾言之密意，示前人所未見之妙法。最後乃至以〈法華大意〉而總其成，全經妙旨貫通始終，而依佛旨圓攝於一心如來藏妙心，厥爲曠古未有之大說也。平實導師述　已於2015/5/31起開始出版，每二個月出版一輯，共25輯。每輯300元。

西藏「活佛轉世」制度—附佛、造神、世俗法：歷來關於喇嘛教活佛轉世的研究，多針對歷史及文化兩部分，於其所以成立的理論基礎，較少系統化的探討。尤其是此制度是否依據「佛法」而施設？是否合乎佛法眞實義？現有的文獻大多含糊其詞，或人云亦云，不曾有明確的闡釋與如實的見解。因此本文先從活佛轉世的由來，探索此制度的起源、背景與功能，並進而從活佛的尋訪與認證之過程，發掘活佛轉世的特徵，以確認「活佛轉世」在佛法中應具足何種果德。定價150元。

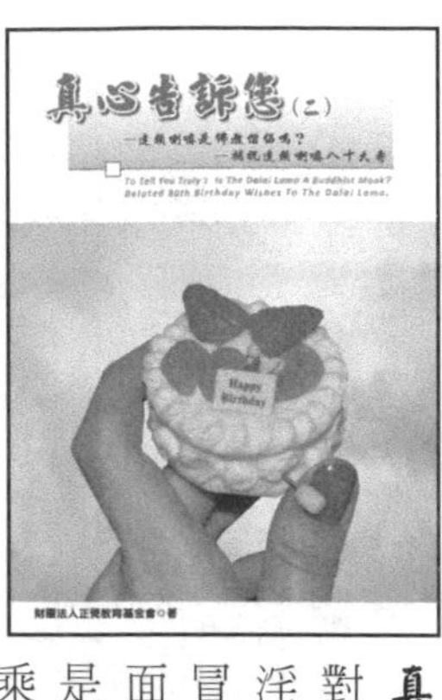

真心告訴您（二）—達賴喇嘛是佛教僧侶嗎？補祝達賴喇嘛八十大壽：這是一本針對當今達賴喇嘛所領導的喇嘛教，冒用佛教名相、於師徒間或師兄姊間，實修男女邪淫，而從佛法三乘菩提的現量與聖教量，揭發其謊言與邪術，證明達賴及其喇嘛教是仿冒佛教的外道，是「假藏傳佛教」。藏密四大派教義雖有「八識論」與「六識論」的表面差異，然其實修之內容，皆共許「無上瑜伽」四部灌頂爲究竟「成佛」之法門，也就是共以男女雙修之邪淫法爲「即身成佛」之密要，雖美其名曰「欲貪爲道」之「金剛乘」，並誇稱其成就超越於（應身佛）釋迦牟尼佛所傳之顯教般若乘之上；然詳考其理論，則或以意識離念時之粗細心爲第八識如來藏，或以中脈裡的明點爲第八識如來藏，或如宗喀巴與達賴堅決主張第六意識爲常恆不變之眞心者，分別墮於外道之常見與斷見中；全然違背 佛說能生五蘊之如來藏的實質。售價300元。

佛法入門：學佛人往往修學二十年後仍不知如何入門，茫無所入漫無方向，不知如何實證佛法；更因不知三乘菩提的互異互同之處，導致越是久學者越覺茫然，都是肇因於尚未瞭解佛法的全貌所致。本書對於佛法的全貌提出明確的輪廓，並說明三乘菩提的異同處，讀後即可輕易瞭解佛法全貌，數日內即可明瞭三乘菩提入門方向與下手處。○○菩薩著 出版日期未定。

修習止觀坐禪法要講記：修學四禪八定之人，往往錯會禪定之修學知見，欲以無止盡之坐禪而證禪定境界，卻不知修除性障之行門才是修證四禪八定不可或缺之要素，故智者大師云「性障初禪」；性障不除，初禪永不現前，云何修證二禪等？又：行者學定，若唯知數息，而不解六妙門之方便善巧者，欲求一心入定，未到地定極難可得，智者大師名之爲「事障未來」：障礙未到地定之修證。又禪定之修證，不可違背二乘菩提及第一義法，否則縱使具足四禪八定，亦不能實證涅槃而出三界。此諸知見，智者大師於《修習止觀坐禪法要》中皆有闡釋。作者平實導師以其第一義之見地及禪定之實證證量，曾加以詳細解析。將俟正覺寺竣工啓用後重講，不限制聽講者資格；講後將以語體文整理出版。欲修習世間定及增上定之學者，宜細讀之。平實導師述著。

解深密經講記：本經係　世尊晚年第三轉法輪，宣說地上菩薩所應熏修之唯識正義經典，經中所說義理乃是大乘一切種智增上慧學，以阿陀那識—如來藏—阿賴耶識爲主體。禪宗之證悟者，若欲修證初地無生法忍乃至八地無生法忍者，必須修學《楞伽經、解深密經》所說之八識心王一切種智；此二經所說正法，方是眞正成佛之道；印順法師否定第八識如來藏之後所說萬法緣起性空之法，是以誤會後之二乘解脫道取代大乘眞正成佛之道，尚且不符二乘解脫道正理，亦已墮於斷滅見中，不可謂爲成佛之道也。平實導師曾於本會郭故理事長往生時，於喪宅中從首七開始宣講，於每一七各宣講三小時，至第十七而快速略講圓滿，作爲郭老之往生佛事功德，迴向郭老早證八地、速返娑婆住持正法。茲爲今時後世學人故，將擇期重講《解深密經》，以淺顯之語句講畢後，將會整理成文，用供證悟者進道；亦令諸方未悟者，據此經中佛語正義，修正邪見，依之速能入道。平實導師述著，全書輯數未定，每輯三百餘頁，將於未來重講完畢後逐輯出版。

阿含經講記—小乘解脫道之修證：數百年來，南傳佛法所說證果之不實，所說解脫道之虛妄，所弘解脫道法義之世俗化，皆已少人知之；從南洋傳入台灣與大陸之後，所說法義虛謬之事，亦復少人知之；今時台灣全島印順系統之法師居士，多不知南傳佛法數百年來所說解脫道之義理已然偏斜、已然世俗化、已非眞正之二乘解脫正道，猶極力推崇與弘揚。彼等南傳佛法近代所謂之證果者多非眞實證果者，譬如阿迦曼、葛印卡、帕奧禪師、一行禪師……等人，悉皆未斷我見故。近年更有台灣南部大願法師，高抬南傳佛法之二乘修證行門爲「捷徑究竟解脫之道」者，然而南傳佛法縱使眞修實證，得成阿羅漢，至高唯是二乘菩提解脫之道，絕非究竟解脫，無餘涅槃中之實際尚未得證故，法界之實相尚未了知故，習氣種子待除故，一切種智未實證故，焉得謂爲「究竟解脫」？即使南傳佛法近代眞有實證之阿羅漢，尚且不及三賢位中之七住明心菩薩本來自性清淨涅槃智慧境界，則不能知此賢位菩薩所證之無餘涅槃實際，仍非大乘佛法中之見道者，何況普未實證聲聞果乃至未斷我見之人？謬充證果已屬逾越，更何況是誤會二乘菩提之後，以未斷我見之凡夫知見所說之二乘菩提解脫偏斜法道，焉可高抬為「究竟解脫」？而且自稱「捷徑之道」？又妄言解脫之道即是成佛之道，完全否定般若實智、否定三乘菩提所依之如來藏心體，此理大大不通也！平實導師為令修學二乘菩提欲證解脫果者，普得迴入二乘菩提正見、正道中，是故選錄四阿含諸經中，對於二乘解脫道法義有具足圓滿說明之經典，預定未來十年內將會加以詳細講解，令學佛人得以了知二乘解脫道之修證理路與行門，庶免被人誤導之後，未證言證，干犯道禁，成大妄語，欲升反墮。本書首重斷除我見，以助行者斷除我見而實證初果為著眼之目標，若能根據此書內容，配合平實導師所著《識蘊眞義》《阿含正義》內涵而作實地觀行，實證初果非為難事，行者可以藉此三書自行確認聲聞初果為實際可得現觀成就之事。此書中除依二乘經典所說加以宣示外，亦依斷除我見等之證量，及大乘法中道種智之證量，對於意識心之體性加以細述，令諸二乘學人必定得斷我見、常見，免除三縛結之繫縛。次則宣示斷除我執之理，欲令升進而得薄貪瞋痴，乃至斷五下分結…等。平實導師述，共二冊，每冊三百餘頁。每輯300元。

＊喇嘛教修外道雙身法，墮識陰境界，非佛教＊

＊弘揚如來藏他空見的覺囊派才是真正藏傳佛教＊

總經銷： 飛鴻 國際行銷股份有限公司
231 新北市新店市中正路 501 之 9 號 2 樓
Tel.02－82186688（五線代表號） Fax.02-82186458、82186459

零售：1.**全台連鎖經銷書局：**
三民書局、誠品書局、何嘉仁書店
敦煌書店、紀伊國屋、金石堂書局、建宏書局
2.**台北市：**佛化人生 羅斯福路 3 段 325 號 6 樓之 4 台電大樓對面
3.**新北市：**春大地書店 **蘆洲**中正路 117 號
4.**桃園市縣：**誠品書局 **桃園市**中正路 20 號遠東百貨地下室一樓
金石堂 **桃園市**大同路 24 號 金石堂 **桃園**八德市介壽路 1 段 987 號
諾貝爾圖書城 **桃園市**中正路 56 號地下室 御書堂 **龍潭**中正路 123 號
墊腳石文化書店 **中壢市**中正路 89 號
5.**新竹市縣：**大學書局 **新竹**建功路 10 號 誠品書局 **新竹**東區信義街 68 號
誠品書局 新竹東區中央路 229 號 5 樓 誠品書局 **新竹**東區力行二路 3 號
墊腳石文化書店 **新竹**中正路 38 號
6.**台中市：** **瑞成**書局、各大連鎖書店。
詠春書局 **台中市**永春東路 884 號 文春書局 **霧峰**中正路 1087 號
7.**彰化市縣：**心泉佛教流通處 **彰化市**南瑤路 286 號
員林鎮：墊腳石圖書文化廣場 中山路 2 段 49 號（04-8338485）
8.**台南市：**博大書局 **新營**三民路 128 號
藝美書局 **善化**中山路 436 號 宏欣書局 **佳里**光復路 214 號
9.**高雄市：**各大連鎖書店、**瑞成**書局
政大書城 **三民區**明仁路 161 號 政大書城 **苓雅區**光華路 148-83 號
明儀書局 **三民區**明福街 2 號 明儀書局 三多四路 63 號
青年書局 青年一路 141 號
10.**宜蘭縣市：**金隆書局 宜蘭市中山路 3 段 43 號
宋太太梅鋪 羅東鎮中正北路 101 號（039-534909）
11.**台東市：**東普佛教文物流通處 台東市博愛路 282 號
12.**其餘鄉鎮市經銷書局：**請電詢總經銷**飛鴻**公司。
13.**大陸地區請洽：**
香港：樂文書店
旺角店 :香港九龍旺角西洋菜街 62 號 3 樓
電話 : (852) 2390 3723 email: luckwinbooks@gmail.com
銅鑼灣店 :香港銅鑼灣駱克道 506 號 2 樓
電話 : (852) 2881 1150 email: luckwinbs@gmail.com
廈門：廈門外圖臺灣書店有限公司
地址：廈門市思明區湖濱南路809 號 廈門外圖書城3 樓 郵編：361004
電話：0592-5061658（臺灣地區請撥打 86-592-5061658）
E-mail：JKB118＠188.COM

14.**美國：世界日報圖書部：**紐約圖書部　電話 7187468889#6262
洛杉磯圖書部　電話 3232616972#202

15.**國內外地區網路購書：**

正智出版社 書香園地　http://books.enlighten.org.tw/
（書籍簡介、直接聯結下列網路書局購書）

三民 網路書局　http://www.Sanmin.com.tw

誠品 網路書局　http://www.eslitebooks.com

博客來 網路書局　http://www.books.com.tw

金石堂 網路書局　http://www.kingstone.com.tw

飛鴻 網路書局　http://fh6688.com.tw

附註：1.請儘量向各經銷書局購買：郵政劃撥需要十天才能寄到（本公司在您劃撥後第四天才能接到劃撥單，次日寄出後第四天您才能收到書籍，此八天中一定會遇到週休二日，是故共需十天才能收到書籍）若想要早日收到書籍者，請劃撥完畢後，將劃撥收據貼在紙上，旁邊寫上您的姓名、住址、郵區、電話、買書詳細內容，直接傳眞到本公司 02-28344822，並來電 02-28316727、28327495 確認是否已收到您的傳眞，即可提前收到書籍。 2.因台灣每月皆有五十餘種宗教類書籍上架，書局書架空間有限，故唯有新書方有機會上架，通常每次只能有一本新書上架；本公司出版新書，大多上架不久便已售出，若書局未再叫貨補充者，書架上即無新書陳列，則請直接向書局櫃台訂購。 3.若書局不便代購時，可於晚上共修時間向正覺同修會各共修處請購（共修時間及地點，詳閱**共修現況表**。每年例行年假期間請勿前往請書，年假期間請見共修現況表）。 4.郵購：郵政劃撥帳號 19068241。 5.正覺同修會會員購書都以八折計價（戶籍台北市者爲一般會員，外縣市爲護持會員）都可獲得優待，欲一次購買全部書籍者，可以考慮入會，節省書費。入會費一千元（第一年初加入時才需要繳），年費二千元。**6.尚未出版之書籍，請勿預先郵寄書款與本公司，謝謝您！** 7.若欲一次購齊本公司書籍，或同時取得正覺同修會贈閱之全部書籍者，請於正覺同修會共修時間，親到各共修處請購及索取；**台北市讀者**請洽：103 台北市承德路三段 267 號 10 樓（捷運淡水線 圓山站旁）請書時間：週一至週五爲 18.00~21.00，第一、三、五週週六爲 10.00~21.00，雙週之週六爲 10.00~18.00 請購處專線電話：25957295-分機 14（於請書時間方有人接聽）。

敬告大陸讀者：

大陸讀者購書、索書捷徑（尚未在大陸出版的書籍，以下二個途徑都可以購得，電子書另包括結緣書籍）：

1.廈門外國圖書公司：廈門市思明區湖濱南路 809 號 廈門外圖書城 3F
郵編：361004 電話：0592-5061658 網址：JKB118＠188.COM

2.電子書：正智出版社有限公司及正覺同修會在台灣印行的各種局版書、結緣書，已有『**正覺電子書**』陸續上線中，提供讀者於手機、平板電腦上購書、下載、閱讀正智出版社、正覺同修會及正覺教育基金會所出版之電子書，詳細訊息敬請參閱『正覺電子書』專頁：http://books.enlighten.org.tw/ebook

關於平實導師的書訊，請上網查閱：

成佛之道 http://www.a202.idv.tw

正智出版社 書香園地 http://books.enlighten.org.tw/

中國網採訪佛教正覺同修會、正覺教育基金會訊息：

http://big5.china.com.cn/gate/big5/fangtan.china.com.cn/2014-06/19/content_32714638.htm

http://pinpai.china.com.cn/

★ 正智出版社有限公司售書之稅後盈餘，全部捐助財團法人正覺寺籌備處、佛教正覺同修會、正覺教育基金會，供作弘法及購建道場之用；懇請諸方大德支持，功德無量。

★ 聲 明 ★

本社於 2015/01/01 開始調整本目錄中部分書籍之售價，以因應各項成本的持續增加。

＊ 喇嘛教修外道雙身法、墮識陰境界，非佛教 ＊

＊ 弘揚如來藏他空見的覺囊派才是真正藏傳佛教 ＊

售後服務—換書啓事（免附回郵） 2012/09/24

《楞嚴經講記》第 14 輯初版首刷本免費調換新書啓事：本講記第 14 輯出版前因 平實導師諸事繁忙，未將之重新閱讀而只改正校對時發現的錯別字，故未能發覺十年前所說法義有部分錯誤，於第 15 輯付印前重閱時才發覺第 14 輯中有部分錯誤尚未改正。今已重新審閱修改並已重印完成，煩請所有讀者將以前所購第 14 輯初版首刷本，寄回本社免費換新（初版二刷本無錯誤），本社將於寄回新書時同時附上您寄書回來換新時所付的郵資，並在此向所有讀者致上最誠懇的歉意。

《心經密意》初版書免費調換二版新書啓事：本書係演講錄音整理成書，講時因時間所限，省略部分段落未講。後於再版時補寫增加 13 頁，維持原價流通之。茲爲顧及初版讀者權益，自 2003/9/30 開始免費調換新書，原有初版一刷、二刷書籍，皆可寄來本來公司換書。

《宗門法眼》已經增寫改版爲 464 頁新書，2008 年 6 月中旬出版。讀者原有初版之第一刷、第二刷書本，都可以寄回本社免費調換改版新書。改版後之公案及錯悟事例維持不變，但將內容加以增說，較改版前更具有廣度與深度，將更能助益讀者參究實相。

換書者**免附回郵**，亦無截止期限；舊書請寄：111 台北郵政 73-151 號信箱 或 103 台北市承德路三段 267 號 10 樓 正智出版社有限公司。舊書若有塗鴨、殘缺、破損者，仍可換取新書；但缺頁之舊書至少應仍有五分之三頁數，方可換書。所有讀者不必顧念本公司是否有盈餘之問題，都請踴躍寄來換書；本公司成立之目的不是營利，只要能眞實利益學人，即已達到成立及運作之目的。若以郵寄方式換書者，免附回郵；並於寄回新書時，由本社附上您寄來書籍時耗用的郵資。造成您不便之處，再次致上萬分的歉意。

正智出版社有限公司 啓

國家圖書館出版品預行編目資料

楞伽經詳解／蕭平實著. 初版
台北市：正智，1999- 〔民 88- 〕
冊； 公分
第六輯後作者改為平實居士
ISBN 957-98597-7-9（第一輯：平裝）
ISBN 957-97840-2-7（第二輯：平裝）
ISBN 957-97840-4-3（第三輯：平裝）
ISBN 957-97840-6-X（第四輯：平裝）
ISBN 957-97840-8-6（第五輯：平裝）
ISBN 957-30019-0-X（第六輯：平裝）
ISBN 957-30019-3-4（第七輯：平裝）
ISBN 957-30019-7-7（第八輯：平裝）
ISBN 957-28743-0-1（第九輯：平裝）
ISBN 957-28743-4-9（第十輯：平裝）
1. 經集部
221.75 88004768

楞伽經詳解——第七輯

作　者：平實導師
校　對：孫淑貞　章乃鈞
出版者：正智出版社有限公司
電話：○二 28327495　28316727（白天）
傳眞：○二 28344822
111 台北郵政 73-151 號信箱
郵政劃撥帳號：一九○六八二四一
正覺講堂：總機○二 25957295（夜間）
總經銷：飛鴻國際行銷股份有限公司
231 新北市新店區中正路 501-9 號 2 樓
電話：○二 82186688（五線代表號）
傳眞：○二 82186458　82186459
初　版：公元二○○二年五月　二千冊
初版七刷：公元二○一七年四月　二千冊
定　價：二五○元